Elisabeth Lukas

Auch dein Leben hat Sinn

Elisabeth Lukas
Gesammelte Werke

Herausgegeben vom

www.elisabeth-lukas-archiv.de

Die Reihe wird fortgesetzt.

Elisabeth Lukas

Auch dein Leben hat Sinn

Wege zur seelischen Gesundheit

Butzon & Bercker

Bibliografische Information der Deutschen Nationalbibliothek

Die Deutsche Nationalbibliothek verzeichnet diese Publikation in der Deutschen Nationalbibliografie; detaillierte bibliografische Daten sind im Internet über http://dnb.d-nb.de abrufbar.

Das Gesamtprogramm von Butzon & Bercker finden Sie im Internet unter www.bube.de

ISBN 978-3-7666-2775-9

Umschlagabbildung: @chachamp – stock.adobe.com
Umschlaggestaltung: Werner Dennesen, Weeze
Satz: SATZstudio Josef Pieper, Bedburg-Hau

Inhalt

Vorwort

Wie das erste Kind, das in einer Familie zur Welt kommt, ein ganz besonderes Ereignis darstellt und einen völlig neuen Lebensabschnitt seiner Eltern einleitet, so lässt auch das erste Buch, das jemand verfasst hat, das Herz des Autors höherschlagen, sobald er es gedruckt in Händen hält. Für mich war es 1980 so weit, und dabei hätte ich dieses erste Buch niemals geschrieben, wenn es nicht der ausdrückliche Wunsch meines Lehrers und Mentors Viktor E. Frankl gewesen wäre, meine gesammelten Erfahrungen mit seiner sinnzentrierten Psychotherapie namens „Logotherapie" publiziert zu sehen. Aus heutiger Sicht muss ich zugeben, dass diese Erfahrungen es wert waren, einer interessierten Leserschaft unterbreitet zu werden. Denn das Gedankengebäude der Logotherapie enthält neben der philosophisch-anthropologischen Fundierung seiner klinischen Methoden zahlreiche Weisheitsschätze zur Verhütung von seelischen Krisen sowie Ansatzpunkte zur Selbsthilfe bei seelischen Notlagen, die im Alltag fruchtbringend umgesetzt werden können. Es handelt sich dabei um Lebensprinzipien, die Unglück verhindern und Glück erfahrbar machen. Denn Unglück ist meistens die Folge sinnwidriger Entscheidungen und/oder der Beigeschmack sinnlosen Leides, und Glück ist meistens der Nebeneffekt sinnvoller Entscheidungen und/oder das Erfülltsein von sinnbezogener Freude. Zwar liegen – von unserem Entscheidungsspielraum abgesehen – weder Freud noch Leid zur Gänze in unserer Hand, doch ist in jedem Fall die „Zutat der Person" mit dabei: *unser persönlicher Beitrag*, von dem abhängt, in welche seelischen Abgründe ein Leid uns hinabzuschmettern und in welche himmlischen Höhen uns eine Freude emporzujubeln vermag. Von solchen „Zutaten der Person“ handelte mein erstes Buch, das ein starkes Echo ausgelöst und sich mehr als zehn Jahre lang erfolgreich am Markt gehalten hat.

Als jetzt ein Verleger mit der Frage an mich herangetreten ist, ob ich die wichtigsten Denkanstöße aus meinem Erstlingswerk zu einer Neuausgabe verdichten möchte, habe ich gezögert. Die allgemeine Weltsituation und die Gesellschaftsstrukturen haben sich gewandelt. Gigantische Erfindungen und Vernetzungen haben ein neues Zeitalter aufbrechen lassen, aus dessen Perspektive das ausklingende 20. Jahrhundert geradezu „gemütlich“ erscheint. Allerdings: das Urmenschliche verändert sich nicht. Jeder Tag muss so gut wie möglich bestanden werden, und wird er es nicht, zieht er schwierigere Tage nach sich. Die Klagen über Kummer und Sorgen haben zwischenzeitlich keineswegs abgenommen, und die Suche nach kompetenten Ratgebern und Seelenhelfern ist voll im Gange.

Wie sehr Kriterien „guten Lebens“ gefragt sind, fiel mir vor Kurzem auf, als ich eine Notiz las, wonach sich seit der Gründung der US-Eliteuniversität Yale in New Haven/Connecticut im Jahr 1701 noch niemals so viele Studentinnen und Studenten für einen Kurs angemeldet haben wie im Jahr 2018 für den Kurs mit dem Titel „Psychologie und ein gutes Leben“. 1182 junge Leute, modern und von exquisitem Bildungsniveau, wollten hören, wie „gutes Leben“ vor sich geht! Die Kursleiterin, Laurie Santos, musste ihre Veranstaltung aus Platzgründen in die „Woolsey Hall“ verlegen, in der normalerweise Symphoniekonzerte stattfinden. Da Frankl in den USA populärer als in Europa ist, ist zu hoffen, dass Santos seine epochalen Erkenntnisse über die enge Beziehung zwischen Sinn und Glück in ihren Kurs mit einbindet.

Aufgrund solch großen Bedarfs habe ich mich entschlossen, ein Extrakt aus meinem Erstlingswerk mit aktuellem Wissen aufzumischen und „in memoriam“ Frankl noch einmal den „Fans“ meiner Bücher anzubieten. Authentische Geschichten von Kindern und Eltern, Männern und Frauen, sowie erläuternde Impulse aus der Wissenschaft bilden das Anschauungsmaterial, das, psychologisch kommentiert, Essenzielles verdeutlichen soll. So wie alle großen Wahrheiten im Grunde sehr schlicht und einfach, aber schwierig zu begreifen und noch schwieriger zu leben sind, so sind auch die verwendeten Beispiele aus meiner langjährigen Tätigkeit in der Erziehungs-, Familien- und Eheberatung sowie als praktizierende Psychotherapeutin einfach und dennoch vielsagend. Sie erzählen vom Wohl und Wehe des Menschen, von Menschen wie du und ich. Mögen diese Berichte in ihrer Warnungs- oder Ermutigungsfunktion dem „Wohl" der Leserinnen und Leser dienen und ihr „Wehe" verringern – das wünscht aufrichtig

Elisabeth Lukas
im Sommer 2019

Der Mensch auf der Suche nach Sinn

Das Thema „Sinnsuche“ ist keinesfalls eine Neuentdeckung der Moderne, sondern so alt wie die Menschheit selbst. Es ist sogar ein Charakteristikum der Menschheit, denn im Tierreich lässt sich kein Analogon finden.

So menschheitsbegleitend dieses Thema auch ist, wird es dennoch in dem Maße bedrängender, als biologische und traditionelle Fesseln abgestreift werden und sich Freiräume überwältigender Größe öffnen. Noch vor wenigen Jahrhunderten hätte sich niemand von unseren Vorfahren vorstellen können, was heute alles möglich geworden ist. Und selbst wir aufgeklärten Gesellen des 21. Jahrhunderts schrecken verblüfft vor den Visionen der Zukunftsforscher zurück, die uns eine Ära voller genmanipulierter Kinder, intelligenter Roboter, problemloser Ersatzorgane, künstlicher Nahrungsmittel, käuflicher Weltraumsiedlungen etc. prophezeien. Freiheit ist jedoch ein „seltsames Ding“: Je mehr davon dem Menschen zur Verfügung steht und je weniger Barrieren und Schranken ihm Einhalt gebieten, desto verlorener kommt er sich vor, als stünde er auf einem weiten weglosen Feld, auf dem er in jede Richtung marschieren kann, aber im Grunde nicht weiß, wohin er will und soll. Deshalb nimmt das Thema „Sinnsuche“ mit den technischen Fortschritten unserer Spezies an Brisanz zu, was der Psychiater und Neurologe Viktor E. Frankl mit der Hellsichtigkeit eines Genies längst vorausgesagt hat. Es raubt einem geradezu den Atem, wie genau seine Prognosen bislang eingetroffen sind. Als er in den Hungerjahren vor dem Ausbruch des Zweiten Weltkrieges erklärte, Luxus und wirtschaftlicher Wohlstand würden die Menschen nicht wesentlich froher machen, schüttelte jedermann den Kopf. Als dann Depressionen, Drogen- und Kriminaldelikte just in der Luxus- und Wohlstandsepoche der 1970er- und 1980er-Jahre explodierten, hörte das Kopfschütteln auf. Als Frankl auf einem Managerkongress in Amerika zu bedenken gab, dass zwar die Tüchtigkeit der Maschinen dem Menschen zunehmend Arbeit ersparen werde, dies aber einzig dann zu des Menschen Vorteil sein werde, wenn dieser seine frei werdende Zeit sinnvoll zu nützen verstehe, lächelte man milde über die Besorgnis des Professors. Inzwischen hat sich deutlich erwiesen, dass der kluge Umgang mit frei gewordener Zeit eine seelische Reife erfordert, die weithin nicht vorhanden ist und von der jungen Generation („prisoners of the web", wie man sie inzwischen bezeichnet) erst mühsam erworben werden muss. Immer wieder zeigt sich, dass Freiheit von Not, Arbeitsdruck und sonstigen Zwängen keine Eintrittskarte zum Paradies ist, wie es uns dünkt. Genauso wie einstige Kolonien nach Abwurf ihrer Fremdherrschaften erst bitter lernen mussten, auf eigenen Füßen zu stehen, fällt es uns Menschen generell schwer, Entlastungen gut zu verkraften. Warum ist das so? *Weil es in der Freiheit an Wegweisern mangelt, die darüber informieren, was „Sinn macht".*

Bevor wir uns diesen Satz genauer überlegen, prüfen wir nach, ob unsere Gegenwart dem Einzelnen wirklich so viel Freiheit bietet. Wahrscheinlich fühlen die Einzelnen das überhaupt nicht. Man muss schon auf eine längere Zeitspanne zurückblicken, um anzuerkennen, dass sich unsere Möglichkeiten vervielfacht haben. Allein die freie Partnerwahl war durchaus nicht immer selbstverständlich. Dass sie die Stabilität der Ehen nicht erhöht hat, was wiederum die freie Partnertrennung ankurbelte, ist allerdings bedauerlich. Die freie Berufswahl stellt ebenfalls ein gewaltiges Plus dar. Freilich setzt ihr die Realität Grenzen. Aber wer sich weiterbilden möchte, ob Mann oder Frau, hat Aufstiegschancen, die speziell der weiblichen Bevölkerung unendlich lange verwehrt gewesen sind. Die Befreiung der Frau von den „Nur-Hausmütterchen-Pflichten“, die ihr von alters her aufoktroyiert waren, ist eine besonders junge Errungenschaft. Dass sie den Frauen oft eine leidige Zerrissenheit zwischen Familie und Beruf beschert, ist eine unbequeme Folge. Auch die Befreiung der Sexualität von ihren moralischen Einengungen ist jüngeren Datums. Ob ihre Abkoppelung von persönlicher Zuneigung und Treue der zwischenmenschlichen Liebe wirklich dienlich ist, muss angesichts der Häufung von Beziehungsdilemmata dahingestellt bleiben. Ferner haben Eltern und Lehrpersonal mit der Liberalisierung des Erziehungsstils an Autorität eingebüßt. Das ist günstig für den Nachwuchs, der sich selbstbestimmter entfalten kann als in vergangenen Zeiten – aber nicht nur. Die Orientierung an Filmhelden und Gleichaltrigen ersetzt Orientierung spendende „Leitfiguren“ nicht. Viele Kinder in unserem Kulturkreis sind arg früh „allein“. Übrigens: auch viele Alte sind „allein“. Dass in Deutschland erwogen wird, extra ein Ministerium für Einsamkeit einzurichten, wirft ein trauriges Licht auf den Zustand unserer von sozialen Bindungen „befreiten“ Familien.

Neben dem sozialen Bereich hat sich auch die Kunstsparte von überlieferten Regeln und Richtlinien befreit. Ob Musik, Malerei, Dichtkunst: alles ist darin erlaubt, nichts ist mehr tabu. Je exzessiver, umso besser. Ob es den Beschauerinnen und Beschauern gefällt? Ob es ihre Seelen streichelt? Das soll es offenbar gar nicht; die Kunst hat das Ziel übernommen, ins Mark einzudringen, aufzurütteln und Pessimismus zu schüren, und das tut sie mit Nachhaltigkeit. Was hält dann noch gegen den Pessimismus unserer Zeit? Die Religion? Was das Christentum betrifft, sind unsere Kirchen und Klöster ziemlich leer geworden. Religionsfreiheit ist super, aber Freiheit von Religion ist nicht vergleichbar super ...

Wir sehen, in der Freiheit verdünnen sich die Wegweiser zu einem gelingenden Leben, wie im obigen Kernsatz behauptet. Im Geflecht der unterschiedlichen Meinungen und Positionen, die alle ihr Für und Wider haben, findet sich der Einzelne nicht mehr so leicht zurecht wie in den einst fest geschnürten Gesellschaftsstrukturen. In seiner Hilflosigkeit wird er schnell zum Opfer von mitreißenden Radikalismen oder ihn abschottender Gleichgültigkeit und verlernt es, selber nachzudenken und dem jeweiligen Sinn der Situation nachzuspüren. Trotzdem gibt es *einen* Wegweiser, der zu allen Zeiten bewussten Lebens aktiv ist und auch von Expansionen des Freiheitsgrades nicht außer Kraft gesetzt wird, und das ist die zarte Stimme unseres Gewissens. Frankl war davon überzeugt, dass diese innerste Stimme in uns zwar von diversen Beeinflussungen überlagert sein kann, aber trotzdem in Augenblicken der Stille und der ehrlichen Zwiesprache mit sich selbst alles Unechte durchtönt und geradewegs ausdeutet, was *jetzt, hier und heute und nur für uns selbst* „Sinn macht". Wobei die Vokabel des „Sinn-Machens" schlecht gewählt ist und bloß die populäre Formulierung nachplappert. Denn Sinn kann man absolut nicht „machen", schon gar nicht in Eigenregie. Sinn kann man nur finden, entdecken, gleichsam mit dem Peilsender „Gewissen" orten, im Extremfall nicht unähnlich einem vermissten Bergsteiger, den ein Suchtrupp zu bergen trachtet. Nicht der Bergsteiger ist „machbar", sondern dessen Ausforschung, wenn nur intensiv genug nach ihm gefahndet wird.

Im Laufe meiner psychologischen Tätigkeit habe ich unzähligen Patientenberichten gelauscht. Manche Patienten litten an einer klar klassifizierbaren seelischen Störung, die es galt, mittels psychotherapeutischer Methoden (nicht selten unter Einbeziehung ärztlicher Unterstützung) zu lindern und möglichst zu beheben. Die Mehrzahl meiner Patienten jedoch glich eher einem Suchtrupp, der bei Nebel auf verfehlten Pfaden umherirrt und den gesuchten Bergsteiger nicht finden kann. Jene Patienten teilte ich in „zweifelnde" und „verzweifelte" Personen ein. Die *Zweifler* glaubten nicht recht daran, dass ihr Leben und Wirken einen tieferen Sinn haben könnte, und hatten es deswegen aufgegeben, ihr innerstes Gespür zu konsultieren. Sie ließen sich von der Alltagsroutine treiben, von den Medien einlullen, von ihren Emotionen beherrschen und von kurzfristigen Lustgewinnen betäuben. Spielte das Schicksal nicht mit, wie von ihnen erwünscht, fanden sie immer einen Schuldigen, dem sie die Verantwortung dafür aufbürden konnten, und versanken in Selbstmitleid. Die *Verzweifelten* waren noch übler dran. Sie rutschten in ein „existentielles Vakuum“ ab, wie Frankl das „Leiden am (scheinbar) sinnlosen Leben“ bezeichnet hat. Aus diesem Frust heraus wurden sie häufig aggressiv, gegen sich oder andere. Keine tief empfundene Ethik hielt sie auf, sich und ihre Nächsten, Mit- und Umwelt zu schädigen, weil Wertloses ja nicht wert ist, geschätzt oder bewahrt zu werden, und weil in ihren Augen eben alles sinn- und wertlos war. Hätte ich Frankls Logotherapie nicht gekannt, ich hätte nicht vermocht, ihnen Beistand zu leisten. Allein meine Zuversicht, dass es keine Situation im menschlichen Dasein gibt, die nicht doch eine konkrete Sinnmöglichkeit böte, und dass sich diese mit unserem feinen Instrument „Gewissen“ entdecken lässt, hat auf meine Patienten Eindruck gemacht – auf die notorischen Zweifler genauso wie auf die in Verzweiflung Versunkenen. Nicht, dass sie alle sich meinen Argumenten geöffnet hätten. Das darf man in meinem Beruf nicht erwarten. Die Freiheit inkludiert auch die Freiheit, sich dem Ruf des Lebens zu verweigern. Sinnerfüllung setzt allemal Einverständnis und Zustimmung voraus. Dennoch ist es mir wiederholt geglückt, Ratsuchende in geistige Rührung und Bewegung zu bringen. Und mehr braucht es nicht. Wer sich vom „Logos“ anrühren lässt, wer aus seelischer Starre auftaut und mit der Bedürftigkeit der Welt mitschwingt, der hat zugleich mit dem „vermissten Bergsteiger“ sich selbst gefunden.

Reisezeit

Der Mensch wird des Weges geführt, den er wählt.

Talmud

Beispiel 1

Ein Vater kam mit seinem 22-jährigen Sohn zu mir zur Beratung. Kaum hatten die beiden Platz genommen, begannen sie schon, sich gegenseitig anzuschreien, bevor ich überhaupt erfuhr, worum es ging. Folglich nahm ich mir die beiden einzeln vor.

Der Vater berichtete, dass er eine florierende Firma besitze und den Sohn für die spätere Leitung vorgesehen habe. Deswegen habe sein Sohn eine Kaufmannslehre absolviert, übrigens mit ausgezeichnetem Erfolg. Danach habe sein Sohn in einer fremden Firma zur Zufriedenheit aller gearbeitet, und nun solle er in die Firma des Vaters eintreten. Aber plötzlich sei der Sohn wie verwandelt, sei gleichgültig gegenüber dem weiteren Verlauf seiner Karriere und den väterlichen Geschäften, schließe sich in sein Zimmer ein, sitze grübelnd herum und weigere sich, die Firma des Vaters zu betreten. In seinem Zorn sprach der Vater vom Verstoßen und Enterben.

Der Sohn schwieg zunächst und murmelte nur, ich würde ihn sowieso nicht verstehen. Erst allmählich öffnete er sich mir. Er sehe nicht ein, wozu er die Firma übernehmen solle. Was interessiere ihn deren Fortbestand und Gewinn? Solle er sich ein Leben lang abrackern, um Artikel zu verkaufen, die die Leute genauso gut auch woanders kaufen können? Was sei der Sinn des Ganzen, und überhaupt sehe er keinen Sinn in seinem Leben und in dem, was er bisher getan habe. Alles erscheine ihm lächerlich und verächtlich, und am liebsten wolle er davonlaufen auf Nimmerwiederkehr.

Ich spürte die massiven Zweifel des jungen Mannes an sich und der Welt, spürte fast hautnah seine sich aufbäumende Suche nach Sinn. Sein Vater hingegen hatte eine Lebensaufgabe für sich gefunden, nämlich die Firma und deren Fortbestand zu sichern. Aber was für den einen Lebenssinn bedeutet, muss es nicht für den anderen sein, und was zu leicht erworben wird, sinkt bekanntlich im Wert.

Ich riet den beiden, ihre festgefahrene Beziehung vorerst etwas zu unterbrechen. Vielleicht würde eine mehrwöchige Wander- und Meditationsreise des Sohnes diesem helfen, sich über seine innersten Gefühle und Vorstellungen klar zu werden. Er solle die Reise aber nicht vorrangig zu seinem Vergnügen antreten, sondern in der festen Absicht, sein Gewissen zu erforschen und mögliche Ziele für sein künftiges Schaffen herauszufinden. Wäre für ihn ein Wirken in der väterlichen Firma in irgendeinem speziellen Zusammenhang doch denkbar, zum Beispiel beim Aufbau einer Forschungsabteilung, in der Personalbetreuung und Ähnliches, oder nicht? Wenn nicht, welche anderen Einsatzbereiche könnten ihm sinnvoll und zugleich realisierbar erscheinen? Schließlich peilten wir einen Kompromiss zwischen Vater und Sohn an: Der Vater solle sich bereit erklären, die Reise des Sohnes zu finanzieren, und dürfe dafür von seinem Sohn nach dessen Rückkehr einen ungefähren Plan für dessen nähere Zukunft erwarten. Danach, so mussten beide versprechen, werde der Vater diesen Plan, wie immer er aussehen mochte, respektieren, während der Sohn mit vollen Kräften an der Verwirklichung seines selbst gewählten Lebenszieles arbeiten werde. Das heißt, die Sinnsuche des jungen Mannes wurde sozusagen terminisiert, um dem passiven Stadium, in das er durch seine Sinnkrise gerutscht war, entgegenzuwirken.

Es war nicht leicht, dem Vater diesen Kompromiss abzuringen, dennoch enthielt dieser die beste Chance für beide: für den Vater die Chance, seinen Sohn auch ohne dessen Eintritt in die Firma weiterhin achten und lieben zu können, und für den Sohn die Chance, aus dem Stadium des permanenten Zweifelns heraus- und zu seinen persönlichen Lebensaufgaben hinzufinden.

***

Was viele, insbesondere jüngere Menschen umtreibt, ist die Frage, was am Ende einer langen mühseligen Jagd nach Aufstieg, Ansehen und Glück letztlich übrig bleibt, welchen Sinn aller Stress, aller Prestigezuwachs und alle Besitztümer haben können. Die traditionellen Antworten, gesellschaftlichen Modelle und Vorschreibungen zu dieser Frage sind in den Umbrüchen unserer bewegten Zeit auf der Strecke geblieben, und die gängige Philosophie der Gegenwart schürt eher die Zweifel, als dass sie Halt böte.

In dieser Situation ist der Mensch mehr denn je gefordert, in sich selbst hineinzuhorchen, um aus seinem tiefsten Personenzentrum jene Weisungen zu vernehmen, die uns als geistige Wesen in Form einer Gewissensstimme (oder wie wir sie sonst nennen wollen) „eingegeben" sind. Sie durchtönt uns, sie durchweht uns, sie erzählt vom sinnvollen Handeln und von verantwortbaren Entscheidungen. Sie pflanzt uns Visionen ins Herz, die unser Herz höherschlagen lassen. Eigentlich brauchen wir ihr nur zu lauschen. Doch spricht sie sehr leise, weshalb der Zugang zu ihr bei jeglichem Lärm und jeglicher Hektik abreißt. Dann bedarf es eines räumlich-seelischen Abstands zum Alltag und eines radikalen Rückzugs in die Einsamkeit, um ihrer wieder gewahr zu werden.

Das Erstaunliche ist, dass diese unsere innerste Stimme positive und gangbare Wege aufzuzeigen vermag, ganz und gar unabhängig von eventuellen Hindernissen und Ärgernissen des Lebens. Ihre Botschaft lautet in etwa: „Brich getrost auf! Sei es dein Weg, etwas konstruktiv zu verändern, so wähle ihn mit Schwung und Elan! Sei es dein Weg, etwas tapfer zu ertragen, so nimm dein Kreuz und geh! Sei es dein Weg, ins Neue und Unbekannte vorzudringen, so zögere nicht! Es wohnt genug Kraft in dir, um dein Leben zur Fülle zu leben. Vertrau!"

Von daher war es im obigen Beispiel richtig und notwendig, den Sohn aus seiner grüblerischen Lethargie herauszulocken, indem er seiner eigenen Gewissensstimme überantwortet wurde. Am Ende würde es auch dem Vater leichter fallen, eine für ihn unangenehme Entscheidung des Sohnes zu akzeptieren, wenn es dem Sohn gelänge, eine für ihn sinnvolle Entscheidung zu treffen. Lernen wir daraus, dass das Ringen und Suchen nach Sinn im Prinzip etwas Gesundes und Menschengemäßes ist, das uns in manchen Fällen davon abhalten kann, in vorgefertigten Fußstapfen stur dahinzutrotten, dass es aber einmünden muss in das Entwickeln einer persönlichen Aufgabe, die man willig und hingebungsbereit zu der seinen macht. Wer im Unterschied dazu im Stadium des Zweifelns verharrt, tritt auf der Stelle, stagniert und ist in akuter Gefahr, zu ertauben – nicht in Bezug auf sein akustisches Gehör, sondern in Bezug auf das Vernehmen seiner innersten Stimme. Und das wäre ein großes Malheur. Aus gutem Grund schrieb der Seelenarzt Frankl: „Wir leben im Zeitalter eines um sich greifenden Sinnlosigkeitsgefühls ... In einem Zeitalter, in dem die Zehn Gebote für so viele ihre Geltung zu verlieren scheinen, muss der Mensch instand gesetzt werden, die 10 000 Gebote zu vernehmen, die in den 10 000 Situationen verschlüsselt sind, mit denen ihn sein Leben konfrontiert. Dann wird ihm sein Leben wieder sinnvoll erscheinen ..."[1] Wie aber setzt sich der Mensch dazu instand? Indem er sich einübt, seinem Gewissen zu lauschen.

Man kann also eine Reise unter anderem auch dazu nützen, wieder *hören* zu lernen – das Urmenschlichste (und in diesem Sinne vielleicht sogar „Göttlichste" im Menschen), das es zu hören gibt!

Alte Träume

Wer vom Ziel nichts weiß, kann den Weg nicht haben, wird im selben Kreis all sein Leben traben.

Christian Morgenstern

Fortsetzung Beispiel 1

Während der Sohn aus dem vorigen Beispiel auf Reisen war, führte ich mit dem Vater einige Gespräche. Meine Sorge war, dass die von ihm aufgebaute Firma an der Spitze all seiner subjektiven Werte rangieren könnte. Dass sie ihm „mehr als alles“ bedeuten könnte ... Wenn sich nun sein Sohn nach längerer Bedenkzeit weigern sollte, in die Firma einzusteigen bzw. sie später zu leiten, hieße dies, dass der Vater im Alter seine Firma unweigerlich verabschieden müsste. Er müsste sie eines Tages verkaufen oder in fremde Hände legen. Je mehr ihm die Firma folglich bedeutete, desto kleiner war dann der Schritt, der ihn beim Loslassen seines Lebenswerkes von einer damit verbundenen Verzweiflung trennen würde. Um dem vorzubeugen, galt es, die Palette der väterlichen Wertbezüge zu erweitern und dadurch die Firma aus ihrer absoluten „Spitzenposition“ (in seinem Kopf) zu verdrängen.

Glücklicherweise hatte der Vater jedoch keine so einseitige Wertorientierung, wie ich anfangs befürchtet hatte. Es stellte sich heraus, dass er neben seinem Beruf ein großer Hundeliebhaber war, der einen alten Kindheitstraum hegte, nämlich Hunde bestimmter Rassen zu dressieren. Er besaß zwar einen prächtigen

Schäferhund, war aber durch seine Arbeit nie dazu gekommen, sich intensiv mit diesem zu befassen, geschweige denn, ihn irgendwelche Kunststücke oder Suchaktionen zu lehren. Bei unseren Erwägungen, was mit der Firma geschehen solle, falls der Sohn kein Interesse an ihr habe, formulierte der Vater spontan die Idee, einen ehemaligen Schulkameraden, mit dem er eng befreundet war, noch dazu einen Hundezüchter, anteilmäßig an der Firma zu beteiligen, wohingegen dieser ihn in die Geheimnisse der Hundedressur einweihen und ihm sein Gelände zur Verfügung stellen könnte.

Eine weitere faszinierende Möglichkeit, die in unseren Gesprächen auftauchte, war der alte und noch nie ausgesprochene Wunsch des Vaters, einmal in seinem Leben einige Wochen lang auf einem Hundeschlitten durch die Schneelandschaften der Arktis zu flitzen. Als er mir dies eingestand, errötete er wie ein kleiner Junge, aber ich fand die Idee einer solchen Abenteuertour ausgesprochen attraktiv. Im Reich des ewigen Eises würde seine Fixierung auf die Firmenbelange rasch den Erlebnissen des Augenblicks weichen. Und warum sollte sich der Mann nach seiner jahrzehntelangen Plage im Beruf nicht eine (ent)spannende Abwechslung gönnen, zumal sie für ihn bezahlbar war? Als heilsamen Nebeneffekt würde er dabei merken, dass Träume in begnadeten Momenten zur Realität werden können, und dass eine Firma, und sei sie noch so blühend, nicht den ganzen Inhalt eines Lebens ausmacht.

Beruhigt entließ ich den Vater aus unseren Gesprächen. Wie auch immer der Sohn sich entscheiden mochte – ich wusste, der Vater würde es verkraften.

***

Stanislav Kratochvil, ein tschechischer Psychologe aus Kromeriz, hat 1968 auf dem Weltkongress für mentale Gesundheit in London eine Theorie vorgestellt, deren Gültigkeit später vielfach bestätigt worden ist. Er unterschied *parallele*, nämlich reichhaltige Wertsysteme, in denen mehrere Wertbezüge eines Menschen etwa gleichrangig nebeneinanderstehen, von *pyramidalen*, nämlich einseitigen Wertsystemen, in denen ein einzelner überdimensionaler Wertbezug die Spitze einer Pyramide bildet, während die restlichen Wertbezüge dieses Menschen in schwächeren Abstufungen darunter verblassen. Personen mit parallelen Wertsystemen verrichten ihre Arbeit gerne, sind ihrer Familie zugetan, pflegen Kontakte im Bekanntenkreis, betreiben Sport oder basteln in der Freizeit und erfreuen sich an einem Leseabend oder an ihrem Konzertabonnement. Sofern sie sich nicht überfrachten und zu viel vornehmen (was auch unbekömmlich ist), gestalten sie ihr Leben locker und bunt. Personen mit pyramidalen Wertsystemen hingegen widmen sich hauptsächlich einem einzigen Lebensbereich, den sie in seiner Bedeutung zu überschätzen neigen. Beispiele dafür sind Männer, die ganz in ihrer Tätigkeit aufgehen und alles andere rings um sich vernachlässigen, oder Frauen, die ausschließlich für ihre Kinder da sind und sie wie Gluckhennen bewachen; oder auch religiöse bzw. politische Fanatiker.

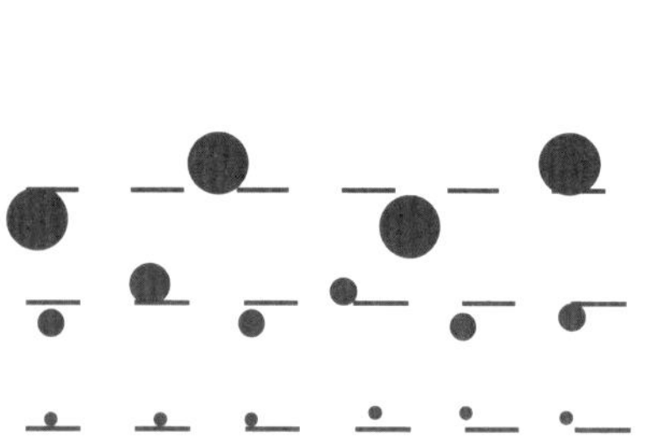

Parallele Wertorientierung

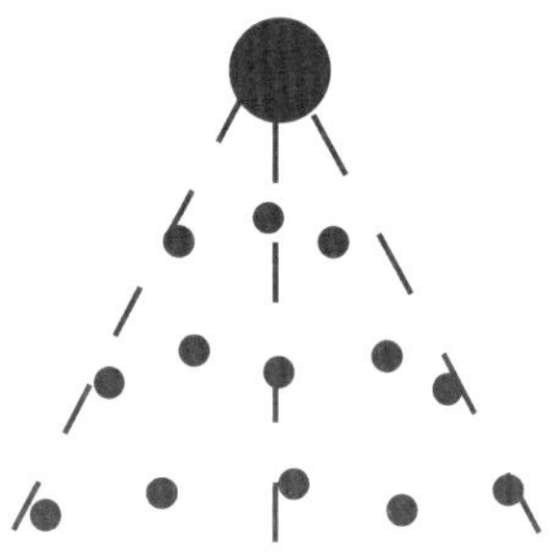

Pyramidale Wertorientierung

Das Problem der *pyramidalen* Wertsysteme liegt auf der Hand: Fällt der zu leistende „Dienst“ am obersten Wert aus irgendeinem Grunde weg, bricht also die Spitze der Pyramide ab, fällt der Mensch in ein finsteres Loch, aus dem er kaum mehr herauskrabbelt. Die restlichen Wertbezüge sind zu schwach, um ihn in einen neuen, fruchtbaren Lebensabschnitt hineinzuhieven, in dem nun andere „Dienste“ übernommen werden müssten. Verliert zum

Beispiel eine Mutter, die jahrelang nur für ihre Kinder gesorgt hat, diese, weil die Kinder erwachsen geworden und ausgezogen sind, und ist kein weiterer Wertinhalt vorhanden, der den Platz ihrer Kinder einnehmen könnte, dann wird diese Mutter alsbald in einen Strudel von Depressionen und psychosomatischen Krankheiten hinuntergezogen werden. Oder verliert ein Fachexperte, der sein Tun und Wirken von früh bis spät auf seinen Beruf konzentriert hat, seine Arbeit, weil er in den Ruhestand eintritt, und ist er wenig flexibel, kommt es zu einem plötzlichen physischen und psychischen Abbau, zu Überdruss, Gereiztheit und Leeregefühlen bei ihm. Sobald der oberste Wert im pyramidalen Gefüge wankt, wankt auch die seelische Balance der Person. Oder um es in den Worten Frankls auszudrücken: „Hinter jeder Verzweiflung steckt eine Vergötzung", nämlich die Vergötzung eines einzigen Wertes, der ja wie jeder Wert im Leben verlierbar ist.

In ihrer Balance wesentlich stabiler sind Personen mit *parallelen* Wertsystemen. Sie können den freiwilligen oder erzwungenen Abschied vom „Dienst" an einem Wert durch die verstärkte Hinwendung zu einem anderen Lebensinhalt leichter verwinden. Ein Mann, der seinen Beruf aufgeben muss, aber daneben immer schon ein Hobby (oder zumindest den Traum von einem solchen) hatte, wird sich in Zukunft mit seinem Hobby beschäftigen und es ggf. sogar genießen, endlich genügend Zeit dafür zu finden. Eine Frau, die sich neben ihren Mutterpflichten immer schon in bescheidenem Rahmen fortgebildet hat, Ausflüge mit ihren Freundinnen unternommen hat und Ähnliches, wird beim Flüggewerden ihrer Kinder intensiver studieren, häufiger Freundinnen zum Gedankenaustausch einladen usw. und für diese Gelegenheiten sogar dankbar sein. Die gleichrangigen Werte der parallelen Wertorientierung helfen im Verlust- oder Ernstfall, zu kompensieren, das Leben kreativ umzugestalten oder auch bloß – zu überleben.

Dazu kommt ein weiterer Vorteil reichhaltiger Wertbezüge. Man versteht seine Mitmenschen besser und ist ihnen gegenüber toleranter, als wenn man sich an einem einzigen Wert im Leben

„festkrallt". Einer Mutter, die sich ununterbrochen für ihre Kinder aufopfert, fällt es schwer, zu verstehen, dass eine andere Mutter ihre Kinder nachmittags in den Hort schickt und eigenen Vorhaben nachgeht. Ein hochengagierter Politiker wird kaum begreifen, wie jemand politischen Ideen und Projekten gegenüber völlig neutral sein kann. Pyramidale Wertstrukturen verleiten zu Extremismus und Intoleranz, was beides Unglück schafft. Parallele Wertsysteme hingegen bauen Brücken zwischen den Menschen. Ein Mann etwa, der Frau und Kinder liebt, sich fortbildet, indem er Informationen über die römische Kultur sammelt, ein Steingärtchen mit Alpenkräutern vor seinem Haus anlegt und den Urlaub zum Tauchen in der Adria benützt, ein Mann also mit diversen Interessenschwerpunkten, wird für vielerlei aufgeschlossen sein. Er wird einen häuslichen Familienvater genauso gut verstehen können wie einen begeisterten Historiker, einen emsigen Gartenfreund genauso gut wie einen fröhlichen Urlauber. In irgendeinem Winkel der Seele stimmt man miteinander überein ...

Es empfiehlt sich daher, manchmal alte Träume aus der Erinnerung hervorzuholen und mit ihrer Hilfe verflossene Wertbezüge zu „reanimieren". Sollte sich gar im Laufe unseres Lebens unbemerkt eine „Pyramidenspitze" gebildet haben, so denken wir, schon *bevor* diese Spitze abbricht, an die Warnung Frankls, wo-

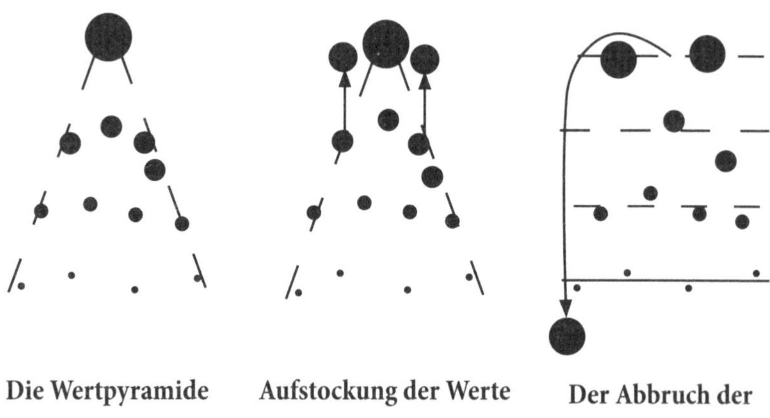

Die Wertpyramide **Aufstockung der Werte** **Der Abbruch der Wertspitze**

nach jede Vergötzung den Keim zur Verzweiflung in sich trägt! Nivellieren wir die Wertspitze beizeiten, indem wir ihr unsere alten Träume in neuem Gewand zur Seite stellen. Wir werden überrascht sein, wie befreiend und bereichernd dies ist.

Wissenschaftliche Ergänzungen

In einem groben Überblick könnte man zwei große Bevölkerungsgruppen unterscheiden. Nämlich die Gruppe jener Personen, die noch – vielleicht schon allzu lange – auf der Suche nach Sinn in ihrem Leben sind (ich würde sie zu den „zweifelnde[n] Menschen“ zählen), und die Gruppe jener Personen, die bereits Aspekte einer gewissen zufriedenstellenden Sinnerfüllung in ihrem Leben gefunden haben. Letztere könnte dann nach Kratochvil wiederum eingeteilt werden in solche Personen, die in ihrem Wertsystem „parallel gesichert“ sind, und solche, die als „pyramidal gesichert“ zu bezeichnen wären. Da die letzte Gruppe, wie dargelegt, im Falle eines „Pyramidenspitzenabbruchs“ in ihrem einseitigen Wertsystem gefährdet ist, Halt zu verlieren und „ins Nichts zu fallen“, gibt es bei ihr stets eine Untergruppe an „verzweifelten“ Menschen. Mit beiden Kategorien, den einerseits „zweifelnden“ (= keinen Sinn findenden) und andererseits den „verzweifelten“ (= Sinn verloren habenden) Personen, hat es die Psychotherapie vorrangig zu tun.

Die Doppelproblematik ist in einer aktuellen Studie bestätigt worden. Die „Sinnforscherin“ Tatjana Schnell von der Universität Innsbruck hat in umfassenden und sorgfältig ausgewerteten Umfragen aus den Jahren 2015/16 festgestellt, dass ca. die Hälfte der (eher jüngeren) Leute im deutschsprachigen Raum „existentiell indifferent“ ist, das heißt, ihrem Leben nur wenig Sinn und Bedeutung zuspricht und daher ihre Sinnsuche heruntergeschraubt hat. Laut Schnell hätten diese „Zweifler“ tendenziell „das Gefühl, wenig Kontrolle über ihr eigenes Leben zu haben und den Anforderungen der modernen Welt nicht gewachsen zu sein, was ihre Lebenszufriedenheit messbar verringert“[2]. Der Psychologe Michael Steger von der Colorado State University kam zu ähnlichen Ergebnissen in seinem Land.

Dass auch „verzweifelte Menschen“ mit ihrem Leben nicht zufrieden sind, bedarf keiner eigenen Untersuchungen; dies liegt auf der Hand. Allerdings gibt es auch dazu Bemerkenswertes aus der psychologischen Forschung zu berichten. Es hat sich nämlich wiederholt gezeigt, dass Verzweiflung nicht unbedingt an Armut, Misserfolg, Enttäuschung oder schwere gesundheitliche Beeinträchtigungen gebunden ist. Wer Einblick in die Nervenkliniken

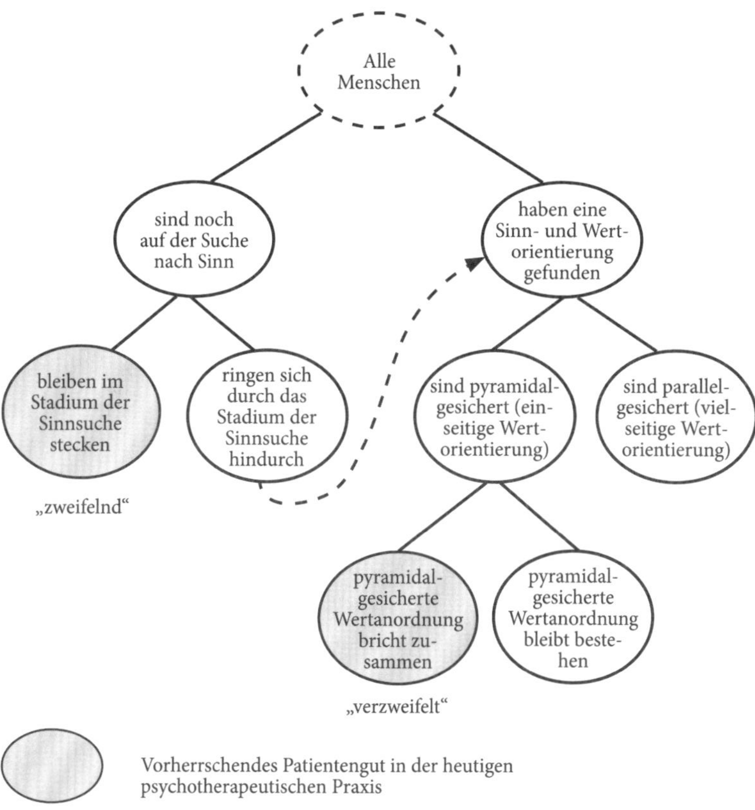

und psychotherapeutischen Praxen gewinnt, staunt darüber, wie wenige Patienten sich in einer äußeren Notlage befinden. Sie verhungern und erfrieren nicht, sie haben keine eminenten Strapazen zu erdulden, und körperliche Gebrechen sind nur in Ausnahmefällen an ihrer seelischen Zerrüttung mitbeteiligt. Die Mehrzahl von ihnen ist mit Gütern ausreichend gesegnet, ohne sich darüber zu freuen, und wird von ihren Mitmenschen mit Fürsorge und Nachsicht behandelt, ohne dies zu registrieren. Patienten sind überängstlich oder überfordert, leiden unter Schlafstörungen und Verkrampfungen, fühlen sich ausgelaugt und lebensmüde – und das alles ohne ersichtlichen Anlass und reale Bedrängnis.

Ihnen gegenüber stehen Arme und Bedürftige, Vertriebene und Heimatlose, Hilfsarbeiter mit großen Familien und darbenden Kindern in viel zu engen Unterkünften – und doch bleiben sie psychisch gesund und schlagen sich tapfer durchs Leben. Haben sie bloß kein Geld für teure Therapien und scheinen sie deswegen in den psychotherapeutischen Praxen nicht auf? Ich kann dies größtenteils ausschließen. 13 Jahre lang habe ich in Beratungsstellen in städtischen und kirchlichen Trägerschaften gearbeitet, in denen die Behandlungen kostenfrei angeboten wurden. Auch in der psychotherapeutischen Ambulanz, die ich später geleitet habe, wurden Härtefälle honorarfrei behandelt. Dennoch bestand meine vorwiegende Klientel aus Personen, die theoretisch mit ihren Konditionen hätten zufrieden sei können (psychotisch Kranke ausgenommen), die vielfach mehr und Sinnvolleres daraus hätten machen können, die aber weder zufrieden noch geneigt waren, wesentliche Änderungen ihres Lebensstils zu vollziehen. Wozu auch, wozu? Nicht selten erinnerten sie mich an den Satz von Albert Einstein: „Wer sein eigenes Leben als sinnlos empfindet, der ist nicht nur unglücklich, sondern auch kaum lebensfähig."

Der Seelenarzt Frankl wusste darüber Bescheid. Er symbolisierte die Dialektik zwischen der Achse „Misserfolg" (Krankheit, Elend ...) bis „Erfolg" (Ansehen, Wohlstand ...) und der Achse „Sinnerfüllung" (beglückendes Leben) bis „Verzweiflung" (unglückliches Leben) in seinem berühmt gewordenen Fadenkreuz, in dem vier Kombinationen zwischen den Achsenpolen denkbar sind. Die Einordnung von Ratsuchenden, die psychotherapeutische Hilfe benötigen, in dieses Fadenkreuzschema ergibt sämtlichen Überprüfungen zufolge nun *nicht* die erwartete Häufung im Sektor zwischen „Misserfolg" und „Verzweiflung", sondern gegenteilig im Sektor zwischen „Erfolg" und „Verzweiflung". Diese seltsame und schwer zu begreifende Statistik hat aber auch etwas Tröstliches. Sie lehrt uns, dass selbst in einem erfolglosen und von Überschattungen gekennzeichneten Leben Sinnerfüllung stattfinden kann, ja häufig stattfindet (vgl. den linken oberen Sektor des Fadenkreuzes), und dass man keineswegs zu den „Sonnenkindern" dieser Erde zählen muss, um seines Lebens froh zu werden.

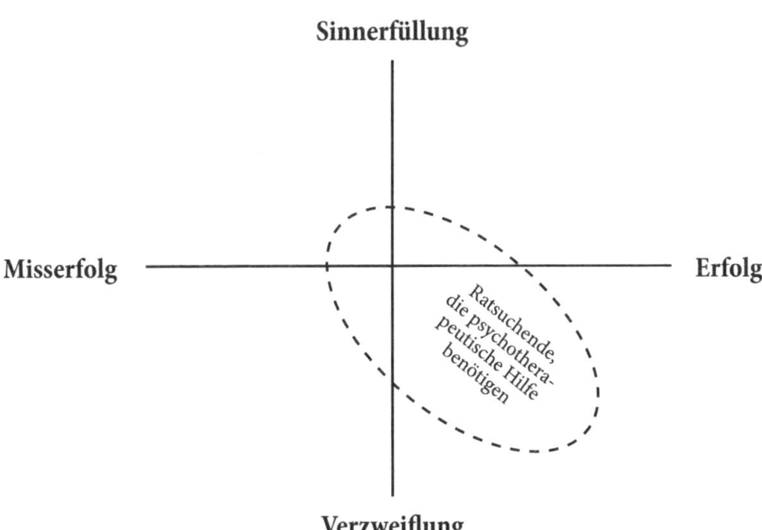

Eine Rolle spielen

Auswege führen oft über die Hindernisse, die man bisher zu umgehen versucht hat.

Therapeutischer Spruch

Beispiel 2

Eine 24-jährige Frau kam zu mir, weil sie „mit den Nerven völlig fertig war", wie sie sagte. Sie hatte früh geheiratet, und zwar einen Mann aus einer angesehenen, einflussreichen Familie. Bald darauf hatte sie einen Sohn geboren. Die Frau war Halbwaise und hatte sich von Anfang an ihrem Mann und seiner Familie gegenüber minderwertig gefühlt. Angeblich hatten ihre Schwiegereltern ihr unmissverständlich signalisiert, dass sie für den Mann keine passende Partnerin sei und sich nur mittels Schwangerschaft in die Familie gedrängt habe. Die Ehe verlief nicht gut. Nach kurzer Zeit wurde sie geschieden, wobei der Sohn dem Vater zugesprochen wurde, weil dessen Familie vor Gericht nachwies, dass sie dem Kind bessere Entwicklungsbedingungen bieten könne als die Mutter in ihrer beschränkten Situation. Die junge Frau stand also vor der schwierigen Aufgabe, nicht nur die zerbrochene Ehe innerlich zu bewältigen, sondern auch ihre Zukunft neu zu gestalten. Aber sie fühlte sich nicht fähig dazu, sie sah nur die Trümmer ihrer Welt und versank in Tränen. Nicht einmal von dem ihr zustehenden Besuchsrecht bezüglich des Kindes wagte sie Gebrauch zu machen, weil sie die Begegnung mit der Familie ihres Exmannes fürchtete; andererseits fehlte ihr der Sohn.

Darin sah ich einen Ansatzpunkt für die Beratung, denn wenn es um ein geliebtes Kind geht, erwachsen einer Mutter ungeahnte Kräfte, und das war exakt das, was diese Frau brauchte: Kräfte, vor allem geistige Kräfte. Nichts hilft mehr zur Bewältigung von seelischen Verletzungen als die Kraft, dem Schicksal zu trotzen, die „Trotzmacht des Geistes", wie Frankl es formuliert hat.

Ich erklärte der jungen Frau, dass es ihr wohl unangenehm sein könne, mit den Verwandten ihres geschiedenen Mannes in Kontakt zu kommen, dass sie aber dennoch dem Kinde gegenüber die Verpflichtung habe, es zu besuchen, da es doch nach der Mutter fragen und unter deren plötzlichem Verschwinden leiden würde. Zugleich machte ich ihr den Vorschlag, ihren Verwandten beim Abholen des Kindes in einer neuen Rolle gegenüberzutreten, nämlich nicht in der gehemmten und niedergeschlagenen Verfassung, in der sie sie kannten, sondern als selbstbewusste, hübsche Dame, die sich nicht „unterkriegen" ließ. Damit würde sie nicht nur in deren Achtung steigen, sondern auch sich selbst wohler fühlen und außerdem dem Kind den Besuchstag erleichtern und verschönern. Sie brauche die Rolle vorerst ja bloß zu spielen, einen Tag lang, hauptsächlich ihrem Kind zuliebe. Die junge Frau war damit einverstanden, wenn auch zögernd, und wir probten ihren Auftritt.

Nach dem Besuchstag kam sie zufrieden wieder. Er war reibungslos verlaufen, und sie war sogar ein bisschen stolz darauf, dass die Verwandten ihres Exmannes verblüfft gewesen waren. „Sie könnten noch andere Leute aus Ihrem Bekanntenkreis verblüffen", meinte ich dazu, „denn jeder wird annehmen, dass Sie unter der Wucht Ihres Schicksals zusammenknicken, und wird perplex sein, wenn dies nicht geschieht!" „Aber ich kann doch nicht andauernd eine Rolle spielen, nach der mir innerlich gar nicht zumute ist", wandte die junge Frau ein. Nun galt es, unter ihren Möglichkeiten die sinnvollste herauszufiltern.

„Lassen Sie uns gemeinsam verschiedene Rollen durchdenken", begann ich, „und versuchen Sie, sich diese imaginativ vorzustellen, bis Sie eine gesichtet haben, die Ihnen so imponiert, dass Sie sie wirklich gerne übernehmen und am besten ganz mit ihr verschmelzen möchten." Ich bat sie, sich im Sessel zurückzulehnen, die Augen zu schließen und zuzuhören. Dann schilderte ich ihr anschaulich-konkret verschiedene Lebenspositionen, die für sie in Frage kämen. Als ich ihr den Alltag einer Frau schilderte, die als Helferin in einem Kindergarten arbeitet, die mit Bastelzeug beschäftigt an einem niedrigen Tisch sitzt, während die Kinder rund um sie neugierig darauf warten, was da unter ihren geschickten Händen entstehen wird, oder die in der Küche mithilft, kleine Imbisse für die Kinderschar vorzubereiten, rief sie plötzlich: „Das fände ich herrlich! Das würde ich gerne machen!"

Wir überlegten, welche Wege zu diesem Ziel führen könnten und welche Ausweichmöglichkeiten bestünden (zum Beispiel als Hilfskraft in einer Kinderklinik oder als Babysitterin zu wirken). Es war frappierend, welche Veränderung mit der jungen Frau vor sich ging. Sie verlor einen Großteil ihrer Resignation und Bedrücktheit und arbeitete fleißig an der Planung einzelner Schritte in Richtung des vorgestellten Zieles mit. „Vielleicht habe ich dann sogar die Aussicht, meinen Sohn öfter zu sehen. In einen Kindergarten etwa könnte ich ihn mitnehmen ..." Sowie sie Überlegungen über die Zukunft anstellte, versiegten ihre Tränen.

Tatsächlich erhielt sie zwei Monate später ein Angebot in einer Kindertagesstätte. Vor dem Erstgespräch mit dem leitenden Direktor sank ihr nochmals der Mut, doch wieder bewährte sich unsere „Probe für die zu spielende Rolle". Als sie die Arbeit angetreten hatte, erweiterten wir unsere Sinnsuche auf die Zeit nach Arbeitsschluss, auf die einsamen Abende. Sie sehnte sich nach einem Freund, doch legte ich ihr nahe, vor einer neuerlichen Bindung erst an Standfestigkeit und Selbstsicherheit zu gewinnen. Vor allem musste der alte Groll gegen ihren geschiedenen Mann abgeklungen sein, ehe sie sich einem neuen Partner zuwandte. Das verstand sie durchaus und füllte die „Wartezeit“ mit Trainingsabenden in einem Fitness-Studio aus.

Etwa ein Jahr später erhielt ich eine Hochzeitsanzeige von ihr, in der geschrieben stand: „Liebe Frau Lukas, mir geht es gut. Hans, mein jetziger Mann, hat Kinder sehr gerne und unterstützt meinen Plan, mich noch zur Kindergärtnerin auszubilden. Auch mein Sohn entwickelt sich prima, und meine früheren Schwiegereltern sind mittlerweile sehr freundlich zu mir. Ich glaube, sie haben eingesehen, dass ich nicht so dumm bin, wie sie dachten. Vielleicht war es ganz gut, wie es gekommen ist, sonst wäre ich immer nur Hausfrau geblieben und hätte Hans nie kennengelernt. Sie haben mir in großer Not die richtigen Ratschläge gegeben ...“

***

Seelischer Kummer zieht nicht unbedingt Verzweiflung und Dauerkrisen nach sich. Im Zuge meiner Dissertation an der Universität Wien habe ich in den Jahren 1970/71 eine Stichprobe von tausend mir zufällig auf der Straße begegneten Personen aller Altersgruppen befragt, was sie am meisten für sinnstiftend und sinnspendend in ihrem Leben hielten. Aus dem Antwortmix, den ich damals erhielt, kristallisierten sich neun große Bereiche heraus, die ich mit den Überschriften titulierte:

1. Die Herstellung und Erhaltung des eigenen Wohlergehens
2. Die persönliche Weiterbildung und Selbstverwirklichung
3. Die familiäre Beziehung mit Kindern und in der Partnerschaft
4. Die Beschäftigung mit einer Arbeit, das Berufsleben
5. Die Kontaktpflege mit den Freunden und Bekannten
6. Das Wahrnehmen von Interessen, das Ausüben von Hobbys
7. Kulturelle Erlebnisse, Freude an der Kunst oder an der Natur
8. Der Dienst an einer weltanschaulichen Überzeugung
9. Die Überwindung oder Akzeptanz einer Notsituation

So alt diese Untersuchung auch ist, wird sich an diesen sinnstiftenden Elementen bis heute kaum etwas geändert haben. Eines darunter verdient unsere besondere Aufmerksamkeit, und das ist Punkt 9. Denn dass jemand seine Lebenserfüllung in der eigenen Karriere, in den Beziehungen zu anderen Menschen, im Dienst an einer Idee, von der er überzeugt ist, oder in ergreifenden Erlebnissen findet, erstaunt niemanden. Aber dass es eine Sinnmöglichkeit, und sogar eine sehr noble, im menschlichen Leben darstellt, eine vorhandene Notlage entweder unter Einsatz aller Kräfte zu lindern, oder, wenn sie nicht linderbar sein sollte, sie in Würde zu akzeptieren, das muss erst überdacht und in düsteren Stunden sich selbst abgerungen werden. Doch siehe da: Die Menschen „auf der Straße“ wussten dies!

Ich möchte deswegen zusammenfassend betonen, dass ein großes Leid, das jemanden getroffen hat, keineswegs automatisch dessen seelischen Zusammenbruch bewirken muss. Das überlieferte Ursachendenken in der Psychologie, wonach für seelische Verkrümmungen vergangene traumatische Erfahrungen und frühkindliche Schocks verantwortlich zeichnen, ist zu revidieren. Freilich erschweren ungünstige Lernbedingungen die Entwicklung eines jungen Menschen. Dennoch sind sie genauso ein „Material“, das noch seiner sinnvollen Ausgestaltung harrt, wie günstige Bedingungen. Der geistig zu sich selbst erwachte Mensch kann jedes von ihm vorzufindende „Material“ nützen oder verwerfen, kann sich in schlechtem Fahrwasser weiter treiben lassen oder sich mit starken Schwimmtempi daraus entfernen. Was von beidem er wählt, hängt nicht vom schlechten Fahrwasser ab, in das ihn irgendein Umstand hineingestoßen hat, sondern von ihm selbst, von seiner „Sinnsichtigkeit“ und seinem Willen, dem als sinnvoll Erkannten zuzustreben.

Die herkömmliche Psychotherapie hat zu viel Gewicht auf die Vergangenheit von Patienten gelegt. Stets auf der Suche nach Ursachen für deren gegenwärtige Probleme, hat sie wahre und vermutete Gründe aufgedeckt, wonach die Patienten eigentlich ein Nein zu ihrem Leben sprechen müssten. Der Stiefvater hat sie lieblos behandelt, in der Schule sind sie ausgelacht worden, der beste Freund hat sie verpfiffen, die Fahrprüfung war ein Albtraum ...

Kein Wunder, wenn sie sich schwach und lahm fühlen und sich nichts zutrauen ... Auf diesem Wege verschleiert sich bloß der Blick für Sinnmöglichkeiten. Viel wichtiger ist es, solchen Patienten Gründe darzulegen, warum sie trotz alledem Ja zu ihrem Leben sagen könnten. Stiefväter und falsche Freunde kann man ohne Groll abhaken, Schulwissen und Führerschein sind vorhandene Ressourcen, körperliche Elastizität und Jugend stehen zur Verfügung, Selbstsicherheit ist erlernbar, Lebenschancen bieten sich in Hülle und Fülle an ... was will man mehr? Neun herrliche sinnstiftende Bereiche (siehe oben) warten darauf, betreten zu werden. Fangen wir mit Punkt 9, der mutigen Aussöhnung mit der Vorgeschichte, an und entdecken wir danach die restlichen Punkte, einen nach dem anderen. Sind es genug, baut sich allmählich ein paralleles Wertsystem auf, und die letzten Reste an Zweifeln und Verzweiflung vergehen. So das Konzept der Logotherapie.

Frankl hat in diesem Zusammenhang das Wort von der „Trotzmacht des Geistes" geprägt und an zahllosen Beispielen (nicht zuletzt in seinen Berichten über Häftlinge in Konzentrationslagern) nachgewiesen, dass es enorm sinnvoll ist, in einer Notsituation über sich selbst hinauszuwachsen und heldenhaft bis an den Rand des Machbaren vorzudringen. Ein hilfreicher „Trick" dabei kann sein, zunächst einfach den tapferen Helden so echt wie möglich zu spielen, den Helden, der man *noch nicht ist, aber werden möchte.* Ein Rollenspiel färbt allemal auf den Spieler ab, wie auch umgekehrt die Eigenart eines Spielers in jede Rolle mit einfließt. Die Grenzen zwischen Echtheit und Spiel pflegen sich sukzessive zu verwischen. So muss manches im Leben begonnen werden im Zustand des Noch-nicht-Könnens, aber indem und während es begonnen wird, wird bereits zart und gleitend in den Zustand des Könnens hinübergewechselt (wie es bei o. g. Patientin gelungen ist).

Überlegen wir deswegen – auch ohne den Auslöser einer vitalen Bedrängnis –, ob es nicht eine Rolle gäbe, die es wert wäre, von uns eingeübt und gespielt zu werden, weil sie einem „höheren Ich" in uns entspricht. Die es wert wäre, entfaltet zu werden. Die es wert wäre, uns von uns selbst abgetrotzt zu werden.

Sinnorientierung und Reifegrad

Die Fähigkeit, sich aus einem schlechten Fahrwasser herauszustrampeln, steigt mit zunehmender Reife, und Reife hat mit verinnerlichter Weisheit zu tun. In früheren Zeiten hat man oft auf den Rat der Alten und Ältesten zurückgegriffen, und dies nicht zu Unrecht. Leute, die das Leben schon in vielen verschiedenen Variationen durchlaufen haben, mögen vielleicht vergesslich geworden sein oder manch Neues nicht mehr begreifen, besitzen dafür aber oft ein Ausmaß an Reife und innerer Ausgeglichenheit, an dem es der jüngeren Generation mangelt. Durch die längere Lebenserwartung, der wir uns heutzutage erfreuen, verflüchtigt sich diese Reife mit zunehmendem Abbau der Gehirnsubstanz leider wieder in Richtung dementen Hinwegdämmerns. Doch davon abgesehen, wären ältere Leute im Durchschnitt immer noch recht brauchbare Lehrmeister, wäre ihr Rat gefragt. Doch es ist das Vorrecht der Jugend, „veraltete" Ansichten übermütig über Bord zu werfen und ihren eigenen Impulsen zu folgen, was häufig impliziert, ihre eigenen schmerzlichen Erfahrungen zu machen.

In meiner Praxis habe ich einen deutlichen Konnex zwischen der Intensität der Sinnorientierung von Personen und deren Reifegrad beobachten können. Wahrscheinlich entspricht die noch ungezielte Sinnsuche, die knapp vor und in der Pubertät in Schwung kommt, dem frühesten Reifestadium im menschlichen Leben. Endlich fündig geworden, formt sich zunächst eine pyramidale Wertorientierung gleichzeitig mit dem Aufstieg in mittlere Reifedimensionen. Schließlich lichtet sich die Einseitigkeit. Die Lebensbezüge werden komplexer und multipler, und wenn alles gut geht, steht einer parallelen Wertorientierung in den späten Reifestadien nichts im Wege.

Wenn diese Theorie stimmt, wären hauptsächlich das *Stehenbleiben* auf einem bestimmten Entwicklungsniveau oder das *Zurückfallen* auf ein infantiles Reifeniveau Auslöser von psychischer Labilität. Tatsächlich kann ich mich des Gedankens nicht erwehren, dass bei nahezu jeder Symptomatik seelischer Krankheiten Reifeverzögerungen involviert sind. Mehr noch: dass an massenneurotischen Phänomenen und kollektiven Pathologien, wie sie die zivilisierte Welt rundum plagen, Reifehemmnisse ganzer Bevölkerungsschichten mitbeteiligt sind. Zwar hat sich im raschen Wandel der führenden Industrienationen eine moderne Gesellschaft herausgebildet, die intellektuell und technisch versiert ist wie keine jemals zuvor, aber die in einer langen Tradition gesammelten Weisheiten der Menschheit dürften nebenher verblichen sein. Dass es zum Beispiel weise ist, gelegentlich in Stille innezuhalten und zu meditieren, oder dass es weise ist, auf fremde Attacken nicht unmittelbar zu reagieren, sondern erst eine die emotionalen Wogen glättende Distanz einkehren zu lassen, ehe man zurückagiert, scheint auf den allgegenwärtigen Bildschirmen wie weggewischt. Die Stille ist einer ständigen Erreichbarkeit und Zerstreuung gewichen. Die Zeit für Ruhe- und Distanzgewinnung scheint verloren gegangen zu sein. Das öffnet unreifen Schnellschüssen Tür und Tor.

Durch meine langjährige Beschäftigung mit Eltern und ihren Erziehungsanliegen bin ich zu der Überzeugung gelangt, dass der Reifungsprozess ihrer Kinder bis hin zu einem vielschichtig verankerten Wertsystem komplikationsloser vor sich geht, wenn die Eltern dafür eine breit gefächerte Grundlage bieten. Dazu gehört unter anderem, dass sie den Kindern den Sinn ihrer elterlichen Arbeit transparent machen und nicht nur morgens forteilen und abends groggy heimkehren. Eine solche Transparenz ist in der Landwirtschaft oder in handwerklichen Betrieben leichter zu erzielen, wo die Kinder die Objekte des väterlichen und mütterlichen Schaffens direkt betrachten können. Aber auch Stadtkinder sollten etwas vom Werken und Wirken ihrer Eltern erfahren, um den Beruf nicht nur als zwangsläufigen Gelderwerb, sondern auch als zu erledigende Aufgabe zu verstehen.

Ebenso ist es angezeigt, Kinder in die elterlichen Interessensgebiete einzuweihen und ihnen dadurch Anregungen zu einer kreativen Freizeitausfüllung zu schenken. Kinder, die ihre Eltern in der Freizeit immer nur fernsehen, Zeitung lesen oder im Wirtshaus sitzen gesehen haben, kopieren oft dieses Verhalten in späteren Jahren, weil ihnen keine Alternative dazu einfällt. Die Keime zur Naturliebe, zum musisch-künstlerischen Gestalten, zu gemeinsamen Ausflügen oder zum karitativen Denken werden am besten früh in den Herzen der Kinder deponiert.

Es ist ein weiterer wichtiger Grundpfeiler vernünftiger Kindererziehung, wenn die *Freiheit,* die man einem Kinde gewährt, *im Verhältnis zu dessen Reife* steht – was im Übrigen für ganze Völker gilt. Zu viel Freiheit bei zu wenig Reife ist ein großes Übel, und zu wenig Freiheit bei hinreichender Reife ist es ebenso.

Ich habe Eltern gekannt, die ihren Kleinkindern fast alles erlaubten und allen ihren Wünschen eifrig nachkamen, aber dann, wenn diese Kinder zu arbeitsscheuen Egoisten herangewachsen waren, wenn sie herumstreunten und in der Schule faulenzten, streng zu werden begannen, mit Hausarrest und Taschengeldentzug drohten und gar manche Ohrfeige austeilten. Plötzlich versuchten diese Eltern, die Freiheit ihrer Kinder zu beschneiden – zu spät! Ein solch „verkehrter" Erziehungsvorgang ist höchst unklug. Ein Kleinkind weiß ja noch gar nicht, was es Sinnvolles mit der Freiheit anfangen kann. Es braucht Leitlinien, Wert-Vorbilder und Identifikationsmodelle, Anregungen und Führung seitens seiner Bezugspersonen. Erst im Laufe des Älterwerdens hat es Schritt für Schritt zu lernen, Freiheit mit Verantwortung zu paaren, und das kann es nur, wenn ihm sukzessiv freie Entscheidungen zugestanden werden, deren Folgen es dann auch zu tragen hat. Spätestens ab der Pubertät sollte ihm bewusst geworden sein, dass Freiheit in ihrem eigentlichen Sinne weder eine chaotische Befreiung von Verpflichtungen noch ein willkürliches Übertreten von Verpflichtungen bedeutet, sondern die freiwillige Übernahme von Verpflichtungen, ohne dass eine Kontrolle durch eine fremde Instanz noch nötig wäre. Hier schließt sich der Bogen zwischen Reife und Sinnorientierung, Freiheit und Verantwortungsbewusstsein: *Je mehr Reife, desto reichhaltigere Sinnorientierung ist möglich; und je mehr Freiheit, desto mehr Verantwortungsbewusstsein ist nötig.*

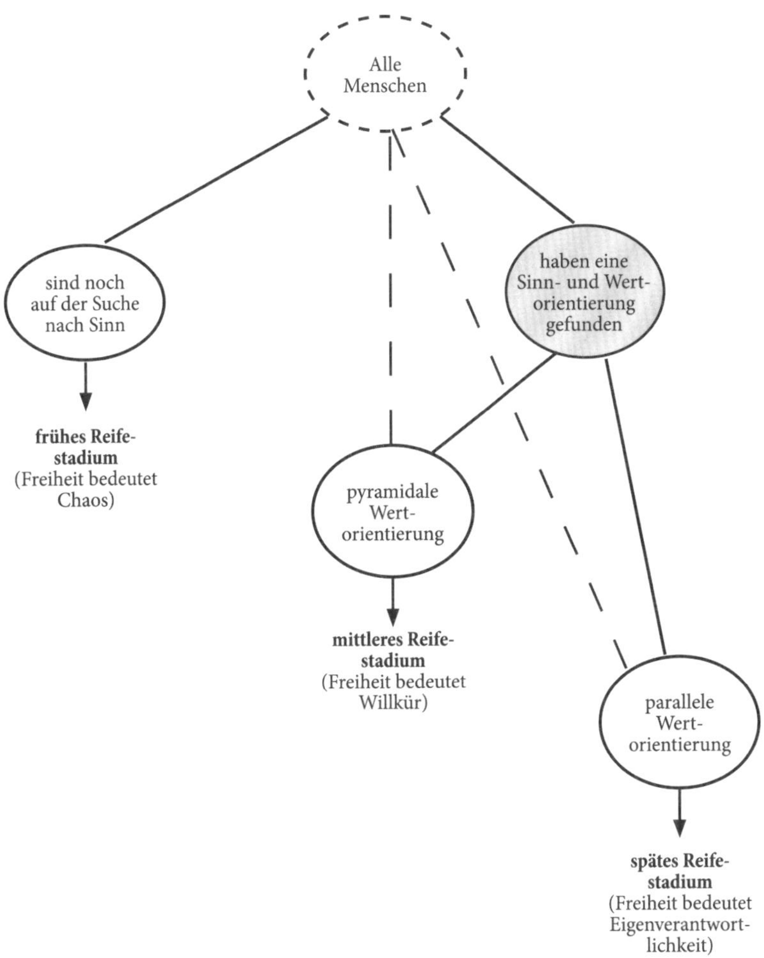

Frankl stellte wiederholt den Begriff der Freiheit den Begriffen der Willkür und der Verantwortung gegenüber und wies darauf hin, dass Freiheit in Willkür auszuarten droht, sofern sie nicht in Selbstverantwortlichkeit gelebt wird. Er empfahl sogar seinen amerikanischen Studenten und Kollegen, sich dafür einzusetzen, dass die Freiheitsstatue an der Ostküste der USA durch eine Verantwortlichkeitsstatue an der Westküste ergänzt werde.

Symbolisch ausgedrückt, folge man Frankls Empfehlung in der Kindererziehung und errichte gleichzeitig beide „Statuen" rechts und links der Kinder. Jedes Stück kindlicher Reifezuwachs soll mit einem Bauabschnitt rechts und links von ihnen belohnt werden. Hier eine Winzigkeit mehr Freiheit, und dort eine Winzigkeit mehr Verantwortung, immer nach den Bauplänen des Sinns, der darüber wacht, dass Freiheit nicht beliebig ausufert und Verantwortung nicht unerträglich beschwert. Und wieder eine Winzigkeit hier und dort, im Gleichgewicht rechts und links ... bis schließlich ein herangereiftes Menschenkind, von zwei idealen Statuen flankiert, die Führung seiner selbst übernimmt. Dann haben Eltern wahrlich das ihre getan, was auch geschehen mag. Der Rest ist – Vertrauen.

Im goldenen Käfig

Auch das gibt es: optimistische Pessimisten, die nach der Devise leben: Wenn es dir gut geht, mach dir keine Sorgen – das geht vorüber!

Giovanni Guareschi

Beispiel 3

Ein gut situierter Mann wandte sich an mich mit der Frage, wo er für seine 48-jährige Frau Hilfe finden könne. Sie, die nie einen Tropfen Alkohol angerührt hatte, würde in letzter Zeit immer öfter zu einem Glas Wein greifen, insbesondere heimlich, wenn er nicht zu Hause war. Und dies sei ziemlich oft der Fall, denn er sei Vertreter für eine Weinfirma in leitender Position; er müsse die Belieferung des Einzelhandels organisieren und reise daher viel umher.

Das Gespräch mit seiner Frau erschloss mir folgende Lebenssituation: Ihr 27-jähriger Sohn war in der Zentrale jener Weinfirma in Frankreich tätig und kam nur selten nach Deutschland. Der Vater traf ihn manchmal auf seinen Dienstreisen, aber die Mutter bekam ihn nur ein- bis zweimal im Jahr zu Gesicht. Die Eheleute hatten sich vor einiger Zeit ein luxuriöses Haus am Waldesrand gebaut. Damals war die Frau mit den Handwerkern, mit dem Aussuchen der Innenausstattung und mit diversen Einrichtungsarbeiten intensiv beschäftigt gewesen. Sie hatte mit gutem Geschmack eine Bauernstube und ein Jagdzimmer zusammengestellt und dafür mehrfach geäußerte Bewunderung im Bekanntenkreis geerntet. Jetzt aber war das Haus fertiggestellt und im Grunde für zwei Personen zu groß, zumal der Mann, wie gesagt, kaum zu Hause war. Die Frau wanderte allein durch die kunstvoll eingerichteten Räumlichkeiten und hatte nichts zu tun. Es erfasste sie ein Gefühl der Beklemmung, der Überflüssigkeit und Langeweile, das sie mit einem Glas Wein hinunterzuspülen trachtete.

Solange der Sohn im Haus gewesen war und versorgt werden musste und solange sich das Haus im Rohbau befunden hatte und zur Vollendung gebracht werden musste, hatte die Frau einen Sinn in ihrem Dasein erblickt. So lange war sie auch psychisch ausgeglichen geblieben. Mit der Selbständigkeit des Sohnes und der Vollendung des Hauses hatte sich dies geändert. Wohlstand und Besitz genügen nicht für ein sinnerfülltes Dasein ... In der sie umstrickenden Sinnentleerung war die Frau offenbar auf ein infantiles Reifeniveau zurückgerutscht, auf dem das Pendant zur „Freiheitsstatue" komplett fehlte. In unserem Gespräch wollte ich sie motivieren, mit mir gemeinsam einen spannenden Neubeginn ihres Lebens auszuphantasieren, aber wie in einem kindischen Protest wehrte sie alles ab. Sie hatte mit Psychologen schlechte Erfahrungen gemacht und übertrug diese auf mich.

Also wechselte ich zum Dialog mit dem ratsuchenden Mann, erläuterte ihm die Sachlage und unterbreitete ihm einen Vorschlag. Das „Herumsitzen im goldenen Käfig" gefährde seine Frau in Richtung Depression und Alkoholismus. Besser schiene es mir, er würde sie auf seine beruflichen Fahrten mitnehmen und ihr irgendeinen kleinen Teil der Verantwortung übertragen, zum Beispiel das Vorbestellen der Unterkünfte, die Gestaltung der Abendprogramme, vielleicht sogar das Führen einer Kundenkartei und Ähnliches. (Die fehlende „Verantwortlichkeitsstatue" sollte wieder hochgezogen werden.) Er möge seine Einladung an sie damit begründen, dass er nicht mehr der Jüngste sei und eine „Assistenz" brauche, die ihn entlaste. Skeptisch meinte der Mann, dies wären zu viele Strapazen für seine Frau, die von zartem Naturell sei. Doch ich vertrat die Ansicht, dass das Augenmerk seiner Frau auf ihrer schwankenden Gesundheit eher Ausdruck ihrer geistigen Unterforderung war und bei einer Erweiterung ihres Sinnhorizontes wahrscheinlich in den Hintergrund treten würde. Schließlich versprach mir der Mann, zu versuchen, was ich geraten hatte.

Ich hörte lange nichts von den beiden, bis mich ein Anruf des Mannes erreichte. Er bedankte sich überschwänglich. Seit er seine Frau auf seine Geschäftsreisen mitnehme, sei sie wieder fröhlich geworden und in guter Verfassung. Außerdem würde sie sich nach jeder Fahrt sehr auf ihr Zuhause freuen, ja, beide würden zum ersten Mal ihr schönes Heim dann wirklich genießen. „Was ist mit dem täglichen Gläschen Wein?“, fragte ich. „Welches Gläschen Wein?“, stutzte der Mann. „Ach so“, erinnerte er sich, „daran denken wir gar nicht mehr! Hie und da ein gemeinsames Gläschen, mehr ist nicht drin.“

***

Einem Zitat von Arthur Schopenhauer gemäß pendelt der Mensch ständig zwischen zwei Extremen hin und her, und zwar zwischen Not und Langeweile. Diese Behauptung hat durch die Erkenntnisse Frankls und seiner Schüler eine traurige Befürwortung gefunden. Freilich bewirkt (vor allem wirtschaftliche und soziale) Not Trübsinn, Unterernährung, frühe Alterung, schlechte ärztliche und hygienische Versorgung etc. und stellt somit einen gewaltigen *physischen* Risikofaktor dar. Aber Langeweile (vor allem mitten im Überfluss und Wohlstand) bedingt eine existentielle tiefgreifende Frustration, wie sie Frankl als grassierendes Phänomen des ausklingenden 20. Jahrhundert beschrieben hat, ein Sinnvakuum im menschlichen Leben, das als *psychischer* Risikofaktor nicht zu unterschätzen ist. Existentiell frustrierte Menschen haben in unseren Landen genug, *wovon* sie leben können, aber nicht genug, *wofür* sie leben können. Darauf reagieren sie mit Missmut und chronischer Unzufriedenheit, mit Überdrehtheit oder Trägheit, je nach Temperament.

- Sind sie jung, lassen sie sich in Diskotheken vom Lärm berieseln, verfallen riskanten Tollereien, putschen sich mit Drogen auf oder sehnen sich nach dem Aussteigen, ohne zu wissen, wohin.
- Sind sie mittleren Alters, wechseln sie ihre Partner, ihre Berufe, jagen verkrampft Glück, Anerkennung und Erfolg hinterher, brennen aus oder schlagen ihre Freizeit vor den Bildschirmen tot.
- Sind sie bereits betagt, werden sie bissig, zänkisch, jammern und beklagen sich unentwegt, spinnen sich in eine eigenbrötlerische Welt ein und schimpfen über ein verpfuschtes Leben.

Die massiven Flüchtlingsströme, die sich im 21. Jahrhundert in Bewegung gesetzt haben, zeigen uns überdies eine dramatische Kombination von beiden Extremen nach Schopenhauer. Nämlich jene furchtbare Variante der Not, die neben dem minimalen Lebenserhalt auf Sparflamme bloß noch Langeweile zulässt. Was können Menschen in zertrümmerten Städten, all ihrer Habe und Hoffnungen beraubt, von Angehörigen getrennt und bar jeder Unterstützung, schon aktiv auf die Beine stellen? Sie können sich im Schutt verkriechen, sie können in armseligen Lagern und Flüchtlingscamps hocken, in die Luft schauen und sich ihrem Schicksal ergeben ... Ähnlich erzeugt das endlose Warten auf Regen in Dürrekatastrophengebieten, wo Tiere und Menschen dem Hungertod zudriften, eine benebelte Gleichgültigkeit ohne Zukunftsperspektiven. Wir sollten deshalb, von unseren eigenen „Problemchen" geblendet, nicht vergessen, dass es auf unserer Mutter Erde auch diejenigen gibt, die weder genug haben, *wovon* sie leben können, noch, *wofür* sie leben können!

Das Kritische an einer existentiellen Frustration ist, dass sie ähnlich wie ein physikalisches Vakuum vieles ansaugt. Krankhafte Auswüchse an (auto-)aggressiven, kriminellen und zerstörerischen Handlungen wuchern buchstäblich in sie hinein. Es sind ja keine Wertoptionen da, die ihnen Einhalt gebieten würden. Warum *nicht* Wände beschmieren? Warum *nicht* Brandbomben legen? Warum *nicht* über die Autobahn rasen? Warum *nicht* ein Gläschen Wein nach dem anderen trinken ...? Die Frau aus dem obigen Fallbeispiel war trotz ihres materiellen Reichtums gefährdet. Sicher hätte sie keine Brandbomben gezündet, aber eine Suchtanbahnung kann einen familiären Flächenbrand von nicht geringerer Tragik erzeugen.

Aus der Warte notleidender Kriegsopfers gesehen, ist es kaum zu glauben, und doch verhielt es sich so: Diese Frau war noch im besten Alter, von schweren Krankheiten verschont, bei Verstand, hatte einen treuen Ehemann, der sie mit Geld und Gut versorgte, hatte einen gesunden, normal entwickelten Sohn, der beruflich fest im Sattel saß, hatte einen Bekanntenkreis, der ihr selbst entworfenes Heim lobte ... *und das alles reichte nicht aus, um ihrem Leben Inhalt und Würze zu verleihen!* Sie hatte sich im „goldenen Käfig“ verfangen. Etwas musste sofort geschehen, und da sie auch bei mir keine Neigung zu Eigeninitiativen zeigte, mobilisierte ich ihren Mann, das Käfigtor für sie zu öffnen.

Allgemein würde ich allerdings nicht raten, sich diesbezüglich auf den Lebenspartner zu verlassen. Die existentielle Frustration ist ein ernst zu nehmendes Alarmsignal. Es rüttelt dazu auf, in Schwung zu kommen und freiwillig für einen Teil der Welt konkrete Mitverantwortung zu übernehmen. Wer sich liebevoll um etwas oder um jemanden kümmert, der entrinnt dem Sog des Sinnvakuums und weiß plötzlich wieder, *warum er sich und die Welt nicht schädigen soll und will.* Denn er erinnert sich wieder daran, dass es schön ist, dass es ihn und die Welt gibt. Genau betrachtet: wunderschön!

Das Bild vom Konzertsaal

Dass Menschen einen behaglichen Wohlstand selten genießen, ohne von einer inneren Unruhe heimgesucht zu werden, hat einige psychologische Konzepte gekippt. Darunter auch das lange Zeit favorisierte „Homöostaseprinzip", wonach der Mensch vorrangig nach innerem Gleichgewicht, geringem Anstrengungsdruck, Triebbefriedigung und Lustgewinn strebe. Die Resultate von solch ungehindertem „Glück" sind durchwegs trist. Forscht man sozialkritisch in der Geschichte der Völker nach, gelangt man stets zu einem ähnlichen Ergebnis: Mit dem konjunkturellen Aufstieg lockert sich die Moral. Es ist kein Zeichen speziell unserer Zeit, dass Depressionen, sexuelle „Inflation", Pornografie, dysfunktionale Familien, Radikalismen, Sektenwesen, Süchte und jede Menge Betrügereien just wirtschaftlich blühende Areale durchziehen. Schon mein Geschichtsprofessor im Gymnasium hat (sehr zur Erheiterung von uns Schülerinnen) darauf hingewiesen, dass sich an der Feinheit und Struktur des jeweils modischen Kleiderstoffes Wohlstand und Verfall eines Volkes ablesen ließe. Je dünner und durchsichtiger die Stoffe wurden, und zwar bereits in der Antike, desto wohlhabender und desto näher am eigenen Untergang war ein Volk. Wobei ich betonen möchte, dass dies keine Verteidigung einer engstirnigen Sexualmoral sein soll, sondern nur die Feststellung, dass im Reichtum – und in der vom Reichtum hervorgerufenen Sinnarmut – Egoismen und die Unfähigkeit zu lieben wuchern, wohingegen Anstand und Respekt versanden. Warum ist das so?

Frankls Erklärung lautete: Weil der Mensch nicht nur ein körperlich-seelisches, sondern auch ein geistiges Wesen ist. Und weil innerhalb dieser geistigen Dimension das Homöostaseprinzip ungültig ist. Freilich brauchen wir ein körperliches und ein seelisches Gleichgewicht, aber das ist nicht das Ende vom Lied unserer Seligkeit! Geistig wohnt in uns ein „Wille zum Sinn", und dieser tastet mit seinen zarten Fühlern über die Außenhaut von uns und unserem Eigenbedarf hinaus im vehementen Wunsch, ein Werk zu vollbringen, eine Aufgabe zu erledigen, eine Erneuerung zu schaffen, einen Partner zu umarmen, ein Kind zu begleiten, einen Bedürftigen zu unterstützen, einen Zipfel der herrschenden Dunkelheit zu erhellen ... *Geistig sind wir nicht primär an uns selbst interessiert!* Nicht daran, dass wir alles haben, was wir brauchen, und noch eine erkleckliche Menge dazu! Nicht daran, dass uns Mühen tunlichst erspart bleiben und Dienstboten oder Roboter sie uns abnehmen. Das alles ist sekundär. Primär sind wir Menschen daran interessiert, unser Leben sinnvollen Projekten zu weihen, und sind weit und breit keine solchen erkennbar, dann degenerieren und dekompensieren wir in „existentieller Frustration", wie erläutert.

Mit diesen Einsichten hat Frankl ein gänzlich neues Menschenbild hervorgebracht. Vielleicht kann ein Gleichnis zum Verständnis beitragen. Nehmen wir an, wir befinden uns in einem Konzertsaal und lauschen einer Klaviersonate von Beethoven. Damit diese wunderbare Musik erklingen kann, bedarf es eines Dreigespanns. Man braucht 1. ein Klavier, denn ohne Instrument kann keine Komposition zum Ausdruck kommen. Das Klavier bedingt die Musik, bewirkt sie aber nicht – und so ungefähr ist es auch mit unserem Körper. Er ist notwendig für unsere menschliche Existenz, aber nicht hinreichend. Für das Ertönen der Beethovensonate braucht man außerdem 2. einen Klavierspieler bzw. seine Fähigkeit, Noten abspielen zu können. Ohne den Pianisten kann die Komposition ebenfalls nicht zum Ausdruck kommen. Aber wiederum ist es so, dass Klavier und Klavierspieler zusammen noch immer nicht ausreichen, eine Beethovensonate akustisch in den Raum zu zaubern. Der Klavierspieler kann zwar die Tasten des Instruments anschlagen, aber ohne Kompositionsvorlage fehlt *die Sinngestalt*, die sinnvolle Aneinanderreihung der Töne. Wahllos angeschlagene Töne ergeben keine harmonische Klangstruktur.

Die Fähigkeit des Klavierspielers, Tasten anzuschlagen, ähnelt unseren seelisch-psychischen Funktionen, welche unseren Körper auf instinktiver und erlernter Basis steuern. Sie erhalten uns am Leben, wie der Klavierspieler auch ohne Notenvorlage das Instrument ertönen lassen kann. Nun aber betritt das geistige Element unser Gleichnis: 3. der (unsichtbare) Komponist. *Er* lässt Klavier und Klavierspieler zu einer kunstvollen Kombination verschmelzen. *Er* macht das Klavier wichtig als Träger seiner Melodien, *er* verleiht dem Pianisten die Macht, kompositorische Inspirationen in akustische Schönheit umzusetzen. Er ist vergleichbar mit der (unsichtbaren) geistigen Existenz des Menschen, durch welche körperliche und seelische Kräfte in ein sinnvolles Zusammenwirken gebracht werden. Man kann das Gleichnis sogar auf den Sachverhalt ausdehnen, dass Klavier und Pianist an das Hier und Jetzt im Saal gebunden sind, während der Komponist auf eine „unsterbliche Weise" aus Raum und Zeit entrückt ist bzw. in den Aufführungen seiner Werke auch nach Jahrtausenden wieder „lebendig" werden kann.

Was im Konzertsaal ein Dreigespann ist, ist es auch in der menschlichen Wirklichkeit. In ihr vereinen sich in jeder Person Komponist, Pianist und Instrument und bringen ein einzigartiges Leben zum Klingen. Frankl warnte davor, den Menschen lediglich als leib-seelisches Wesen zu erachten. Das wäre, als würde man behaupten, Musik sei „nichts als Tastenanschlagen" (= Psychologismus) oder Musik sei „nichts als schwingende Stahlsaiten" (= Biologismus). Dass ein Klavier verstimmt sein kann (= körperliche Erkrankung), dass ein Pianist steife Hände haben kann (= seelische Erkrankung), ändert nichts daran, dass „darüber hinaus" ein Komponist vorhanden ist, dessen Ideen es wert sind, das Klavier zu reparieren (ärztliche Behandlung) oder die Hände des Pianisten zu heilen (= Psychotherapie). Und wenn alles nichts hilft, bleiben die ungespielten Töne, die sich dem lauschenden Ohr entziehen, im unvergänglichen Reich der Musik, dem sie entstammen und in das sie zurückkehren, „aufbewahrt". Selbst das Verschwinden aller Konzertsäle könnte etwa die Brillanz einer Beethovensonate nicht auslöschen.

Ich weiß, man darf Gleichnisse nicht überstrapazieren. Ich möchte nur veranschaulichen, dass es der geistigen Person, die wir sind, nicht genügt, ihre physischen und psychischen Bedürfnisse rundum stillen zu können. Der „Komponist" in uns will „komponieren", er will nicht auf einem weich gepolsterten Klavierschemel vor einem auf Hochglanz polierten Instrument sitzen und sinnlos vor sich hin klimpern ...

Lottogewinn

Es gibt sieben Sünden der Menschheit: Politik ohne Prinzipien, Reichtum ohne Arbeit, Genuss ohne Gewissen, Wissen ohne Charakter, Geschäft ohne Moral, Wissenschaft ohne Menschlichkeit, Religion ohne Opfer.

Mahatma Gandhi

Beispiel 4

Aus der „Süddeutschen Zeitung" vom 30.4.1992: Gespräch eines Journalisten mit Frau H., 51 Jahre alt. Sie hatte drei Jahre zuvor 1,3 Millionen DM im Lotto gewonnen.

Frau H., wann sind Sie heute aufgestanden?
So gegen zehn. Ich liege immer noch eine Weile im Bett und höre Radio. Dann habe ich mir erst einmal gemütlich Frühstück gemacht.

Schön, wenn man es sich leisten kann, so lange auszuschlafen!
Sie sind gut! Ich würde was drum geben, wenn ich um acht Uhr in mein Büro gehen könnte wie früher auch. Aber ich finde ja keine Arbeit mehr – Sekretärinnen werden heute kaum noch gebraucht.

Sie haben Ihren Job gekündigt, nachdem Sie im Lotto gewonnen haben?
Das war das Erste, was ich gemacht habe. Ich arbeitete in einem Architekturbüro als Sekretärin. Als ich von meinem Gewinn erfuhr, dachte ich: Nichts wie weg hier! Nie mehr die dumme Tippse sein! Inzwischen weiß ich, dass die Arbeit gar nicht so übel war.

Wie haben Sie sonst auf die Nachricht vom Gewinn reagiert?
Ich habe mir eine Eigentumswohnung in Hannover gekauft. Und dann ging's erst einmal auf Urlaub nach Afrika. Das wollte ich immer, nach Kenia zur Safari. Es war ganz nett, obwohl ich es mir anders vorgestellt habe. Ich wollte so gerne einmal Löwen sehen, aber das hat nicht geklappt. Wir sind durch die Steppe gefahren und haben ein paar Elefanten und Giraffen gesehen.

Reisen Sie jetzt öfter?
Dieses Jahr war ich in Marokko, mit einer Reisegruppe. Da lernt man wenigstens Leute kennen.

Haben Sie denn keine Reisepartner?
Zu meinen Kolleginnen von früher habe ich keinen rechten Kontakt mehr. Die meisten können es sich auch nicht leisten, zu reisen.

Viele Menschen träumen von einem Sechser im Lotto.
Sind Sie jetzt glücklich?
Na ja ... schon ...

Das klingt eher deprimiert.
Ich langweile mich entsetzlich. Ich weiß gar nicht, was ich die ganze Zeit machen soll. Deshalb würde ich ja gerne wieder arbeiten. Ich war bereits bei meinem alten Chef und habe gefragt, ob er mich wieder nehmen will, zumindest halbtags. Der hat aber schon eine andere.

In Ihrem Beruf müssten Sie doch eine Stelle finden?
Ich bin ja nicht mehr jung, ich kann nicht Englisch und kenne mich mit Computern nicht aus ...

Das könnten Sie lernen. Sie haben doch Zeit!
Könnte ich, ja ...

Wie viel von dem Geld haben Sie denn noch?
Genau weiß ich es nicht, das meiste ist fest angelegt, aber insgesamt wird es noch eine halbe Million sein. Es wird natürlich weniger, denn ich lebe ja von dem Geld.

Geben Sie viel aus?
Nein. Ich kaufe mir gern was zum Anziehen, und die Nachmittage verbringe ich im Caféhaus. Das geht allerdings ziemlich ins Geld.

Was machen Sie den ganzen Tag, heute zum Beispiel?
Ich sehe fern. Der Fernseher läuft fast immer, auch wenn ich gerade nicht hingucke.

Spielen Sie noch Lotto?
Zum Zeitvertreib hin und wieder. Letztes Mal hatte ich einen Dreier, das waren drei Mark fünfzig. Aber ich hätte sowieso nichts davon, wenn ich noch mal einen Sechser tippen würde ...

***

Dieses Gespräch ist herzergreifend, wenn auch nicht auf die übliche Weise. Herzergreifend sind im Allgemeinen Storys über tragische Schicksale, Verwicklungen oder Ungerechtigkeiten. Beim obigen Bericht haben wir es aber mit einer Frau zu tun, die in der Mitte ihres Lebens steht, kerngesund (jedenfalls reisefähig) ist, keine Not leidet, keine finanziellen Sorgen hat und eine Freiheit von jedem nur denkbaren Stress genießt, wie sie kaum jemandem sonst beschieden ist. Ihr immenses Kapital ist nicht nur ihr Bankkonto, sondern vor allem die Zeit, über die sie täglich beliebig verfügen kann. Verglichen mit einem chinesischen Grubenarbeiter, der wöchentlich 65 bis 70 Stunden in finsterer Tiefe Schwerstarbeit verrichten muss für einen Lohn, mit dem er sich, seine Frau und seine Kinder nicht satt bekommt, geschweige denn in der kalten Jahreszeit seine Hütte wärmen kann, lebt die Lottospielerin aus dem Interview bereits lange vor ihrem Tod im „Himmel".

Nur ist es ein „leerer Himmel". Keine Freude, keine Zielperspektive, keine Initiative, kein Unternehmungsgeist, kein Wertbezug, keine sinnvolle Aufgabe, keine Freundschaft, keine kulturelle Betätigung, keine Fortbildung – rein gar nichts füllt ihren „Himmel". Die eine oder andere enttäuschende Reise, der Kauf von überflüssigen Kleidern, der Routinebesuch von Caféhäusern und das unaufhörliche Geplätscher des Fernsehapparates sind beim besten Willen nicht im „Himmel" lokalisierbar. Nein, er ist leer, bis auf die Frau, die darin ihr armseliges Leben „absitzt".

Der Psychologe Mihaly Csikszentmihalyi hat in seinen breit angelegten Untersuchungen zum Phänomen des Glücks bestätigt, was Frankl ein halbes Jahrhundert zuvor intuitiv entdeckt und beschrieben hat, nämlich dass das Eintreten von Glücks- und Hochgefühlen, im Amerikanischen „flow" genannt, bestimmte Voraussetzungen hat, als da sind:

- ein Gleichgewicht von selbst gestellten Aufgaben und persönlichen Fähigkeiten,
- eine die Vorteile der Person überschreitende Zielsetzung dieser Aufgaben,
- die volle Konzentration und Hingabe an diese selbst gestellten Aufgaben,
- die Rückmeldung, dass man bezüglich dieser Aufgaben Fortschritte macht,
- und keine Einsatzhemmnisse durch Berechnung, Unsicherheit oder Angst.

Das bedeutet, dass ein Leben ohne selbst gestellte, sinnvolle Aufgaben, die zu den persönlichen Fähigkeiten einer Person passen und derer sich die Person mit Ausdauer und in Selbstvergessenheit annimmt, ein lustloses ist, in dem Symptome wie Apathie, Depressivität, Überdruss, Langeweile, Gleichgültigkeit und Dekadenz überhandnehmen. Frankl sprach sehr treffend von dem „existentiellen Vakuum", in dem die Person zu versinken droht. Ihre Antriebskraft reduziert sich, sie rafft sich zu nichts mehr auf, alles erscheint ihr fragwürdig und uninteressant, blass und leer. Das Schlimmste jedoch ist, wie bereits erwähnt, dass in ein solches Vakuum je nach Lebensalter verschiedene seelische Abnormitäten ungehindert Einzug halten. Exzesse, Süchte, Betäubung, Perversionen, Promiskuität, Fluchttendenzen, Extremismus, Pessimismus, Querulantentum oder Todesphantasien finden im „existentiellen Vakuum" ihren idealen Nährboden. Im jugendlichen Alter verbirgt sich dieses „existentielle Vakuum" hinter den Schlagworten von der No-Future-Generation oder der Null-Bock-auf-nichts-Mentalität. Die Symptome zeigen sich in aggressiven und provokativen Haltungen einer Blindlingsrevolte gegen Kultur und Gesellschaft. Bei den 20- bis 30-Jährigen spricht man inzwischen von der „Quarterlife Crisis" (vgl. Abby Wilner, Alexandra Robbins). Die jungen Erwachsenen sehen sich einer globalisierten Welt gegenüber, die ihnen reizlos und aussichtsarm erscheint. Sie retten sich in die virtuelle Welt der Medien, in der alles möglich ist. Im Durchschnitt hat ein 25-Jähriger heutzutage mehr als 23 000 Stunden ferngesehen. Wie viele Horrorkostproben und Krimitote er dabei konsumiert hat, und zwar meistens gerade knapp vor dem Einschlafen, wenn sich die Letzteindrücke besonders tief einprägen, ist statistisch nicht erfasst, muss aber eine beträchtliche Anzahl ausmachen. Fachleute sprechen von einer „Bilderverstopfung" und der seelischen Schutzreaktion durch Abstumpfung. Bei den 40- bis 50-Jährigen versteckt sich das „existentielle Vakuum" hinter den Schlagworten von der Midlife-Crisis bzw. dem Burn-out-Syndrom, mitunter auch hinter dem Leere-Nest-Syndrom. Diese Personengruppe hat ihren Karrieregipfel erreicht und zieht eine erschreckende Bilanz. Was sie hinter sich hat, wird abgewertet: „War das alles? Wofür habe ich mich abgerackert? Was habe ich vom Leben gehabt? Bin ich nicht zu kurz gekommen?" Und was sie vor sich sieht, ist nur noch der Abstieg. Vom „Gipfel" geht es eben bloß noch bergab. Bei den 60- bis 70-Jährigen wiederum öffnet das „existentielle Vakuum" seinen Schlund in Form des Pensionierungsschocks bzw. der Torschlusspanik. Man fühlt sich zum „alten Eisen" geworfen. Das Gefühl des Nicht-mehr-gebraucht-Werdens und Nichts-mehr-wert-Seins verdichtet sich mit nachlassenden Kräften und zunehmendem Alter, bis hin zum verbittert-erstarrten Dahinsiechen Hochbetagter in Seniorenheimen.

Was lernen wir daraus? Unsere geistig-seelische Spannkraft darf während unseres ganzen Lebens niemals nachlassen. Sie spannt sich auf in einem Bogen zwischen Sein und Soll, wobei das Soll in selbst gestellten, konstruktiven Aufgaben besteht, die uns in einem gesunden Maße fordern. Gibt es keine Notwendigkeit, solche Aufgaben zu erfüllen (= eine „Not zu wenden"), wie im Fall der zitierten Lottospielerin, dann müssen in einem kreativen Akt entsprechende Aufgaben selbständig gesucht und gefunden werden.

Im Übrigen ist in unserer Welt immer irgendeine „Not" vorhanden, die durch ein persönliches Engagement „gewendet" werden könnte und sollte; wenn nicht eine eigene, dann eine fremde. Man muss nur dazu bereit sein und die Augen weit öffnen – für die Realität und nicht für die Flimmerkiste.

Ein Testament

Reich ist man nicht durch das, was man besitzt, sondern mehr noch durch das, was man mit Würde zu entbehren weiß.

Epiktet

Beispiel 5

Wechseln wir von der sich langweilenden Lottospielerin zu einem Kontrastbeispiel: zu einer Person, deren Leben vor Sinnhaftigkeit geradezu überquoll, die aber statt einem Lottotreffer ein schweres Los gezogen hatte. Weil in einem früheren Text die Rede von einer Beethoven-Sonate gewesen ist, sei hier ein Originalausschnitt aus dem von Ludwig van Beethoven am 6. Oktober 1802 verfassten sogenannten „Heiligenstädter Testament" abgedruckt. Es ist ein bewegendes und in vieler Hinsicht lehrreiches Dokument. Bekanntlich wurde Beethoven taub, was ihn erstaunlicherweise nicht am Komponieren gehindert, dafür aber in seinen zwischenmenschlichen Beziehungen extrem eingeschränkt hat. Er wollte um keinen Preis, dass man sein Handicap merken sollte, und zog sich in die Isolation zurück.

„O ihr Menschen, die ihr mich für feindselig, störrisch und misanthropisch haltet, wie unrecht thut ihr mir, ihr wißt nicht die geheime Ursache von dem, was euch so scheinet! Mein Herz und mein Sinn waren von Kindheit an für das zarte Gefühl des Wohlwollens. Selbst große Handlungen zu verrichten, dazu war ich immer aufgelegt. Aber bedenket nur, daß seit sechs Jahren ein heilloser Zustand mich befallen, durch unvernünftige Ärzte verschlimmert, von Jahr zu Jahr in der Hoffnung gebessert zu werden betrogen, endlich zu dem Überblick eines dauernden Übels gezwungen.

Mit einem feurigen lebhaften Temperamente geboren, selbst empfänglich für die Zerstreuungen der Gesellschaft, mußte ich früh mich absondern, einsam mein Leben zubringen; wollte ich auch zuweilen mich einmal über alles das hinaussetzen, o wie hart wurde ich durch die verdoppelte traurige Erfahrung meines schlechten Gehörs dann zurückgestoßen, und doch war's mir nicht möglich, den Menschen zu sagen: sprecht lauter, schreit, denn ich bin taub! – O, ich kann es nicht! – Drum verzeiht, wenn ihr mich da zurückweichen sehen werdet, wo ich mich gern unter euch mischte. Doppelt wehe thut mir mein Unglück, indem ich dabei verkannt werden muß. Für mich darf Erholung in menschlicher Gesellschaft, feineren Unterredungen, wechselseitigen Ergießungen nicht Statt haben ... Wie ein Verbannter muß ich leben. Nahe ich mich einer Gesellschaft, so überfällt mich eine heiße Ängstlichkeit, indem ich befürchte, in Gefahr gesetzt zu werden, meinen Zustand merken zu lassen.

So war es denn auch dieses halbe Jahr, was ich auf dem Lande zubrachte. Von meinem vernünftigen Arzte aufgefordert, so viel als möglich mein Gehör zu schonen, kam er fast meiner jetzigen Disposition entgegen, obschon, vom Triebe der Gesellschaft manchmal hingerissen, ich mich dazu verleiten ließ. Aber welche Demüthigung, wenn jemand neben mir stand, und von weitem eine Flöte hörte, und ich nichts hörte, oder jemand den Hirten singen hörte, und ich auch nichts hörte! Solche Ereignisse brachten mich nahe an Verzweiflung, und es fehlte wenig, und ich endigte selbst mein Leben. Nur sie, die Kunst, sie hielt mich zurück! Ach es dünkte mir unmöglich, die Welt eher zu verlassen, als bis ich das alles hervorgebracht, wozu ich mich aufgelegt fühlte. Und so fristete ich dieses elende Leben, so wahrhaft elend, daß mich eine etwas schnelle Veränderung aus dem besten Zustand in den schlechtesten versetzen kann. Geduld – so heißt es, sie muß ich nun zur Führerin wählen! –

Schon in meinem 28. Jahre gezwungen Philosoph zu werden, es ist nicht leicht, für den Künstler schwerer als für irgend jemand. – Gottheit du siehst herab auf mein Inneres, du kennst es, du weißt, daß Menschenliebe und Neigung zum Wohlthun darin hausen. O Menschen, wenn ihr einst dieses lest, so denkt, daß ihr mir Unrecht gethan. Und der Unglückliche, er tröste sich, einen seines Gleichen zu finden, der trotz allen Hindernissen der Natur doch noch alles gethan, was in seinem Vermögen stand, um in die Reihe würdiger Künstler und Menschen aufgenommen zu werden. –

Ihr meine Brüder Carl und Johann ... Mein Wunsch ist, daß euch ein besseres, sorgenloseres Leben als mir werde. Empfehlet euren Kindern Tugend; sie nur allein kann glücklich machen, nicht Geld. Ich spreche aus Erfahrung. Sie war es, die mich selbst im Elende gehoben; ihr danke ich nebst meiner Kunst, daß ich durch keinen Selbstmord mein Leben endigte. – Lebt wohl und liebet euch!“

***

Was entnehmen wir diesem Text? Der fortschreitende Verlust des Gehörs war für den Musiker Beethoven eine Katastrophe. Daran ist nicht zu rütteln. Dennoch ist ein Teil der Katastrophe auf sein Konto zu buchen, denn auch angesichts seines bitteren Loses gab es – wie meistens – verschiedene Varianten, darauf zu reagieren. Er schämte sich seines Mankos und wollte es um jeden Preis verbergen. Genauso gut hätte er offen sagen können: „Meine Lieben, ich höre schlecht, bitte schreit mit mir!“ Gewiss, er hätte dabei gewaltig über seinen Schatten springen müssen, aber ganz unmöglich war es nicht. Wahrscheinlich hätte man sich an seinem Hördefizit nicht einmal sonderlich gestoßen. Man hätte mehr Verständnis, wenn nicht gar Bewunderung für ihn aufgebracht, und auf jeden Fall hätte ihm seine Offenheit wesentlich mehr soziale Integration gewährt.

So aber stand er, wie er selbst schrieb, mit einem doppelten Schmerz da: Er hörte schlecht und er führte das Leben eines Ausgestoßenen. Ein doppelter Schmerz – so viel Schmerz, dass ihn der Freitod lockte. Was hielt ihn davon ab? „... es fehlte wenig, und ich endigte selbst mein Leben. Nur sie, die Kunst, sie hielt mich zurück!" Er wollte die Welt nicht verlassen, bevor er nicht alles hervorgebracht hatte, was an künstlerischen Fähigkeiten in ihm schlummerte. Das Bewusstsein, einer Aufgabe zu dienen, eben die Aufgabe zu haben, sein Talent zu nützen, errettete ihm das Trotzdem-Ja zum Leben. Gemeint war keine Anforderung seitens der menschlichen Gesellschaft, sondern eine Aufgabe von höchster Instanz: „Gottheit du siehst herab ..." Die „Tugend" des Gehorsams gegenüber dem ihm „Aufgegebenen" stärkte ihn im Durchhalten des schier Unaushaltbaren. Man kann es kaum glauben: Sie befähigte ihn, eine Hymne an die Freude zu komponieren!

Wir Nachgeborenen sind in Beethovens Testament reich bedacht worden. Er hat uns über seine grandiose Musik hinaus zwei Erkenntnisse vermacht, die vom psychohygienischen Standpunkt aus exzellent sind:

Erkenntnis Nr. 1 besagt, dass es Unsinn ist, sich einer Behinderung zu schämen, für die man ja nichts kann. Im Gegenteil, es ist eine Hochleistung, samt einer Behinderung das Leben zu meistern. Ebenso ist es Unsinn, eine Behinderung zu verstecken. Unsere Mitmenschen sind keine Hellseher und werden ein behinderungsbedingt „seltsames Benehmen" immer falsch deuten. Diesbezüglich darf man ihnen keinen Vorwurf machen. Dass manche Leute Beethoven falsch einschätzten, ihm „unrecht taten", wie er beklagte, lag ausschließlich an ihm. Lernen wir daraus, dass eine klare Information zur Sachlage das Verhältnis zwischen behinderten und nicht behinderten Menschen auf der Stelle entkrampft und beiden Seiten die Chance erwirkt, einander besser zu verstehen.

Erkenntnis Nr. 2 besagt, dass es zwei divine Haltegriffe gibt, die uns in der furchtbarsten Not, in der uns bereits die Sirenentöne des Freitodes umgarnen, noch vor dem Absturz in die totale Verzweiflung zu sichern vermögen, und das sind *die Kunst* und *die Tugend*. Egal, um welche Kunst es sich handeln mag, ob um Musik, Gesang, Literatur, Tanz, Malerei, Bildhauerei oder eine sonstige Kunstform, sie ist immer erhebend. „Sie war es, die mich selbst im Elende gehoben", schrieb Beethoven treffend. Was heißt „erhebend"? Es heißt, dass man sich über das Medium der Kunst aus der Identifizierung mit dem Elend und aus der psychischen Fixierung darauf befreien und mit geistigen Schwingen darüber hinwegschweben kann, wenn auch nur zeitweise – doch immerhin oft genug, um wieder Kraft zu tanken für das Zurückgleiten ins Unabänderliche. Ähnlich stärkt uns die Tugend den Rücken, wo er sich unter heftigen Bürden beugt. Denn Tugend ist Aufrichtigkeit und Wahrhaftigkeit, ist die Übereinstimmung mit sich selbst und seinem Gewissen. In ihr klingt, nur auf andere Weise, dieselbe Stimmigkeit an, die auch das Pathos der Kunst auszeichnet. Wenn es somit in uns selbst stimmt, und wenn wir zeitweise in das Flair einer musischen Stimmigkeit eintauchen können, dann können wir die Unstimmigkeiten unserer tragikomischen Welt heroisch ertragen.

Anthropologische Grundlagen

Anknüpfend an vorangegangene Überlegungen ist zu mutmaßen, dass Beethovens Wertsystem ziemlich „pyramidal" gewesen ist. Das schöpferische Musizieren stand bei ihm an oberster Spitze, was bei seinem Ausnahmetalent logisch war. Allerdings bekannte er, dass auch die Neigung „zu Menschenliebe und zum Wohlthun" in ihm schlummerte, nur leider behinderungsbedingt von ihm unterdrückt. Diese Neigung zeigte sich zum Beispiel in dem liebevollen Gedenken an seine Brüder. Inzwischen wissen wir, dass pyramidale Wertsysteme pure Verzweiflung produzieren, wenn der Wert an der Pyramidenspitze abbricht. In Beethovens Fall hat die Pyramidenspitze lange genug gehalten, weil er imstande war, seine geliebte Musik auch ohne Gehör zu verinnerlichen. Dennoch waren die Anflüge von Verzweiflung, die ihn zeitweise schüttelten, unverkennbar.

Und doch war Beethoven, aus therapeutischer Sicht beurteilt, hundertmal „gesicherter und glücklicher" als die zitierte Lottospielerin, der ich ihn gegenübergestellt habe. Denn diese hatte sich im Laufe ihres Lebens nicht einmal ein pyramidales Wertsystem aufgebaut. Bei ihr war gar nichts da, was „abbrechen" konnte. Und das wusste sie zutiefst, als sie ehrlich sagte: „... ich hätte sowieso nichts davon, wenn ich noch mal einen Sechser tippen würde." Nein, mit weiterem Geld hätte sie nichts gewonnen, nur mit einer völligen Kehrtwende in ihrem Leben. Aber da sie an allem zweifelte, unternahm sie – nichts.

Logotherapeutisch wäre beiden „Patienten" zu helfen gewesen. Gemäß dem dreidimensionalen Menschenbild Frankls werden bei jedem Patienten Abhängigkeiten von schicksalhaften Faktoren aussortiert und persönliche Freiräume geöffnet. Freiräume öffnen sich, sobald man in die geistige Dimension (auch „noetische" Dimension genannt) einsteigt.

Vorzufindende Gegebenheiten gibt es überall in der Natur. Auch Tiere und Pflanzen sind an vorzufindende Gegebenheiten ausgeliefert, Pflanzen mehr, Tiere etwas weniger. Beim Menschen sind es *herausfordernde* vorzufindende Gegebenheiten, wenn ein Musikus ein beeinträchtigtes Gehör hat, oder wenn eine Sekretärin weder Englisch spricht noch den Gebrauch von Computern beherrscht. Das spezifisch humane Potential des Menschen besteht jedoch darin, dass er sich auf geistiger Ebene zu seinen Gegebenheiten bewusst wählend einstellen kann. Die Logotherapie unterstützt ihn dabei, *dort* eine richtige und sinnvolle Wahl zu treffen. Sie ist nach Frankls Definition *eine Psychotherapie vom Geistigen her und auf Geistiges hin.*

Nur Mensch	**geistige (oder noetische) Ebene** *freie Stellungnahme zu Gegebenheiten*	„Geist"
Mensch und Tier	**psychologische (soziologische) Ebene** *stark manipulierbare Abhängigkeit von Gegebenheiten*	„Psyche"
Mensch, Tier, Pflanze	**biologische (physiologische) Ebene** *wenig manipulierbare Abhängigkeit von Gegebenheiten*	„Körper"

Ungeachtet dessen, dass man über hauchfeine Übergänge zwischen den drei Seinsdimensionen spekulieren kann, liegen zwischen ihnen erhebliche Qualitätsstufen, die sich auch bei ihrer Charakterisierung abzeichnen.

In der *biologischen Ebene,* in der die elektrochemischen und physikalischen Lebensvorgänge ablaufen, gibt es nicht allzu viel Plastizität. Eine gewisse „Mutationsbereitschaft“ haftet der gesamten Evolution an, aber ansonsten kann man in der Biologie und Medizin, die hauptsächlich in dieser Ebene operieren, recht beständige Aussagen machen. Zusammensetzung und Aufbau von Gewebe und Zellen, Störanfälligkeit von Organen, Substanz von Knochen und Muskeln oder Bahnen von Gefäßen und Nervensträngen sind in hohem Maße konstant. Aus Ursachen sind Wirkungen prognostizierbar, die Fehlerquote ist gering.

Schon wesentlich schwieriger gestaltet sich die Ableitung gültiger Gesetzmäßigkeiten auf *psychologischer* und *soziologischer Ebene.* Psychische und soziale Vorgänge liegen nicht klar vor Augen wie Röntgenbilder oder MRT-Ausdrucke, sondern müssen über Projektionen und Manifestationen mühevoll gemessen und abgeschätzt werden. Dazu gesellt sich der Faktor „Subjektivität“, der für permanente Ungewissheit sorgt. Wahrnehmungen, Empfindungen oder Gefühle sind so wenig objektivierbar, dass sich namhafte Wissenschaftler in die empirische Verhaltensforschung geflüchtet haben. Es war vor allem das Verdienst der Lerntheoretiker, auch auf dieser Ebene Wenn-dann-Relationen eruiert zu haben, etwa Konditionierungsprozesse, die entsprechende Verhaltensmuster erwarten lassen und begründen.

Nähert man sich nunmehr der *geistig-humanen* Ebene, weitet sich der freie Spielraum derart, dass sämtliche Vorhersagen ins Trudeln geraten. Der Faktor der Subjektivität verbrüdert sich mit dem Faktor der Individualität, und beide miteinander machen jede Person jederzeit „für eine Überraschung gut“. Die Freiheit hält Einzug, nämlich die Freiheit, zu allen vorzufindenden Gegebenheiten inklusive der eigenen Körperlichkeit und der eigenen Psyche Stellung zu nehmen: spontan oder mit Kalkül, unterwürfig oder mit Trotz, klug oder in einem Irrtum befangen, unter Einbezug der Sinnfrage oder sie ausblendend. Da gibt es keine Kausalitäten mehr, die man entschlüsseln könnte.

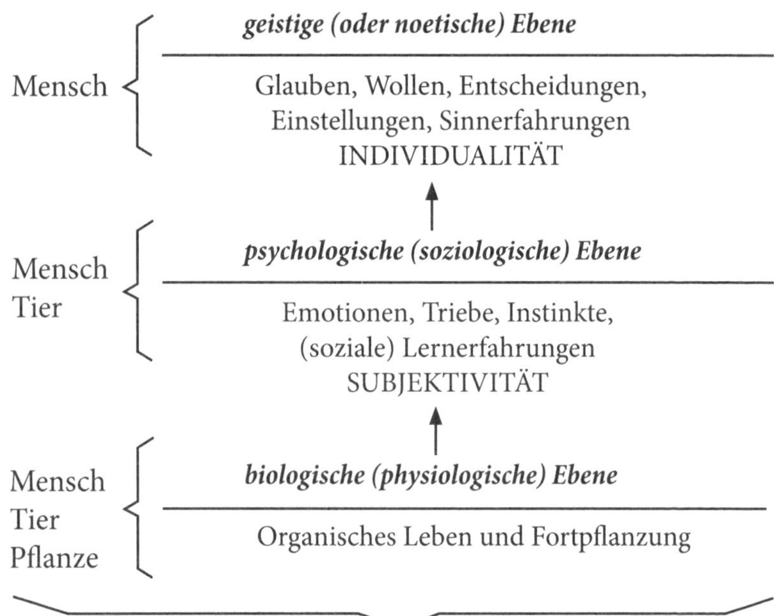

Die drei Seins-Ebenen des Menschen nach Wesensqualitäten differenziert

Was es allerdings gibt, sind Verbindungen zwischen den freien geistigen Akten und deren Folgen auf den „unteren" psychophysischen Ebenen. Zu Demonstrationszwecken möchte ich noch einmal meine einstige Befragung von tausend Personen im Großraum Wien heranziehen. Knapp mehr als die Hälfte, nämlich 51,5 Prozent der befragten Personen, konnte oder wollte damals konkrete Angaben zu positiven Sinngehalten in ihrem Leben machen. (Interessanterweise deckt sich dieser von mir erhobene Prozentsatz ziemlich genau mit den Resultaten der „Sinnforscherin" Tatjana Schnell rund 40 Jahre später, wonach ca. die Hälfte der Bevölkerung „existentiell indifferent" ist, also keine konkreten Angaben zu positiven Sinngehalten in ihrem Leben zu machen imstande ist.) Welche Angaben die 51,5 Prozent der von mir befragten Personen inhaltlich machten, habe ich anhand von neun „Überschriften" bereits dargelegt (vgl. Seite 33).

In einem komplizierten Testvergleich, den ich auf der Basis dieser gewonnenen Aussagen in einer anschließenden Untersuchung an 340 Besuchern einer Ausstellungsmesse und an 55 Patienten der psychiatrischen Universitätsklinik Wien durchgeführt habe[3], ergaben sich imposante Kreuz- und Quer-Korrelationen zwischen objektiver (= testpsychologisch erhobener) guter Sinnorientierung und gesundheitsförderlichen Faktoren wie positiven Einstellungen sowohl zu Leid als auch zu Erfolg, guter allgemeiner Psychohygiene und einem hohen psychischen Adaptationsvermögen, also der Fähigkeit, sich veränderten Situationen elastisch anzupassen.

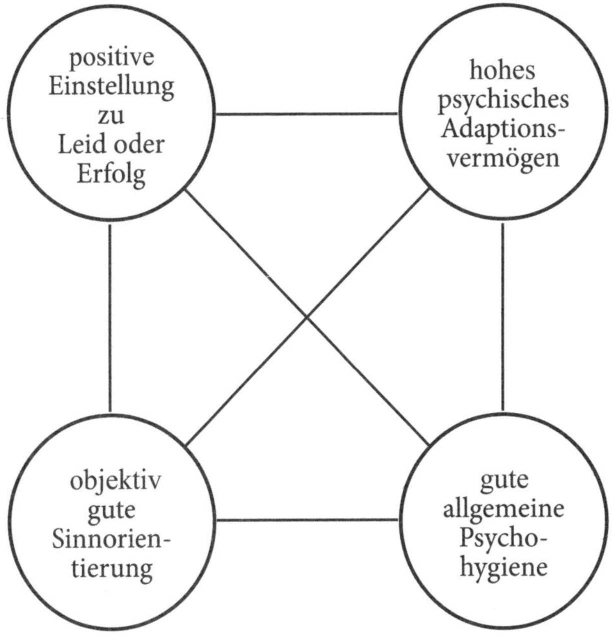

Nicht minder beeindruckend waren die Kreuz- und Quer-Korrelationen zwischen objektiver (= testpsychologisch erhobener) schlechter Sinnorientierung und krankheitsförderlichen Faktoren wie häufigem Auftreten von Frustrationsanzeichen, Tendenzen zu noogenen (= geistig ausgelösten) Neurosen und Depressionen und schlechter allgemeiner Psychohygiene. Sämtliche Korrelationskoeffizienten erreichten einen statistischen Signifikanzgrad von 99 Prozent bei einem Fehlerniveau von einem Prozent.

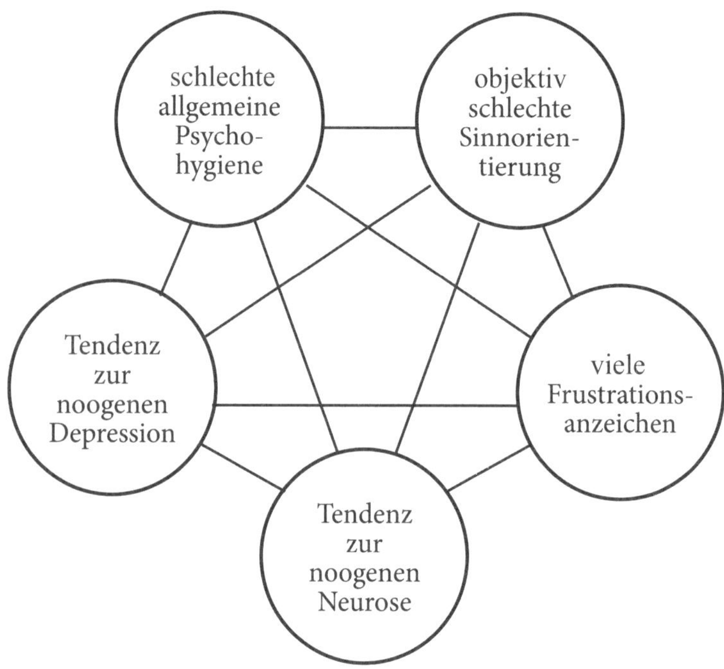

Demnach können wir die Behauptung als erwiesen ansehen, dass sich die Vorgänge auf der geistig-humanen Ebene des Menschen *ganz beträchtlich* in seiner psychischen Ebene auswirken und – da wir die Lektionen aus dem Forschungsbereich der Psychosomatik inzwischen gelernt haben – von da bis tief in seine körperliche Ebene hineinwirken. Wir haben verstanden, wie dringend erforderlich es war, eine „Psychotherapie vom Geistigen" her zu entwickeln, wie es Frankl getan hat.

Morgenröte

Du kannst den Regenbogen nicht haben, wenn es nicht irgendwo regnet.

Weisheit der Pueblo-Indianer

Beispiel 6

Eine 34-jährige Mutter kam mit ihrem mental behinderten Kind zu mir mit der Frage, was sie noch unternehmen könne, um ihr Kind zu fördern. Ihr Bub war acht Jahr alt, konnte kaum stehen, kroch am Boden umher und stieß unartikulierte Laute aus. Morgens wurde er in einen Sonderkindergarten und abends wieder nach Hause gebracht. Die Mutter hatte den Eindruck, dass er im Kindergarten keine Fortschritte mache und in seiner Entwicklung stagniere, was sie mit großer Angst erfüllte. „Was soll bloß aus ihm werden, wenn er älter wird? Wir Eltern werden nicht ewig leben!", schluchzte sie unter Tränen.

Ein ausführliches Gespräch mit ihr und die Beobachtung des Kindes ergaben für mich die Gewissheit, dass dieses Kind angemessen versorgt war. Mehr war zum gegebenen Zeitpunkt aufgrund seiner zerebralen Schädigung aus ihm nicht „herauszuholen". Im tiefsten Inneren wusste dies auch die Mutter, denn sie war bereits bei mehreren Beratungsstellen gewesen, um sich zu informieren, und hatte überall erfahren, dass zusätzliche Bemühungen unfruchtbar wären. So war nicht schwer zu erraten, dass die eigentliche Not der Frau eine andere war, nämlich das Sich-nichtabfinden-Wollen mit dem herben und als „unverdient“ empfundenen Schicksal, ein stark behindertes Kind zur Welt gebracht zu haben. Als ich in dieser Richtung behutsam nachfragte, trat die ganze seelische Qual der Mutter zutage, die nicht wahrhaben wollte, was immer unübersehbarere Wahrheit wurde: Dass bei ihrem Buben keine Aussicht auf Rehabilitation und Normalisierung bestand. Hiermit gab es nur *ein* therapeutisches Ziel: Die Frau musste sich durchringen, ihr Leid zu akzeptieren und ihr Kind zu bejahen, so wie es war. Dann würde sie nicht mehr von Institution zu Institution laufen und vergebens Anleitung suchen, sondern gemeinsam mit ihrem Kind innerlich Frieden finden, Ruhe, vielleicht sogar ein bisschen Glück. Demgemäß verliefen unsere Gespräche anders, als sie erwartet hatte. Es ging nicht um irgendein Trainingsprogramm für das Kind, sondern um die *frei zu wählende Einstellung* der Mutter zu ihrem Kind. Daraus wurde ein gemeinsames Suchen nach sinnvollen „Antworten“, die sie selbst auf ihr Schicksal geben konnte, unter Verzicht auf die schreckliche und unbeantwortbare Frage: Warum?

Unsere Gespräche zogen sich eine Weile hin, doch eines Tages kam die Wende. „Schauen Sie“, sagte die Mutter zu mir, „ich habe mittlerweile keine Angst mehr vor der Zukunft. Andere Mütter müssen ihre Kinder hergeben, wenn diese älter werden; ich hingegen darf mein Kind behalten, solange ich lebe. Und danach wird sich auch ein geeigneter Heimplatz für meinen Buben finden. Mein Mann und ich haben uns auf ein bescheidenes, gemütliches Leben zu dritt eingerichtet – wir werden nicht allein sein. Und wir werden stets wissen, wofür und für wen wir da sind. Das ist doch viel, nicht wahr?“ Obwohl ihre Augen einen feuchten Schimmer hatten, umspielte ein Lächeln ihre Lippen, während sie sprach. Das freute mich. Sie hatte tatsächlich begonnen, ihr Kind mitsamt seiner Behinderung anzunehmen und zu lieben.

***

Ich sagte, dass die körperliche und die psychische Ebene Ebenen mit geringem Spielraum sind. Die biologischen Lebensvorgänge laufen wie computergesteuert ab, wenn man die Natur ausnahmsweise nicht als „Mutter", sondern als gigantischen „Hochleistungscomputer" betrachtet, was angesichts heutiger Erkenntnisse durchaus legitim ist. Die Lebensvorgänge des menschlichen „Seelenapparates" (Freud) werden beeinflusst durch Erziehungs- und Milieufaktoren und unterliegen damit sozialen und lerntheoretischen Grundgesetzen, die auch nur schwach aufzuweichen sind. Unbewusste Prozesse etwa laufen bei Tieren und Menschen ab, ohne von ihnen abgewehrt werden zu können.

Erst wenn wir uns gedanklich in die urmenschliche Ebene einschwingen, die uns von den Tieren unterscheidet, dämmert in der Morgenröte des sechsten Schöpfungstages so etwas wie „Freiheit" herauf. Zugegeben, es ist keine überwältigende Freiheit, sondern eine, an der noch viele Limitierungen gleichsam wie Eierschalen kleben. Aber immerhin ist diese Freiheit groß genug, uns zu erlauben, zu jenen Limitierungen auf unsere persönliche Art Stellung zu nehmen. Wir können die Vorgänge in unserem Körper bzw. in unserer Seele unterstützen oder hemmen, beachten oder ignorieren. Wir können unsere Erziehung und unser soziales Milieu wertschätzen oder verurteilen, wir können unsere Vergangenheit memorieren oder loslassen, bedauern oder absegnen. Wir können mit jedem Schicksal klagend hadern oder uns aussöhnen, ganz wie wir es entscheiden. Freiheit ist nie eine Freiheit *von* Bedingungen, so gerne wir manche unserer Lebensbedingungen „abschaffen" würden. Sie ist die Freiheit, sich *den Bedingungen zu stellen*, die nun einmal da sind, und den eigenen Daseinsentwurf *unter ihnen* kreativ zu leisten. Die Mutter des achtjährigen Buben, von der ich berichtet habe, hat schließlich von dieser Freiheit Gebrauch gemacht.

Was hat ihr dabei geholfen? Nun, in der Morgenröte des sechsten Schöpfungstages schimmert ein weiteres menschliches Spezifikum durch, und das ist die Potenz, auch das Tragischste noch in einen Triumph zu verwandeln. Von dieser Potenz angestachelt, hatte die 34-jährige Mutter Fachkräfte beigezogen, um den Lebensstart ihres Kindes optimal zu unterstützen. Doch auch Kräfte aus der „unteren“ psychosozialen Ebene zerrten an ihr: die Enttäuschung, das Entsetzen, die Schmach im Bekanntenkreis, das wilde Aufbegehren gegen ein ungnädiges Walten des Schicksals. Diese „unteren“ Kräfte suggerierten ihr, dass es nötig sei, das Kind in Richtung Normalität zu puschen. Durch unseren Dialog gestärkt, gewann ihre Geistigkeit wieder die Oberhand. Nein, optimal für ihr Kind war die liebevolle Annahme seiner selbst ohne jede Einschränkung.

Sinnvolle Aufgaben gerade in schmerzlichen Lebensphasen zu erfüllen, kostet enorm viel Überwindung, aber es lohnt sich allemal. Die Korrelationen aus meiner einstigen wissenschaftlichen Arbeit sind längst von Kollegen und Kolleginnen weltweit bestätigt worden. Wir können davon ausgehen, dass Personen, die sich (nicht nur, aber auch) angesichts einer Tragik zu sinnvollen Reaktionsweisen aufraffen,

- bei Frustrationen kaum überreagieren (nicht „ausflippen“),
- allgemein seelisch stabil bleiben (sich nicht leicht erschüttern lassen),
- wenig Anfälligkeit in Richtung Depression zeigen,
- sich flexibel an veränderte Situationen anpassen können, und
- eher optimistisch mit Leiden und Problemen umgehen.

Die Mutter aus dem obigen Beispiel hat von ihrer Freiheit Gebrauch gemacht. *Welchen* Gebrauch hat sie gemacht? Sie hat angesichts der Behinderung ihres Sohnes für sich und ihren Mann eine sinnvolle Lebensaufgabe definiert. „Wir werden immer wissen, wofür und für wen wir da sind ...“ Bravo! Sogleich erntete sie die Früchte ihrer tapferen Einstellung. „Ich habe keine Angst mehr vor der Zukunft ...“ Wer sich in Freiheit für Sinnvolles entscheidet, und sei es bloß für das würdig-aufrechte Tragen eines bitteren Leides, dem kann das Schicksal nichts mehr anhaben. Er wird Tag für Tag aus der dunklen Nacht zur Morgenröte erwachen.

Saccharintabletten

Alle Schwierigkeiten erscheinen uns groß, solange wir uns damit begnügen, sie zu betrachten.

Sprichwort aus Zaire

Beispiel 7

Eine Mutter kam wegen ihres 9-jährigen Jungen, der täglich mit dem Bus zur Schule fahren musste und seit einiger Zeit behauptete, im Bus werde ihm übel und er könne deswegen nicht mehr zur Schule fahren. Die Familie lebte auf dem Land und war auf den Schulbus angewiesen; eine näher gelegene Schule gab es nicht. Von ärztlicher Seite war abgeklärt, dass keinerlei organischer Grund für die Übelkeit des Kindes vorlag. Der Arzt meinte, es handle sich um einen Fall von Schulangst.

Nachdem ich das Kind untersucht und mit seiner Lehrerin gesprochen hatte, war klar, dass der Junge seinen Sitznachbarn fürchtete, der ihn im Unterricht hänselte, seine Bleistifte versteckte und seine Hefte beschmierte. Dieses Problem ließ sich innerhalb der Schule lösen. Die Kinder wurden auseinandergesetzt, und der Junge fand einen Freund, mit dem zusammen er sich seinem früheren Sitznachbarn auch in den Pausen gewachsen fühlte. Aber – die Übelkeit bei der täglichen Busfahrt blieb bestehen, sie war bereits reflexhaft automatisiert.

Nun wandte ich folgende Suggestionsmethode an: Ich nahm eine Schachtel mit Saccharintabletten, gab sie dem Jungen mit ernstem Gesicht und sagte ihm, es handle sich um sehr teure und garantiert wirksame Tabletten gegen Übelkeit im Bus. Er solle eine Woche lang täglich vor der Abfahrt eine in Wasser aufgelöste Tablette schlucken und dürfe dies nicht vergessen, dann werde er völlig beschwerdefrei zur Schule gelangen. In der nächsten Woche brauche er nur mehr jeden zweiten Tag eine Tablette einzunehmen, in der darauffolgenden Woche jeden dritten Tag, und danach könne er damit aufhören, denn dann sei er geheilt. Er müsse jedoch genau die Anweisungen befolgen, sonst würden die Tabletten nicht helfen.

Zusätzlich bat ich ihn, während der Busfahrt zur Schule die vorbeifahrenden Autos zu beobachten und sich täglich die Autonummern mit zwei oder drei gleichen Ziffern, die er gesehen hatte, in einer Liste zu notieren. Ich würde diese Liste für eine Studie brauchen. Als Dank bekomme er von mir jede Woche ein Überraschungspäckchen. Dieses Ablenkungsmanöver, bei dem er vor lauter Autonummern-Beobachten seine Magengefühle vergessen sollte, bewirkte in Kombination mit der Placebo-Medikation ein rasches Verschwinden seiner Probleme im Bus, die auch nicht mehr wiederkehrten.

Pikanterweise ist in diesem Fall eine „unwahre“ Aussage „wahr“ geworden: Die medizinisch völlig harmlosen und wirkungslosen Saccharintabletten haben tatsächlich gegen Übelkeit geholfen! Das heißt, die Überzeugung des Kindes, es werde ihm nicht mehr übel werden, war stärker als die reflexhafte Automatisierung seiner psychosomatischen Beschwerden.

Der kleine Bursche schickte mir noch bis zum Schuljahresende Listen mit Autonummern und schmückte sie mit gemalten Blümchen und Häschen aus. In der Klasse kam er prima zurecht, und meine kleinen Überraschungspäckchen, die ich Wort haltend an ihn retour sandte, färbten seine Erinnerung an diese Schulzeit positiv ein.

***

Zu den spannendsten Kreuz- und Querverbindungen zwischen den einzelnen Seinsdimensionen des Menschen zählen die sogenannten *Feedback-Mechanismen*. Feedback bedeutet „Rückfütterung" oder „Rückwirkung", betrifft also Folgen von Aussagen oder Handlungen auf diejenigen, die sich von deren Richtigkeit überzeugen lassen.

Hier ein kleines Beispiel: Nickt ein Erziehungsberater immer zustimmend mit dem Kopf, wenn ihm eine Mutter etwas Erfreuliches über ihr Kind erzählt, so ruft seine nonverbale Zustimmung bei der Mutter die Feedback-Reaktion hervor, ihr Kind öfter zu loben. Er „verstärkt" ihre Fähigkeit, Erfreuliches bei ihrem Kind zu sehen und anzuerkennen. Sie lässt sich gleichsam von der Tüchtigkeit ihres Kindes überzeugen. Die Verhaltenstherapie benützt dieses Phänomen konsequent zur Erzielung von Verhaltenskorrekturen.

Aber nicht nur Verhaltensänderungen (hier: das häufigere Loben) gehen auf Feedback-Mechanismen zurück. Auch Änderungen des Selbstverständnisses und der Selbstinterpretation können die Folge sein, und dies nicht nur in einem erwünschten Sinne. Sagt zum Beispiel ein Arzt einem Kranken, dass dessen Zustand bedenklich ist, so kann diese Aussage zum Auslöser einer gefährlichen Mutlosigkeit beim Kranken werden. Es kann geschehen, dass der Kranke sich selbst aufgibt und dadurch seine restlichen Genesungschancen untergräbt. Seltsamerweise stimmt plötzlich die „wahre" Aussage des Arztes nicht mehr, denn der Zustand des Kranken ist durch dessen negative Selbstinterpretation nicht mehr bloß bedenklich, sondern bereits *äußerst* bedenklich oder gar aussichtslos.

Ein anderes Beispiel: Vor Jahren veröffentlichten Journalisten die Ergebnisse einer Erhebung, aus der hervorging, dass durchschnittlich jeder sechste Student im Laufe seines Studiums Drogen ausprobiert habe. Diese Information verleitete manche unbedarften Studenten dazu, sich zu denken: „Was, so viele Kollegen haben schon Erfahrungen mit Drogen? Dann kann es mit der Schädlichkeit des Rauschgifts nicht so schlimm sein! Warum soll ich nicht auch einmal welches ausprobieren? Einmal ist keinmal!" Und ehe man sich versah, war es schon jeder fünfte Student, der mit Drogen in Berührung gekommen war. Wiederum zeigte sich jene durch Feedback-Mechanismen hervorgerufene „Paradoxie". Eine wahre Tatsache, einem Menschen zur Kenntnis gebracht, kann durch ihren Einfluss auf dessen Selbstverständnis zur Unwahrheit werden (siehe: nicht mehr jeder sechste, sondern schon jeder fünfte Student ...) und umgekehrt kann eine Unwahrheit, einem Menschen zur Kenntnis gebracht, durch dessen Änderung im Selbstverständnis plötzlich zur Wahrheit werden (siehe: das Verschwinden der Übelkeit des 9-jährigen Jungen ...).

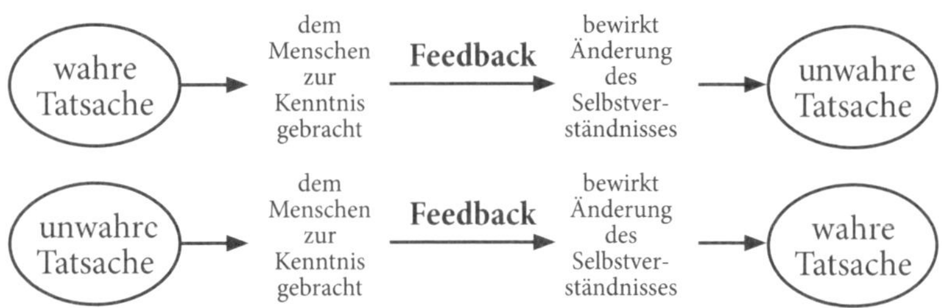

Feedback-Paradoxie

Natürlich ist Vorsicht geboten, Feedback-Mechanismen in der Heilkunde zu verwenden. Auch Frankl, der selbst Suggestionsmethoden angewandt hat, warnte vor ihrem Missbrauch. Wenn man jemandem, der an Lungenkrebs leidet, vorschwindelt, er sei gesund, wird dies seinen Krebs nicht ausräumen. Dazu kommt die ethische Frage, ob es überhaupt legitim ist, jemanden zu belügen, etwa einen Sterbenden, was im Allgemeinen verneint wird. Trotzdem ist es gerade in unserer Mediengesellschaft wichtig, ein Bewusstsein für die möglichen Folgen jeder Art von Informationsverbreitung zu entwickeln, denn Informationen werden nie bloß rein kognitiv zur Kenntnis genommen. Sie verändern den Informierten, merklich oder unmerklich.

Eines der berühmtesten Experimente dazu stammt von Jacobson und Rosenthal. Die beiden amerikanischen Forscher testeten

Hunderte von Schulkindern, um deren Intelligenzquotienten festzustellen. Die Resultate hielten sie geheim. Anschließend wählten sie per Los aus jeder Schulklasse einige der getesteten Kinder aus und gaben den zugehörigen Lehrern fälschlich bekannt, dass es sich bei diesen zufällig ausgelosten Kindern um die intelligentesten der Klasse handle. Sie logen also die Lehrer an; mehr taten sie nicht.

Drei Jahre später wiederholten sie ihre psychologischen Messungen an allen Kindern und waren nicht wenig verblüfft, als genau jene Kinder, die den Lehrern fälschlich als die intelligentesten genannt worden waren, in ihrer Intelligenzleistung gegenüber den anderen Kindern deutlich zugenommen hatten. Offenbar hatte das Zutrauen der Lehrer zu ihren „begabten" Schützlingen zu einer indirekten Sonderförderung jener Schützlinge geführt. Die Lehrer erwarteten mehr von ihnen, holten sie öfter zur Tafel, verlangten zusätzliche Denkarbeit von ihnen usw. Dies wiederum stimulierte in einer „Transfer-Feedback-Wirkung" die (angeblich intelligenten) Kinder und hob ihr Selbstverständnis („Mein Lehrer traut mir viel zu, ich bin intelligent, ich kann etwas ...").

Das Jacobson/Rosenthal-Experiment hat in den Jahren danach für heftige Diskussionen unter den Pädagogen gesorgt, denn man konnte sich des Verdachts nicht erwehren, dass umgekehrt so manches Kind oder so mancher Erwachsene einfach durch eine Schultestung und IQ-Bekanntgabe zum „Dumm-Sein" (nämlich: sich dumm fühlen ...) auf Lebenszeit verurteilt worden sei.

Im professionellen Umgang mit Menschen ist Bedachtsamkeit angesagt bezüglich des informativen Materials, das man an sie heranträgt. Aufklärungsarbeit kann gut und kann schlecht sein. Das Wissen um „nackte", um „wahre" Fakten kann sich bei Menschen fruchtbar und unfruchtbar auswirken. Mitunter ist es sogar weiser und geschickter, eine Wahrheit ein wenig korrigiert zu formulieren, um eine vorteilhafte Korrektur beim Betreffenden zu erreichen, als die Wahrheit unverblümt auszusprechen und damit eine Zuspitzung der Sachlage zu provozieren.

Auf der anderen Seite ist jedermann zu raten, sich weder von fragwürdigen Informationen (Stichwort: Internet) überschwemmen noch von deprimierenden Nachrichten und Negativprognosen (Stichwort: Primitivjournalistik) „anstecken“ zu lassen. Nichts, was wir erfahren, prallt spurlos an uns ab. Freilich ist unsere Welt nicht heil. Aber vielleicht ist sie *heilbar*, wie Frankl zu sagen pflegte. Und sie ist es allemal wert, ihre Heilbarkeit hoffnungsvoll anzudenken, statt ihren Untergang zu predigen. Sie ist es wert – und wir selbst sind es auch wert.

Einstellungen modulieren

Ich habe dargelegt, dass Feedback-Mechanismen das Selbstverständnis des Menschen antasten können. Davon leitet sich die Priorität eines verantwortungsvollen Umgangs mit ihnen ab. In der Seelenheilkunde kennt man den Fachausdruck „iatrogene Neurosen". Damit gemeint ist eine Verdüsterung oder Verunsicherung im Selbstverständnis eines Patienten, die durch die Worte eines Therapeuten hervorgerufen worden sind. Der Psychoanalyse-Kritiker Frankl hat die Gilde der Seelenärzte dringend gemahnt, solche „iatrogenen Neurosen" zu vermeiden. Denn es ist eine ausgesprochene Schwäche insbesondere psychoanalytischer Verfahrensweisen, bei Patienten gravierende Irritationen zu erzeugen und sie damit – wenngleich unabsichtlich und ungewollt – zu schädigen.

Mir liegen zahlreiche Briefe vor, in denen Leserinnen und Leser meiner Bücher ihre diesbezüglichen drastischen Erfahrungen schilderten. Hier zwei Briefausschnitte als Muster:

Briefausschnitt 1

„Die Analytikerin hat meine Freunde und Verwandten abgewertet und mich dazu angehalten, die Kontakte zu ihnen abzubrechen. Sie wollte nicht, dass ich auf die Hochzeit meines Bruders gehe ... und hat mir einen unverschämten Brief an meine Mutter diktiert ... Wenn ich eine Aushilfstätigkeit aufgenommen habe, hat sie gesagt, ich solle diese abbrechen, ich würde sie doch nicht schaffen ... Als ich ein Ehrenamt anstrebte, meinte sie, mich würde doch kein Mensch brauchen ... Am Ende hielt ich mich für eine komplette Versagerin. Ich stand mutlos und allein da."

Briefausschnitt 2

„Mein Analytiker war nicht bereit, sich meine gegenwärtigen Sorgen anzuhören. Ihn interessierte nichts außer meiner Kindheit. Als ich ihm versicherte, dass ich in einer normalen Familie ohne einschneidende Schocks aufgewachsen bin, lachte er mich aus. Ich sei eine Meisterin der Verdrängung. Zwei Jahre lang wühlte er Stunde um Stunde in meiner Lebensvergangenheit herum, und dabei ging es mir immer schlechter. Bald glaubte ich selbst daran, dass absolut nichts in meinem Leben in Ordnung war, früher schon nicht und jetzt nicht mehr ..."

Zu solchen Therapeutenfehlern kommt es, wenn die geistige Dimension des Menschen nicht (genügend) berücksichtigt wird und lediglich Störelemente aus der psychischen Ebene hervorgekramt oder gar in sie hineinprojiziert werden. Es ist eine veraltete tiefenpsychologische Doktrin, dass Eltern und Verwandte an allen seelischen Verwicklungen ihrer Sprösslinge schuld seien, der Kontakt mit diesen Angehörigen folglich strikt zu unterbinden sei, und dass es keinen anderen Weg gebe, sich seelisch wieder aufzurichten, als die (vorhandenen?) Kindheitstraumen zu rekonstruieren. Wenn noch dazu ein „Experte" mit dem ganzen Gewicht seiner Fachkompetenz auf diesem Weg insistiert, gerät auch ein misstrauischer Patient ins Wanken und macht bei dem langwierigen Prozedere mit, bis er völlig geknickt ist.

Dabei müsste es genau umgekehrt laufen! Da nach „höhenpsychologischer"[4] Doktrin die geistigen Haltungen und Einstellungen einer Person maßgeblich für deren Gesundheit und Wohlbefinden sind, hat der Therapeut schädliche Haltungen und Einstellungen bei seinen Patienten nicht zu erzeugen, sondern stattdessen herauszuhören, aufzugreifen und zu „modulieren“, wo immer sich Gelegenheit dazu bietet. Die „Einstellungsmodulation“ ist inzwischen eine anerkannte und gebräuchliche Gesprächstechnik im Franklschen Methodenrepertoire. Hier drei Kurzbeispiele von Patientenäußerungen mit durchklingenden fragwürdigen Einstellungen:

Beispiel 8

Eine Mutter sagte zu mir: „Mit diesem Kind hier habe ich nur Schwierigkeiten. Es ist das Kind aus meiner geschiedenen Ehe. Sein Vater hat schon nichts getaugt, und das Kind gerät ihm ganz nach.“

Beispiel 9

Ein junger Mann, der zum zweiten Mal seinen Arbeitsplatz verloren hatte, sagte zu mir: „Aus mir wird nichts mehr! Meine Geschwister erreichen alle ihre Ziele. Aber ich bin das schwarze Schaf in der Familie, das nur Mist baut.“

Beispiel 10

Eine Ehefrau klagte bei mir: „Mit meinem Mann kann ich nichts besprechen. Ich versuche es gar nicht, denn er versteht mich ja doch nicht. Deshalb leben wir stumm nebeneinanderher.“

Was ist bedenklich an diesen drei Patientenäußerungen?

Zu Beispiel 8

Die negative Einstellung der Mutter zu dem Kind von ihrem abgelehnten und vielleicht sogar verhassten Ex-Ehemann könnte das Kind (als Feedback-Wirkung) durchaus zu einem Problemkind werden lassen. Die unglückliche Einstellung der Mutter positioniert das Kind, zumindest solange es klein ist, in einer fast aussichtslosen Lage. Es kann sich in den Augen seiner kritischen Mutter kaum positiv entwickeln. Und tut es dies nicht, fühlt sich die Mutter in ihrer Auffassung erst recht bestätigt.

Zu Beispiel 9

Die sich ausbreitende Resignation blockiert den Unternehmungsgeist und die Willensanstrengungen des jungen Mannes. Gerade aber ein großer Aufwand an Willenskraft und Durchhaltevermögen wäre nötig, um ihn aus seiner Welle des Scheiterns herauszuholen.

Zu Beispiel 10

Die verbissene Überzeugung der Ehefrau, dass ihr Mann sie sowieso nicht versteht, kappt von vornherein jede Möglichkeit des Einander-Näherkommens auf dem Wege eines partnerschaftlichen Dialoges. Wie soll ihr Mann sie verstehen, wenn sie nicht mit ihm spricht?

Überlegen wir, wie man „einstellungsmodulierend“ argumentieren könnte, um den genannten Personen zu helfen:

Zu Beispiel 8

Der Mutter, die im Kind die schlechten Eigenschaften ihres Ex-Ehemannes wiederzufinden wähnt, wäre zu verdeutlichen, dass sich psychische Anlagen zwar vererben, jedoch nicht in solch festgelegter Wertung, wie sie es sich vorstellt. Eigenschaften, Begabungen und Neigungen vererben sich als *Dispositionen*, die auf wünschenswerte oder weniger wünschenswerte Weise genutzt werden können. Hat jemand zum Beispiel das Talent, schriftliche Texte zu verfassen, kann er hübsche, poetische Gedichte schreiben oder Verhetzungstiraden ins Netz stellen. Hat jemand ein langsames, bedächtiges Naturell, kann er Aufgaben glänzend lösen, die eine sorgfältige und detaillierte Planung benötigen, oder er kann bei Aufgaben, die ein rasches Sprinten erfordern, ständig hinterherhinken.

Die Wendung zum Vorteilhaften oder Nachteilhaften von Dispositionen wird unter anderem im Erziehungsklima mit vorbereitet und später von der reifen Person eigenständig vollzogen. Dementsprechend wird der tägliche Einfluss der Mutter das Kind mehr beeindrucken und formen als seine Abstammung vom Vater. Wenn die Mutter ihrem Kind folglich *zutraut*, das in seinen Genen verankerte Erbgut *in wünschenswertem Sinne* zu nutzen, werden die Schwierigkeiten schrumpfen, die beide miteinander haben. Wenn die Mutter überdies aufhört, ihre Animositäten gegen den Mann auf das gemeinsame Kind zu übertragen, wird sie mit der Zeit entdecken, dass in geistig-personaler Hinsicht jeder Mensch *neu und einmalig* ist. Dass er keine Kopie seiner Vorfahren ist, sondern ein Wesen, das sich aus seiner Herkunft heraus selbst gestaltet. Sie kann sich getrost vom Werden ihres Kindes „überraschen“ lassen.

Zu Beispiel 9

Ähnliches wäre dem jungen Mann zu präsentieren, der jeglichen Glauben an sich selbst verloren hat. Auch er trägt Dispositionen in sich, die ihn für gewisse Aufgaben prädestinieren. Wahrscheinlich sind seine Stärken anders gelagert als die seiner Geschwister. Das ist normal, und alles Schielen auf die Erfolge anderer sowie alles Sich-Vergleichen mit anderen lenkt nur von den eigenen „Schätzen“ ab. Sinnvoller ist es, diese eigenen „Schätze“ zu heben, zum Beispiel mit Hilfe einer psychologischen Eignungsuntersuchung. In den Tests wird sich abbilden, was dem jungen Mann am ehesten liegt. Auch in seinen beruflichen Ambitionen und Träumereien meldet sich, was in ihm gelebt werden will. Nun braucht es noch zweierlei. Die Testergebnisse werden seine Träume auf den Boden der Realität hinunterkorrigieren. Die Arbeitsmarktlage wird zusätzliche Begrenzungszäune hochziehen. Das solcherart abgesteckte Terrain aber ist dann *der Chancenpool*, in den er frei von Ängsten und Hemmungen hineinspringen kann. *Dort* wird er sich aller Voraussicht nach bewähren.

Wenn es ihm zusätzlich gelingt, seinen Geschwistern ihre Karrieren von Herzen zu gönnen statt zu neiden, wird ihm die Belohnung widerfahren, einen tragfähigen Frieden mit sich selbst und seiner Familie schließen zu können.

Zu Beispiel 10

Die genannte Ehefrau wird einige Aufgaben erfüllen müssen, bis sich ein kommunikatives Umdenken in ihr einnisten wird. Als Erstaufgabe könnte man sie anleiten, eine Liste der besten und löblichsten Eigenschaften ihres Mannes anzufertigen. Wenn ihr wenig dazu einfällt, muss sie auf die frühe Zeit ihrer Begegnung mit ihrem Mann, ihres Verliebtseins und des Anfangs ihrer Ehe zurückgreifen. Irgendetwas an ihm wird sie gewiss als attraktiv empfunden haben, sonst hätte sie ihm nicht einst ihr Jawort gegeben. Was ist das gewesen? Ferner muss sie die Betrachtung und Beachtung ihres Mannes in der Gegenwart intensivieren, um nach einem Abglanz seiner (versteckten?) positiven Seiten zu fahnden.

Bringt sie schließlich die erbetene Liste zustande, und steht darauf zum Beispiel: „Er ist mir treu. Er betrinkt sich nicht. Er ist sparsam und kann mit Geld gut wirtschaften. Trotzdem meutert er nicht, wenn ich mir modischen Schmuck kaufe, der mir gefällt. Er geht regelmäßig seiner Arbeit nach. Er überlässt mir die Wahl, wo wir in den Sommerferien campieren …", wird sich eine heilsame Nachdenklichkeit in ihr breitmachen. Nichts von all dem, was auf dem Papier steht, ist selbstverständlich. Alles ist nonverbales Geschenk von ihm an sie! Und was ist *ihr* Geschenk an ihn?

Jetzt kommen wir zum Thema „Gespräch". Ein „Sprechen, um verstanden zu werden" wird zunächst ausgeklammert. Ihr Geschenk an ihren Mann soll zukünftig sein: „Sprechen, um zu verstehen – nämlich um *ihn* zu verstehen". Kommt er von der Arbeit heim, könnte sie ihn fragen, wie es ihm tagsüber ergangen ist. Liest er die Zeitung, könnte sie ihn fragen, was er von dieser oder jener aktuellen Nachricht hält. Naht eine Ferienwoche, könnte sie ausnahmsweise *seine* Vorschläge für Campingplätze einsammeln. Gelegenheiten gäbe es genug, sich empathisch ihm zuzuwenden. Dabei würde sich das Nebeneinander der Eheleute allmählich in ein Miteinander verwandeln.

Es ist zu vermuten, dass sich im Miteinander auch das Verständnis des Ehemannes für seine Frau erholen würde – aber vielleicht ist ihr das dann gar nicht mehr so wichtig …

Über das Feingefühl

> Niemand kann einem anderen die Tränen trocknen, ohne sich selbst die Hände nass zu machen.
>
> *Afrikanisches Sprichwort*

Viele Errungenschaften unserer hochtechnisierten Welt machen uns das Leben bequem, aber was fehlt, ist eine *kommunikative Zivilisation.* Die Entwicklung des dafür nötigen Feingefühls hinkt gewaltig nach.

In meiner Branche begegnet man zahllosen Varianten fehlenden Feingefühls bei den Menschen. Damit meine ich keineswegs das gemeine und oft brutale Verhalten von Asozialen und Psychopathen, sondern kaum beachtete geringfügige Vorkommnisse von Takt- und Geschmacklosigkeit, die sich in ihrer Summe Unheil stiftend auswirken. Zwei kleine Beispiele aus meiner Praxis seien hier zu Demonstrationszwecken angeführt.

Beispiel 11

Eine Frau war schwer krank, raffte sich aber trotzdem auf und kochte das Mittagessen für ihren Mann und ihren Sohn. Die drei Personen setzten sich zu Tisch. Der Mann sagte zu seiner Frau: „Du hättest nicht kochen müssen! Wir hätten auch drei Pizzas beim Italiener bestellen können." Danach ließen er und sein Sohn sich das Essen gut schmecken.

Beispiel 12

Eine Trainerin für Arbeitslose wurde selbst arbeitslos, weil ihr Vertrag nicht verlängert wurde. In ihrem Schmerz wandte sie sich an eine Psychotherapeutin. Diese hörte sie kurz an und erklärte der Trainerin dann im Brustton der Überzeugung, dass diese ihren Ärger und ihre Wut keineswegs unterdrücken dürfe. Um alle diesbezüglichen Emotionen „rauszulassen", solle sie das „Rauslassen" üben, indem sie mehrere Restaurants besuche, jeweils einen kleinen Imbiss zu sich nehme, und danach den Kellner oder die Kellnerin wegen angeblich verdorbenen Essens „zur Schnecke mache".

***

Seltsam, aber lehrreich an den ausgewählten Beispielen ist, dass in beiden Fällen eine durchaus gute Absicht hinter den ausgeteilten Kränkungen gestanden sein mag.

Optimistisch betrachtet, wollte der Mann aus Beispiel 11 seiner Frau signalisieren, dass er um ihre Gesundheit besorgt war und ihr anbot, sie künftig mehr zu entlasten. Pessimistisch betrachtet, wollte er sich das Danken und eventuelle Schuldgefühle ersparen (er hätte schließlich selber das Essen zubereiten oder schon eher den Vorschlag mit der Pizzabestellung machen können). Wie dem auch sei, jedenfalls hat er ihr übermittelt, dass ihr „Opfer" praktisch überflüssig gewesen ist. Keine große Anerkennung für die Arbeit einer Schwerkranken!

Optimistisch betrachtet, wollte die Psychotherapeutin aus Beispiel 12 der Trainerin eine kathartische Erleichterung verschaffen. Wenn die Arbeitslose ihr Unglück nicht stumm in sich „hineinfresse", würde sie es – so die Hoffnung – besser verkraften. Pessimistisch betrachtet, wusste die Psychotherapeutin keinen anderen Rat als die althergebrachte und längst überholte Ausagiermethode. Wie dem auch sei, jedenfalls hat sie die Trainerin ungeniert angewiesen, Ärger und Wut an unschuldigen Kellnern und Kellnerinnen auszulassen, deren Job schwer genug ist, und die weder ein verdorbenes Essen serviert noch das Geringste mit der

Nichtverlängerung eines Arbeitsvertrages zu tun haben. Keine sehr ethische Empfehlung!

Auch wenn wir die optimistischen Interpretationen favorisieren, müssen wir zugeben, dass es in beiden Fällen mit dem Feingefühl gehapert hat, und zwar bei einem Laien wie bei einer Fachfrau gleichermaßen. Wie hätten Menschen mit Feingefühl in den beschriebenen Situationen reagiert?

Zu Beispiel 11

Tut jemand freiwillig etwas Positives für uns, ist dies weder als „selbstverständlich" zu konsumieren noch als „überflüssig" abzuqualifizieren, sondern zunächst als die liebevolle Geste, die es ist, zu honorieren. Je mehr „Opfer" es für den Betreffenden bedeutet, desto mehr Anerkennung verdient es logischerweise.

Erst *nach* Honorierung der positiven Tat sind ggf. Bedenken und Einwände dagegen oder Alternativvorschläge in einem nicht verletzenden Ton angebracht. So hätte der Mann der schwer kranken Frau nach Anerkennung ihrer Kochleistung sagen können: „Schatz, ich möchte, dass du dich schonst, damit du bald wieder gesund wirst. Deswegen bitte ich dich, momentan nicht mehr für uns zu kochen. Ich werde mich darum kümmern, dass immer ein Essen auf dem Tisch steht."

Zu Beispiel 12

Ist jemand frustriert und trägt uns seinen Frust vor, ist er im tapferen Aushalten und sinnvollen Gestalten seines Kummers zu stützen. Keineswegs ist er dazu zu verleiten, den Schmerz der Welt zu vermehren, indem er andere (insbesondere unschuldige) Menschen für seinen Frust büßen lässt. Tapfer aushalten und sinnvoll gestalten kann man einen Kummer vielmehr, indem man ihm ein „Plus“ abgewinnt und ihn mit erfahrener Freude aufwiegt.

So hätte die Psychotherapeutin der Trainerin übermitteln können, dass diese jetzt dabei sei, ihre „Meisterprüfung“ im Fach „Psychologische Hilfe für Arbeitslose“ zu bestehen, indem sie mittels ihres eigenen Lebens bezeuge, dass man bei Arbeitslosigkeit nicht mutlos kapitulieren müsse, sondern sich erhobenen Kopfes auf den dornigen Weg der Neuorientierung machen könne. Damit würde sie zum Vorbild für all jene Klienten, die sie doch selbst einige Zeit lang betreut hat, sowie für künftige Klienten, die sie vielleicht später einmal beraten wird. Des Weiteren hätte sie der Trainerin nahelegen können, nicht zu vergessen, welche „Ernte“ sie aus dem Erfüllt-Haben des abgelaufenen (und nicht verlängerten) Arbeitsvertrages mit auf ihren dornigen Weg nehme; was sie dabei gelernt habe, was ihr dabei geglückt sei usw. War es eine fruchtbare Zeit, dann hat sie ihren Sinn gehabt, auch wenn sie nicht fortsetzbar ist. Es wird eine andersartige Fortsetzung geben, bei der die Freude über die bisher geleistete Arbeit und die Trauer über die erfahrene Kündigung zu einem gemeinsamen Kenntnisfundament verschmelzen werden, auf dem der nächste fruchtbare Wirkungsbereich solide aufgebaut werden kann.

***

Das Thema „Feingefühl“ abrundend, möchte ich eine Passage aus einem Brief einer meiner ehemaligen Schülerinnen wiedergeben. Die Briefschreiberin ist Ärztin in Bonn und in der Franklschen Logotherapie ausgebildet. Sie schrieb mir:

„Immer wieder beobachte ich in der Therapie, dass die Heilung beginnt, sobald die Patienten merken, dass sie auch für andere Menschen etwas bedeuten, dass sie die Fähigkeit haben, ihre vordergründigen Bedürfnisse um jemand anderes willen zu transzendieren. Neulich ‚sah‘ eine 19-jährige Patientin von mir in der Imagination ihre Familie im Käfig. Sie hatte Grund zur Wut, denn ihr Vater hatte sie in ihrer Kindheit häufig geschlagen und gedemütigt. Sie sagte: ‚Ich hätte die Kraft, sie alle zu zerstören.‘ Und das stimmte wohl, denn sie war ein Powermädchen mit einem total aggressiven Verhalten, als sie zu mir kam. Aber welch ein Zuwachs an seelischer Größe ereignete sich, als sie erkannte, dass sie stärker war, wenn sie auf Rache verzichtete! In solchen Augenblicken bin ich froh über meine Auseinandersetzung mit der Franklschen Lehre und die daraus resultierende Gewissheit, dass wir stark sind und Glück erfahren, wenn wir uns auf Werte ausrichten und der Liebe Raum geben.“

Ich glaube, diese Passage braucht nicht kommentiert zu werden. Sie spricht für sich allein.

Freude machen

> Gesegnet sind die, die geben können, ohne sich daran zu erinnern, und die, die nehmen können, ohne es zu vergessen.
>
> *Elizabeth Bibesco*

Beispiel 13

Ein 16-jähriger Jugendlicher suchte bei mir Rat. Er hatte den Verdacht, homosexuell zu sein, weil er eine kurze Freundschaft mit einem anderen Jugendlichen hinter sich hatte, von dem er zu sexuellen Spielereien verführt worden war. Darüber sann er stundenlang nach. Im Gespräch zeigte sich, dass er sich kaum mehr mit seinen Mitmenschen traf, weil er männliche Personen mied aus Angst, das für ihn peinliche Erlebnis könne sich wiederholen, und weibliche Personen mied in der Annahme, er könne doch keine gute und zwanglose Beziehung zu ihnen aufnehmen. Seine Kontaktschwäche bewirkte, dass er gar nicht in die Lage kam, eine normale zwischenmenschliche Kommunikationsbasis zu Gleichaltrigen zu entwickeln. Er zog sich in sich selbst zurück und wurde immer scheuer, gehemmter und auf seine „Selbstdiagnose" fixierter.

Ich machte ihm den Vorschlag, ab sofort das Geschlecht seiner Mitmenschen unbeachtet zu lassen und in den anderen Leuten einfach nur Individuen zu sehen, die als Menschen denken, fühlen und leben so wie er. Um ihn von seinen verkrampften sexuellen Überlegungen abzulenken, erhielt er die Aufgabe, zwei

Wochen lang an jedem Tag irgendjemandem eine kleine Freude zu bereiten, egal, wer es sei. Ich rechnete dabei auf ein gesundes Stück Selbstvergessenheit, das sich bei ihm einstellen würde, verbunden mit einer positiven sozialen Resonanz aus der Mitwelt. Eine Resonanz, die ihn offener und aufgeschlossener für seine Mitmenschen machen sollte.

Aber der junge Mann leistete Widerstand. „Wieso soll ich anderen eine Freude machen? Die anderen denken auch nicht daran, mir eine Freude zu machen!", wandte er ein. Leider ist es eine weitverbreitete Meinung, dass prinzipiell die anderen anfangen müssten, wenn es um den Neuaufbau guter Kontakte geht, und dass man selbst nur gnädig nachzuziehen bräuchte. Es ist eine irrige Meinung, die von keinerlei Erfolg gekrönt ist, denn die anderen Menschen warten genauso auf das Anfangen von jemand anderem. Es bedurfte also einiger Argumentationskunst, um den jungen Mann davon zu überzeugen, dass er niemals Sympathie oder gar Liebe erwarten dürfe, wenn er nicht zuerst bereit sei, dasselbe von sich aus zu verschenken. Schließlich befolgte er meinen Rat und startete das Projekt „Täglich eine Freude bereiten – egal, wem".

Mit der Zeit gewann er Spaß an dem Projekt, für das er sich allerhand Geistesblitze einfallen ließ, wie er mir regelmäßig berichtete. Er badete den Hund der Nachbarin, der nach einer wilden Taubenjagd dreckbespritzt nach Hause getrabt war. Er schrieb einer Rentnerin in der Straßenbahn eine Kurzbedienung ihres Handys auf, nachdem sie vergebens versucht hatte, eine dringende SMS-Nachricht zu verschicken. Er drückte einem Briefträger an einem brennend heißen Tag eine Flasche Trinkjoghurt in die Hand. Er zupfte Efeuranken aus dem Vorgarten seines Wohnblockes, worüber der Hausmeister angesichts chronischer Kreuzschmerzen selig war. Eines Tages war es zufällig ein hübsches, junges Mädchen, dem er half, mitten im Regen einen widerspenstigen Schirm aufzuspannen, dessen Griff sich verhakt hatte. Beide gingen in ein Kaffeehaus, weil es in Strömen goss – und verabredeten sich für die nächste Woche wieder. Plötzlich hatte der junge Mann keine Zeit mehr für unsere Therapiestunden, er war mit seinen Rendezvous beschäftigt. Aber ich glaube, er benötigte auch keine Therapie mehr, denn an Homosexualität dachte er bei seiner neuen Jugendliebe bestimmt nicht.

***

Es gibt Probleme, die man sorgfältig beobachten muss, um sie zu meistern oder ihnen tunlichst aus dem Weg zu gehen. Daneben gibt es eine Kategorie von Problemen, die just dann anwachsen und sich aufblähen, wenn man sie beachtet. Dazu zählen zum Beispiel die Schlafstörungen. Je intensiver jemand nachts im Bett über seine Unfähigkeit, einschlafen zu können, nachgrübelt, desto sicherer hält er sich selbst wach. Auch psychogene Sexualstörungen fallen häufig in diese Kategorie. Zum Beispiel verjagt eine ängstliche Beobachtung der eigenen Potenzschwäche jede anschwellende Erektion beim Mann. Analoges gilt für die Frigiditätsproblematik bei der Frau.

Allerdings genügt es nicht, jemandem, der in einer solchen „Selbstbeobachtungsfalle" sitzt, zu raten, er möge *nicht* an seine diesbezüglichen Sorgen denken. Sorgen drängen sich einem von selbst auf; sie lassen sich nicht einfach mit einer Handbewegung verscheuchen. Um eine nachhaltige Aufmerksamkeitsregulierung beim Betreffenden einzuleiten, muss seine Aufmerksamkeit deshalb auf einen *anderen Inhalt* gelenkt werden, der irgendeine Zugkraft hat. In der Franklschen Methodik verwenden wir dafür sogenannte „selbsttranszendente Inhalte". Selbsttranszendenz bedeutet Selbstüberschreitung. Wir lenken also die Aufmerksamkeit des Betreffenden von seinem Ich (und dessen Sorgen) weg, indem wir sie gezielt hinlenken zu einem Nicht-Ich und dessen Werthaftigkeit. Dies verspricht mehrere Vorteile auf einen Schlag. Erstens reduziert sich die Problembeobachtung, die, wie angedeutet, nur noch tiefer ins vorliegende Problem hineindrückt. Ultimativ verschwindet das Problem – unbeachtet – sogar von allein. Zweitens hört das verbissene Kreisen um sich selbst auf, das nicht zum Menschen passt und bereits neurotischen Charakter hat. Wer sich zu viel mit sich selbst beschäftigt, verliert den Bezug zur Mit- und Umwelt und gerät alsbald in eine kritische Isolation, wie sie seelisch gestörtes Dasein kennzeichnet. Drittens hebt die verstärkte Wahrnehmung der Wertsubjekte/-objekte um sich herum das ethische Niveau. Die Liebe in ihrem weitesten und unschuldigsten Sinne streckt ihre zarten Fühler aus; denn es ist fast unmöglich, Wertvolles zu erkennen und es nicht zu lieben. Etwas Besseres kann unseren Patienten überhaupt nicht passieren. Vor der Liebe verhüllen sich alle Gesichter der Angst.

Der 16-jährige Jugendliche, von dem ich berichtet habe, war ein Paradebeispiel dafür. Sein ständiges Grübeln, ob er denn homosexuell sei oder nicht, hatte ihn zusätzlich zu dem Auslösevorfall blockiert. Gewiss hätte man mit ihm über das Gewesene diskutieren können, aber „wegdiskutiert" hätte man es damit nicht. Gewesenes ist nun einmal „fest gemauert in der Erde" wie Schillers Glockenform. Wichtiger war es, ihn aus seiner Verstrickung herauszureißen und wieder in ein fröhlich pulsierendes Bezugsnetz einzugliedern. Der Tipp mit dem täglichen Freude-Machen erwies sich sonach als perfektes Vehikel zu seinen Mitmenschen. Und dass die Liebe am Ende nicht nur auf platonischem Niveau gesiegt hat, sondern sich auch noch in ihrem engeren, partnerschaftlichen Sinn eingestellt hat, war eine Draufgabe, wie sie sich in seltenen Therapiestunden ereignet. Manchmal schon habe ich erfahren dürfen: Wenn man mit einem Patienten den richtigen Weg einschlägt, belohnt einen – das Leben.

Und ist man kein Patient, und schlägt man aus eigener Kraft den richtigen Weg ein, ergeht es einem genauso.

Problemchen

In dir muss brennen, was du in anderen entzünden willst.

Augustinus

Beispiel 14

Eine alleinstehende Frau kam mit der Diagnose „Depression“ zu mir. Doch machte sie auf mich keinen depressiven Eindruck. Sie zählte eher zu den Menschen, sie sich bei jedem winzigen Anlass unverstanden, vernachlässigt und frustriert fühlen. Die geringfügigsten Vorkommnisse wurden von ihr nach etwaigen negativen Bedeutungen abgetastet, und jedes minimale Unbehagen wurde eifrig registriert. Nachdem wir ihre aufgebauschten Differenzen mit einer Berufskollegin gemildert und auch gelegentliche Reibereien mit den Nachbarsleuten ausgeräumt hatten, tauchten neue „Problemchen“ auf: eine schlechte Verträglichkeit gewisser Fernsehfilme, eine Empfindlichkeit bezüglich des Geruchs vom nahen Kanal, Hitzewallungen während der Monatsregel und Unlust beim Hausputz. Zwar ließen sich alle „Symptome“ recht gut therapeutisch angehen, aber ich begriff bald, dass es die Grundhaltung der Frau war, die ständig neue Krankheits-Reflexionen produzierte, und an diese Grundhaltung kam ich nicht so leicht heran.

Ich hatte mir schon ein kompliziertes Trainingsprogramm zurechtgelegt, als mir der Zufall zu Hilfe kam. In der Nähe des Wohnortes meiner Patientin wurde ein vietnamesisches Flüchtlingslager errichtet. Als sie mir davon erzählte, machte sie einen überaus wachen und interessierten Eindruck. Deshalb brachte ich die Überlegung ins Spiel, ob sie vielleicht bei der Verwaltung des Lagers nachfragen könnte, inwieweit Spenden oder sonstige Unterstützungen aus der umliegenden Bevölkerung erwünscht seien.

Die Frau kam dem Vorschlag nach und entwickelte eine enorme Emsigkeit, Hilfsgüter für die Flüchtlinge zu organisieren. Sogar mit ihren Nachbarn söhnte sie sich vollends aus, um abgelegte Spielsachen von deren Kindern für das Lager zu erbitten. Wann immer sie zum Gespräch zu mir kam, berichtete sie von ihrer neuen ehrenamtlichen Tätigkeit. Ich wartete darauf, dass wieder irgendwelche emotionalen Unstimmigkeiten zur Sprache kommen würden, sozusagen „Haare in der Suppe", aber nichts dergleichen geschah. Es ließ sich nicht leugnen, diese Frau war plötzlich genesen.

***

Des Menschen Fähigkeit zur „Selbsttranszendenz" (Frankl) ist im gesunden Leben unverzichtbar. Wahrscheinlich sind alle individuellen und kollektiven, kulturellen und sozialen Verfallserscheinungen im Wesentlichen auf ihr Fehlen zurückzuführen. Selbsttranszendenz ist ein Sich-selbst-Zurückstellen, ist ein An-etwas-anderes-Denken, auch An-jemand-anderen-Denken, kurz, ist der Gegenpol zum blanken Egozentrismus. Kümmert sich ein Mensch ausschließlich um seine jeweilige Befindlichkeit, wird er immer „Problemchen" entdecken, und niemand wird ihn vollends heilen können. „Die bloße Reflexion ist die gefährlichste Geisteskrankheit", hat schon Schelling gesagt. Das wahre menschliche Glück liegt in einem hingebungsvollen Sich-selbst-vergessen-Können.

In der psychotherapeutischen Praxis befinden wir uns diesbezüglich in einem Zwiespalt. Einerseits müssen wir einen Patienten dazu veranlassen, über seine Krankheit nachzudenken. Aber allein das Sich-Befassen mit seinem eigenen Störungsbild erhöht die Aufmerksamkeit, die der Betreffende auf sich selbst richtet, und entfernt ihn vom Sich-selbst-Zurückstellen. Es muss daher andererseits auch Ziel jeder wirksamen therapeutischen Intervention sein, die Krankheits-Reflexion eines Patienten abzufangen und zu reduzieren. Ideal wäre ein allmähliches Unwichtigwerden seiner Problematik, was voraussetzt, dass für ihn ein außerhalb seines Selbst Liegendes an Wichtigkeit zunimmt. Auf diese Weise schrumpfen manche „Problemchen" bis zur Unkenntlichkeit, ohne direkt behandelt worden zu sein.

Im obigen Beispiel erwies sich der Zufall als idealer „Therapeut". Die neue Aufgabe begeisterte die Frau, und ihre sämtlichen kleinen Beschwerden verschwanden im Nu. Im Wort „Begeisterung" steckt ja auch der „Geist", und dieser kann eben (bildlich gesprochen) ein bisschen aus der körperlichen und seelischen Haut schlüpfen und sich mit den Objekten und Subjekten unserer Hingabe verbinden. Dann spüren wir unsere körperlichen und seelischen Unreinheiten nicht mehr, und – unbeachtet – gleichen sie sich aus.

Ich habe die besten Erfahrungen mit jeglichem Zuwachs an Selbsttranszendenz bei ratsuchenden Personen gemacht. Zum Beispiel ist die Aufmerksamkeit eines übergewichtigen Menschen, der abnehmen möchte, beim Durchführen einer Diätkur meistens auf sein Gewicht fixiert, welches er täglich per Waage kontrolliert. Diese Reflexion steht aber einem unverkrampften Abnehmen im Wege. Kann die Aufmerksamkeit des Übergewichtigen hingegen etwa auf Gartenarbeiten umdirigiert werden, die er noch schnell vor Einbruch des Winters erledigen möchte, oder auf sonst eine dringende körperliche Arbeit, wird es vorkommen, dass er manche Mahlzeit einfach vergisst und unmerklich an Gewicht verliert. Es wäre die leichtere und natürlichere Taktik.

In diesem Kontext noch ein Wort zur *Sinnerfüllung*. Wir wissen, sie ist des Menschen Lebenselixier. Nichts schützt so sehr vor Neurosen, Depressionen, psychosomatischen Störungen, Zukunftsängsten oder Beziehungskrisen wie ein weites Spektrum an innerlich bejahten Sinngehalten. Arbeit, Spiel, Sport, Freundschaft, Familie, Hobby zählen dazu. Allerdings gibt es auch eine *Sinneinengung trotz Auslastung*. Sinneinengung muss nicht zwangsläufig mit Nichtstun und Langeweile verknüpft sein. Eine Hausfrau zum Beispiel, die für eine große Familie ständig wäscht, kocht, näht, einkauft, putzt und schrubbt, ist oft überlastet und dennoch in Bezug auf innerlich bejahte Sinngehalte frustriert. Fände sie gelegentlich Zeit, ein Buch zu lesen, eine Party zu besuchen, eine Wanderung zu machen oder einen Theaterabend zu genießen, würden ihr die Hausfrauenpflichten wieder mehr Freude bereiten. Sowohl Unterbelastungen als auch einseitige Überlastungen sind gefährlich und schaffen einen labilen psychischen Zustand. Ein reiches und weites Betätigungs- und Erlebnisfeld *ohne Hektik* wirkt hingegen wie ein Rettungsring, der vor dem Absinken in einen Dauerfrust schützt.

Die Volksweisheit hat dafür in Form von Bräuchen geniale „Lösungen" entwickelt. So ermöglicht zum Beispiel die Karnevalszeit ein amüsantes Aussteigen aus dem Jahrestrott und ein Probeauffrischen vergessener Sinngehalte im Tanzen, Singen und Lachen. Natürlich ist der Karneval in unserer Kultur auch Symbol einer Freude über das baldige Ende der kalten Wintermonate und einer Sehnsucht nach dem Lockeren, Leichten und Sorglosen, das sich Menschen, die eine lange, dunkle und wachstumsfeindliche Periode überstehen müssen (bzw. früher mussten), im Alltag nicht erlauben können (bzw. früher konnten).

Dazu tritt jedoch ein psychologischer Faktor, der – im Unterschied dazu – auch heute noch von ungebrochener Aktualität ist. Die Menschen in unserer Kultur sind hart gefordert. Weniger von den Naturbedingungen her, wie unsere Vorfahren, dafür aber von den Bedingungen einer extrem spezialisierten Leistungsgesellschaft, in der sich jeder mittels Selbstdisziplin eisern behaupten muss. Dies verlangt nach einem Gegengewicht. Das ständige Sichkontrollieren-Müssen verlangt nach dem Frei-Beschwingten, das Ernst-sein-Müssen verlangt nach einem Fröhlich-sein-Dürfen etc. Die eingeschliffene Selbstdisziplin braucht die Narretei, um nicht an der seelischen Substanz zu nagen. Deshalb sind die „närrischen Tage" Gesundheitstage pur für die Seele!

Und warum die Verkleidung? Nun, das Übliche und Alltägliche muss wenigstens für ein paar Stunden hinter der Maske des

Neckischen und Humorigen verschwinden, damit man es wagt, eine ganz andere Seite von sich selbst auszuleben. Eine Seite, die nicht imstande wäre, unsere Angelegenheiten vernünftig zu ordnen, dafür aber imstande ist, unser Kraftreservoir für ein ganzes Jahr aufzufüllen.

Ein Zeichen von Intelligenz

Herrschaft über das Denken gibt Macht über Leib und Leben.
Gautama Buddha

Beispiel 15

Eine meiner Patientinnen, eine 56-jährige Frau, wurde mir von ihrem Hausarzt wegen starker psychosomatischer Verkrampfungen und anfallartiger Kurzatmigkeit geschickt. Dazu gab es eine lange Vorgeschichte. Die Frau hatte einen drei Jahre dauernden nervenzermürbenden Unterhaltsprozess gegen ihren geschiedenen Mann geführt, der sich trotz seiner Wohlhabenheit geweigert hatte, ihr den Lebensunterhalt zu bezahlen. Seiner Meinung nach sollte sie arbeiten gehen, da die Kinder doch erwachsen waren. Die Frau erklärte, dass sie mit ihren 56 Jahren nirgends mehr einen Arbeitsplatz bekommen konnte, zumal sie in den letzten 20 Jahren nicht berufstätig gewesen war und keinerlei Berufserfahrung vorweisen konnte. Der Prozess hatte sich bis in die zweite Instanz hingezogen. Der zweite Richter hatte Mitleid mit der Frau und beauftragte einen Arzt des Gesundheitsamtes, die Frau zu untersuchen und alle gesundheitlichen Mängel, die er finden würde, in einem Gutachten zusammenzufassen. Der Richter dachte sich offenbar, dass jemand im Alter dieser Frau gewiss irgendwelche Beschwerden aufweisen würde und dass mit einem entsprechenden Gutachten über Krankheitssymptome die Arbeitsaufforderung des Mannes an die Klägerin abzuwehren sei. Es gelang, und die Frau bekam eine monatliche Mindestzahlung seitens ihres Exmannes zugesprochen.

Sie hätte mit ihrem „Sieg“ zufrieden sein können. Doch leider war im Zuge des Verfahrens ein ganz anderer „Prozess“ ins Rollen gekommen. Die Frau hatte im Gerichtssaal, als der Mediziner sein Gutachten vorlas, gehört, dass sie „ziemlich krank“ sei, eine Herzmuskelschwäche habe, der Blutdruck nicht stimme, diverse Blutwerte außerhalb der Norm lägen, eine leichte Verkrümmung der Wirbelsäule im oberen Bereich erkennbar sei, gewisse Knochenveränderungen irreparablen Ausmaßes sichtbar seien, die Schilddrüse vergrößert war und Verdacht auf dieses und jenes bestehe. Dazu kam eine Flut schrecklich klingender lateinischer Vokabeln, die sie dadurch, dass sie sie nicht verstand, in größte Panik versetzte. Unter diesem Schock verkrampfte sie sich derart, dass sie einen Erstickungsanfall erlitt und im Gerichtssaal zusammenbrach. Sie wurde mit Verdacht auf Tetanie ins Krankenhaus gebracht, wo man keinen internistischen Grund für ihren Anfall feststellen konnte und sie an ihren Hausarzt weiterleitete. Dieser regulierte den Blutdruck und eine minimale Schilddrüsenüberfunktion der Frau medikamentös und empfahl ihr ansonsten Physiotherapie und viel Bewegung. Weil ihre Panikattacken aber nicht nachließen, schickte er sie zu mir.

***

Bevor ich schildere, nach welchem „Rezept“ ich mit dieser Patientin gearbeitet habe, möchte ich ein paar Erläuterungen einschieben, die allgemeiner Natur sind:

- Aufmerksame Leserinnen und Leser werden angesichts obiger Fallgeschichte schon einige Zusammenhänge ausgekundschaftet haben. Sie werden sich an meine Abhandlung über Feedback-Mechanismen und an Frankls Warnung vor „iatrogenen Neurosen“ erinnert fühlen.

- Wahrscheinlich werden ihnen auch der Mangel an Selbsttranszendenz und das gedankliche Kreisen um die eigenen Belange bei der Patientin als Panikauslöser aufgefallen sein. Jede ängstliche Selbstbeobachtung verschlechtert die eigene Befindlichkeit, was die Ängste nur noch höherschraubt.
- Ein ergänzender Punkt sei angefügt. Viele Menschen glauben, dass es ein *Zeichen von Intelligenz* sei, Dinge zu bekritteln und die Finger auf die Geschwüre von Gesellschaft, Politik oder Modetrends zu legen. Sie überbieten sich im Beklagen von Unerfreulichkeiten, die sie minutiös aus ihrem Nah- und Fernbereich herausfiltern. In Wirklichkeit ist es ziemlich leicht, Negatives zu entdecken und zu beklagen. *Intelligenz* braucht es vor allem, um konstruktive und produktive Möglichkeiten in Sachverhalten aufzuspüren. Und *sehr viel Intelligenz* braucht es, um das Positive nicht zu übersehen, das mit uns und rings um uns geschieht.

Zu Beispiel 15

Wenn man 56 Jahre alt ist, wie die o. g. Patientin, hat man mehr als ein halbes Jahrhundert Lebenszeit geschenkt bekommen. Wenn man 20 Jahre lang nicht hat arbeiten müssen, weil man finanziell versorgt gewesen ist, ist man freigestellt gewesen für Beschäftigungen anderer Wahl. Wenn man erwachsene Kinder hat, ist die Erziehungsaufgabe weitgehend geglückt. Wenn man noch dazu einen Prozess gewinnt, der einem die Fortsetzung eines relativ unbeschwerten Lebens gestattet, zeichnen sich Optionen für eine frei auszugestaltende Zukunft ab. Und wenn man nach einem gründlichen Gesundheitscheck genau weiß, wo es Defizite im Organismus gibt, die mit adäquater Behandlung zu lindern sind, steht einem dankbaren Aufatmen nichts mehr im Wege. Ein dankbares Aufatmen aber steht im krassen Widerspruch zu einem psychogenen Erstickungsanfall ...

Die Patientin musste lernen, komplett umzudenken. Schon bei ihrem morgendlichen Aufwachen war es Zeit, sich vorzusagen: „Was bin ich für ein Glückspilz! Ich muss nicht früh aus den Federn, um zu einem entlegenen Arbeitsplatz zu hasten. Niemand schreibt mir einen voll gepackten Stundenplan für den Tag vor. Auf mich wartet nur das Programm, das ich mir selbst vorneh me. Ach, wie gut geht es mir!"

Zum Frühstück sollten Papier und Bleistift bereitliegen, um ein solches Programm auszuhecken. Zuoberst auf dem Papier standen mehrere Fragen. „Was kann ich heute für meine Kinder tun?", „Was kann ich heute für meine Bildung tun?", „Was kann ich heute für meine Gesundheit tun?" und „Was werde ich heute neu ausprobieren?" Anfangs brauchte die Patientin lange, um Antworten auf diese Fragen zu finden. Doch machte sie Fortschritte. Es entwickelte sich ein Wochenrhythmus, in dem sie bei einem ihrer allein lebenden Söhne mehrere Gerichte vorkochte und ihre Tochter mit Babysitten entlastete. An zwei Abenden pro Woche belegte sie Kurse in der nahe gelegenen Volkshochschule. Den ärztlichen Rat, sich mehr Bewegung zu verschaffen, befolgte sie und schrieb sich in einen Wanderverein ein. Immer wieder ermunterte ich sie, mit dem „Neues ausprobieren" nicht vorschnell Schluss zu machen. Manches davon passte nicht zu ihr, doch fand sie zum Beispiel heraus, dass sie Bücher über die verschiedenen Religionen interessierten. Sie war fasziniert davon, welch verschiedene Anschauungen über die Gottheit es gibt. Bei unseren Gesprächen darüber bekannte sie einmal freimütig, dass es sie manchmal bedrücke, ihren Mann zu Unterhaltszahlungen „gezwungen" zu haben. War das rechtens gewesen?

Mir hatte von Anfang an geschwant, dass bei ihrem Kollaps im Gerichtssaal nicht nur das vorgebrachte Gutachten des Amtsarztes ausschlaggebend gewesen war. Vermutlich war eine Ambivalenz der Frau mitbeteiligt gewesen, die sie innerlich zerrissen hat. Einerseits wollte sie unbedingt die finanzielle Versorgung und andererseits plagte sie ein Schuldgefühl. Wir diskutierten die Schuldfrage so objektiv wie möglich. Ihr Mann war gut betucht.

Er hatte selbst die Scheidung gewollt. Es war okay, dass er sie unterstützte. Aber – um Neues auszuprobieren – konnte sie sich ja schließlich trotzdem bei ihm bedanken. „Er wird einen Brief von mir sofort wegwerfen!", wandte die Frau ein. „Vielleicht liest er ihn vorher?", entgegnete ich. So kam es dazu, dass meine Patientin einen höflich-freundlichen Brief an ihren Exmann schrieb, in dem sie die schönen Momente ihrer Ehe aufzählte, ihrer Freude über die gemeinsamen Kinder Ausdruck verlieh, sich bei ihm für die Unbill des Prozesses entschuldigte und ihm für die monatlichen Schecks aufrichtig dankte. Sie erhielt keine Antwort, aber der Sohn, für den sie regelmäßig vorkochte, teilte ihr nach einem seiner Besuche beim Vater mit, dass dieser plötzlich milder gestimmt war. Er habe sein Gezeter gegen die Mutter des Sohnes eingestellt.

Danach erholte sich die Patientin rasch, und von Panikattacken war nie mehr die Rede.

Spinoza als Erzieher

In seinem Buch „... trotzdem Ja zum Leben sagen“ hat Frankl Spinoza als „Erzieher“ bezeichnet[5]. Spinoza hat nämlich gesagt, dass eine Gemütsregung, die ein Leiden ist, aufhört ein Leiden zu sein, sobald wir uns von ihr eine klare und deutliche Vorstellung bilden. Demnach wäre es opportun, uns dazu zu erziehen, unterschwellige Gemütsregungen offen „auf den Tisch zu legen“, distanziert zu betrachten und entweder als angemessen zu akzeptieren oder als unangemessen von uns zu weisen.

Nachweislich sind unzufriedene Menschen permanent aufgeregt, ungeduldig, zerstreut, hektisch, rechthaberisch und für die Mitwelt reichlich ungenießbar. Warum aber sind sie unzufrieden? Das liegt meistens gar nicht offen auf dem Tisch. Sie quengeln einfach vor sich hin. In solchen Fällen gilt es für sie, einen Schritt von ihrer Unzufriedenheit zurückzutreten und sie beim Schopf zu packen bzw. beim Namen zu nennen. „Womit bin ich eigentlich unzufrieden?“ Die Unzufriedenheit soll Farbe bekennen. „Ich bin unzufrieden mit Z.“ Also gut: Z. „Change it, love it or leave it“, pflegen die Amerikaner dazu zu sagen, und das ist nicht dumm. Wenn sich Z ändern lässt, hat dies den Vorrang. Wenn sich Z nicht ändern, aber akzeptieren („lieben“) lässt, schrumpft die Unzufriedenheit ebenfalls. Wenn beides unmöglich ist, kann man Z vielleicht gedanklich zur Seite legen, quasi „verlassen“.

Eine von Frankls genialen Methoden heißt *Dereflexion*. In den Fallbeispielen 13, 14 und 15 habe ich (unter anderem) diese Methode angewandt. Ich lenkte die Aufmerksamkeit des 16-jährigen Jungen, der fürchtete, homosexuell zu sein, von seinen Befürchtungen ab und auf gelingende Begegnungen mit der Außenwelt hin. Ich lenkte die Aufmerksamkeit der depressiven Frau von ihren Nörgeleien ab und auf die Flüchtlingshilfe hin. Ich lenkte die Aufmerksamkeit der geschiedenen Frau von ihren Gesundheitssorgen ab und auf ihre Weiterentwicklung hin. Alle drei Personen waren imstande, ihr krank machendes Z gedanklich zu „verlassen" und sich sinnvolleren Inhalten zuzuwenden.

Womit sich jemand gedanklich beschäftigt, ist von *fulminanter Relevanz.* Stehen seine Sorgen und Ängste im Vordergrund, wird er seines Lebens nicht mehr froh. Stehen hingegen erfreuliche Pläne im Vordergrund, verdünnen sich seine Sorgen und Ängste. Es ist ein hirnphysiologisches Prinzip, dass *Ablenkungen von etwas die Produktivität von diesem Etwas bremsen*, und zwar jede Art von Produktivität. Im therapeutischen Kontext bremsen gezielte Ablenkungen von aufgebauschten Problemen die krank machende Produktivität solcher Probleme. Darauf beruht der Wirkmechanismus der Franklschen Dereflexion.

Wie sehr Ablenkungen auch eine erstrebenswerte Produktivität bremsen, erfahren wir in unserer Ära der digitalen Revolution auf dramatische Weise. Unvermittelt in diese brandneue Ära hineingeworfen, werden Scharen von Menschen süchtig nach E-Mails, Textnachrichten auf dem Smartphone, Social-Media-Interaktionen oder Internet-Surfen. Ständig aufs Display starrend, stolpern sie durchs Leben und lassen sich ihre kostbare Zeit stehlen. Ihre Gedanken zerstreuen sich in alle Winde, statt sich in Richtung Essentielles zu bündeln. Das mindert ihre Produktivität sowohl am Arbeitsplatz als auch im Freizeitbereich und belastet ihre realen zwischenmenschlichen Beziehungen. Es ist zu hoffen, dass die Faszination des Brandneuen abklingen und die Vernunft wieder einkehren wird, doch gegenwärtig hat sie unsere Zeitgenossen fest im Griff.

Was hätte wohl Spinoza von der heutigen Cyber-Umtriebigkeit gehalten? Ich vermute, er wäre bei seiner Aussage geblieben. Die

Leiden der „digital natives", wie die junge Generation, die eine Welt ohne Internet nicht mehr kennt, gern genannt wird, könnten sich verringern, wenn sie sich *eine klare und deutliche Vorstellung* von ihrer Suchtgefährdung machten. Wobei in ihrem Fall das amerikanische „change it" oberste Priorität hätte. Abhängigkeiten darf man nicht „lieben" und den Sog seiner Zeitströmungen kann man nicht so leicht „verlassen".

Vom Wert-Sein

Die Welt, in die ich hineingeboren wurde, ist roh und grausam und zugleich von göttlicher Schönheit. Es ist Temperamentssache zu glauben, was überwiegt: die Sinnlosigkeit oder der Sinn ... Ich habe die ängstliche Hoffnung, der Sinn werde überwiegen und die Schlacht gewinnen.

C. G. *Jung*

Beispiel 16

Die nachstehende Geschichte ist ein Beispiel für therapeutische Bemühungen, die – scheinbar – nicht und nicht fruchten wollten. Es gelang mir nicht, die düstere Überzeugung eines jungen Mannes, der an einem unbehebbaren (weil organisch bedingten) Sprachfehler litt, ins Wanken zu bringen. Der 23-Jährige vertrat den Standpunkt, er müsse zeitlebens um andere Menschen, insbesondere um junge Damen, einen Bogen machen, weil sie ihn wegen seines Handicaps auslachen würden. Er arbeitete in einer Fabrik und verkroch sich ansonsten verbittert in seinen vier Wänden.

Ich fand keinen Ansatzpunkt, ihm zu helfen. Zuerst versuchte ich, ihn zu einem regelmäßigen Sprachtraining bei einem Logopäden zu motivieren, was er kategorisch ablehnte, weil er bereits von Kindheit an ohne wesentliche Erfolge geübt hatte. Dann legte ich ihm dar, dass Menschen, die sich wirklich über ihn lustig machen würden, es nicht wert wären, dass er seine Gedanken an sie verschwende. Sie hätten nicht die innere Reife und Größe für echte Freundschaftsbezüge, die von solchen Äußerlichkeiten nicht tangiert werden. Das tröstete ihn wenig, weil er, wie er sagte, gerne auf Reife und innere Größe verzichten würde, wenn er bloß auch einmal mit dabei sein könnte und nicht immer vom Flirten und Tanzen ausgeschlossen wäre. Ich argumentierte, dass er auf jeden Fall ausgeschlossen sein werde, solange er sich ins Schneckenhaus zurückziehe, und dass er, wenn er bei Unterhaltungen mit dabei sein wolle, lernen müsse, es auszuhalten, dass vielleicht da oder dort eine taktlose Bemerkung über seinen Sprachfehler fiele. Er solle sich ruhig mitten ins Gewühl einer Party wagen und (seinem Pessimismus zum Trotz) Mädchen ungeniert zum Tanz bitten, ja, er solle sich dort bewusst und willentlich amüsieren. Unermüdlich appellierte ich an seine „Trotzmacht des Geistes", wissend, dass sie enorme Hindernisse zu überspringen vermag. „Vergessen Sie nicht: Der Wert eines Menschen hängt nicht von der Qualität seines Sprechens ab!", band ich ihm wieder und wieder auf die Seele und hoffte, er könne sich ebenfalls zu dieser Ansicht durchringen.

Aber meine Vorschläge missfielen dem jungen Mann. Er hockte weiterhin zu Hause und besuchte keine Lokalitäten mit gemeinschaftlichen oder sportlichen Angeboten. Schließlich trug ich die Überlegung an ihn heran, ob er vielleicht bereit wäre, eine behinderte Frau zu kontaktieren? Es wäre doch eine Kameradschaft gut vorstellbar, bei der jeder die Behinderung des anderen toleriere und ihm darüber hinweghelfe, wo nur möglich. Dies wollte der junge Mann schon gar nicht. Er würde nicht nehmen, was die Gesunden übrig ließen, knurrte er wütend. Seine grundsätzlich negative Betrachtung löschte jeden Funken eines kreativen Impulses aus.

Wir beschlossen, in unseren therapeutischen Gesprächen eine Pause einzulegen und uns in einem halben Jahr erneut zu treffen. Doch erhielt ich nach fünf Monaten eine Nachricht aus einer Klinik. Mein Patient war dort nach einem Selbstmordversuch eingeliefert worden und verlangte, mich zu sprechen. Ich eilte hin und erfuhr vom Stationsarzt, was vorgefallen war. Der junge Mann hatte sich in seiner Wohnung unter Alkoholeinfluss die Pulsadern an den Handgelenken aufgeschnitten. Reichlich Blut war geflossen, und es hatten nur noch wenige Minuten bis zu seiner Bewusstlosigkeit gefehlt. Da hatte er plötzlich seine Absicht geändert und selbst den Notarzt herbeigerufen. Man hatte die Türe aufbrechen müssen, um ihn zu bergen. Im Rettungswagen, der ihn in die Klinik transportiert hatte, hatte er sein Bewusstsein unklar wiedererlangt und vor sich hingeflüstert: „Der Wert eines Menschen hängt nicht ... von seinem Sprechen ab, hängt nicht ... von ... seinem Sprechen ... ab." Der Beifahrer im Wagen hatte diesen Satz protokolliert.

Es war zweifellos der Satz, der den jungen Mann unmittelbar vor dem Schwinden seines Bewusstseins noch zum Telefonhörer hatte greifen lassen. Es war der Satz über das bedingungslose Wert-Sein der Person, den ich ihm Monate vorher eingeflößt hatte, und den er damals strikt zurückgewiesen hatte. Im entscheidenden Moment jedoch war *dieser eine Satz* stärker gewesen als seine Verzweiflung und Resignation.

Diese Geschichte hat mich tief berührt, und auch der junge Mann ist an diesem Erlebnis gewachsen. Er hat sehr mit sich gekämpft, aber letzten Endes Ja zum Leben gesagt und ist bei seiner Entscheidung fürs Leben geblieben. Wir führten danach viel effektivere Gespräche als zuvor.

***

Psychotherapeuten sind im Zuhören gut geschult. Das geduldige Zuhören in Ruhe und ohne vorschnelle Kommentare schafft die Vertrauensbasis, die nötig ist, um mit einem Patienten gemeinsam nach Lösungen zu suchen. Allerdings ist Zuhören kein passiver Akt. Alles Gehörte wird vom Psychotherapeuten innerlich nach psychohygienischen Kriterien sortiert und gespeichert, um ggf. später im eigentlichen Therapieprozess aus dem Erinnerungsspeicher herausgeholt und verwendet zu werden. Unkonzentriert darf man in unserem Beruf nicht sein.

Eines dieser psychohygienischen Kriterien betrifft die Wahrhaftigkeit und Werthaftigkeit von Patientenvorstellungen. Dabei ist es nicht leicht auszuformulieren, wann die Vorstellungen eines Menschen wertorientiert und konstruktiv sind und wann nicht. Der Versuch einer Definition von „richtigen" und „falschen" Vorstellungen bringt uns in Verlegenheit. Wer ist Richter über die Güte und Fehlerhaftigkeit von Ansichten? Dennoch bleibt es eine unleugbare Tatsache, dass bestimmte Grundvorstellungen und Denkmuster Ursache und Ausdruck einer unglücklichen Existenz, eines sich selbst zerstörenden Lebens sind.

In der Praxis muss man sich auf seine Erfahrung und Intuition verlassen, wobei sich im Allgemeinen ein großer Konsens zwischen Fachleuten und Laien abzeichnet. Patientenaussprüche wie folgende: „Am liebsten möchte ich keinen Menschen sehen. Die Menschen sind alle Bestien!" oder „Solange die Kinder ihre Füße unter meinen Tisch stellen, haben sie mir zu gehorchen" offenbaren gewiss keine idealen Vorstellungen. In ihnen spiegelt sich weder Wertvolles noch Wahres. Ins Ungefähre könnte man definieren, dass psychohygienisch gesunde Vorstellungen selbst-, familien- und fremdenbekömmlich sind, niemanden und nichts abwerten, sich und der Welt immer noch eine Chance zusprechen und nicht blindlings übernommen, sondern in einem redlichen Ringen um Menschen- und Sachgerechtigkeit entfaltet worden sind.

Jedenfalls ist es Aufgabe des Psychotherapeuten, hellhörig genug zu sein, um ungesunde, gefährliche und destruktive Vorstellungen seiner Patienten zu registrieren und in einer Art „sokratischen Dialog"[6] aufzuweichen. Es hat zwar eine Periode in der Seelenheilkunde gegeben, in der solche therapeutisch initiierten Vorstellungskorrekturen verpönt gewesen sind, weil „Wertefreiheit und Neutralität" seitens der Lehrer, Ärzte und Therapeuten gefordert waren, aber diese Maxime hat sich nicht bewährt und ist längst überholt. Inzwischen wissen wir: Wir müssen uns auf einen Dialog über existentielle Themen mit unserem Gegenüber einlassen; wir dürfen niemanden kampflos seinen pathologischen Meinungen überlassen.

Bei dem 23-Jährigen mit dem Sprachfehler war es ein Satz unter vielen Sätzen gewesen, die er und ich ausgetauscht haben, *ein einzelner Satz*, der ihm das Leben zurückerobert hat. Der Satz vom Wert-Sein der Person – ohne Wenn und Aber. Selbst Sokrates, der große Philosoph der Antike, hätte an diesem Satz seine Freude gehabt, denn es ist ein wahrer Satz, und wo die „Liebe zur Weisheit“ (= Philosophie) wohnt, wohnt auch die „Liebe zur Wahrheit“.

Es ist allerdings nicht nur pessimistischen Patienten, sondern jedermann zu raten, gelegentlich seine Grundvorstellungen unter die Lupe zu nehmen. Hand aufs Herz: Sind sie wertvoll? Sind sie wahr? Wenn nicht, besteht Umdenkbedarf. Es ist kein schlechter Tipp, außer bei Ratgeberbüchern auch bei den philosophischen Schriften der Weltliteratur eine kleine Anleihe zu machen.

Nichts ist umsonst

Ungewissheit und Fehleranfälligkeit sind der Preis der Freiheit. Dass wir ihn zahlen und allen Unwägbarkeiten zum Trotz dennoch Entscheidungen treffen, ist die eigentliche Essenz unserer menschlichen Würde.

Christoph Quarch

Nichts ist umsonst, was man mit lauteren Absichten und ehrlichem Bemühen in einen Menschen investiert. Häufig wird man seines diesbezüglichen Erfolges nicht gewahr, doch soll einen dies nicht enttäuschen. Es soll keinesfalls zu einem Nachlassen der intensiven Bemühungen führen. Man bedenke: Das derzeit in allen Berufssparten grassierende Burnout-Syndrom hat ursprünglich seinen Ausgang bei den helfenden, lehrenden und pflegenden Berufen genommen. Warum just dort? Weil das exakt die Berufe sind, in denen spektakuläre Erfolge selten spürbar werden. Nicht, dass es sie nicht gäbe, doch die Vertreter dieser Berufe erleben sie nicht mit. Die Schüler, Kranken oder Klienten, die liebevoll und unter persönlichem Einsatz betreut werden, „verschwinden" irgendwann aus dem Blickfeld ihrer Betreuer, nur in Ausnahmefällen mit einem Dank auf den Lippen, und wandeln auf ihren eigenen Lebenspfaden voran (oder sterben wie zum Beispiel in Pflegeheimen). Was sie aus ihrer erfahrenen Betreuung an Gutem mitnehmen, erfährt niemand. Es braucht speziell bei den helfenden und lehrenden Berufen *das Credo*, dass nichts umsonst ist, was man an Liebevollem austeilt, und dass es schon irgendwann seine Wirkung haben wird, ob man davon weiß oder nicht.

Auch bei anderen Berufen sind Dank und Anerkennung seitens der Mitmenschen rar. Allerdings zeigen sich dort Erfolge eher anschaulich und (be)greifbar. Wenn ein Installateur einen kaputten Heizungskessel repariert hat und wieder angenehme Wärme in eine Wohnung strömt, kann er auf seine geleistete Arbeit zu Recht stolz sein. Wenn ein Winzer im Herbst Butten voller Trauben verlädt, fühlt er freudige Genugtuung. Beide haben die Ergebnisse ihrer Bemühungen deutlich vor Augen: den reparierten Heizkessel, die reiche Weinernte. Und dies auch ohne lauten „Applaus“ seitens ihrer Kundschaft. Bei der Arbeit mit Menschen ist das anders. Was man ihnen rät, empfiehlt, erklärt, zutraut, vorschlägt etc. kann bei einem ihrer Ohren hinein- und beim zweiten Ohr wieder hinausgehen. Es kann ohne jeglichen Nachhall verpuffen. Dies ist ein wichtiger Schutz vor Manipulationen; und es ist schlimm, wenn dieser Schutz ausgehebelt wird, etwa bei Massensuggestionen, wie sie von politischen Führern oder Sektenführern angezettelt werden. Dies ist aber auch ein Frustrationsanlass für all jene, die „es besser wissen“, und zwar im wahrsten Sinne des Wortes, und deren „besseres Wissen“ widerständig oder gleichgültig ignoriert wird.

Trotzdem bin ich überzeugt, dass die Arbeit mit Menschen, wenn Herz und Hirn gleichermaßen daran beteiligt sind, äußerst selten ganz ohne Nachhall bleibt. Gute Worte nisten sich in einem versteckten Winkel der Seele ein und warten dort auf den entscheidenden Moment ihrer Wiedererweckung. Es können Jahre vergehen, und die guten Worte wurzeln immer noch in ihrem verborgenen Winkel. Das geistig Unbewusste des Menschen hat sie gespeichert und kann sie in die Bewusstheit zurückschicken, wenn ihre Zeit gekommen ist. Wenn ihre „Stimmigkeit“ plötzlich akut wird. Das Beispiel von dem 23-jährigen Mann, der an dem Sprachfehler litt, verdeutlicht dies perfekt. *Einem* Topsatz ist es gelungen, in die erlöschende Bewusstheit des Mannes vorzudringen und seine Hand zum Alarmruf zu dirigieren!

Bedenken wir weiter: Hätte er während seines Spitalaufenthaltes nicht nach mir verlangt, hätte ich nichts von seinem Beinahe-Suizid erfahren. Nur – was macht das schon aus? Ich hätte vielleicht gedacht, alle meine Bemühungen um ihn wären gescheitert. Aber darauf, was ich gedacht hätte, kommt es doch gar nicht an. Ich war bei der gesamten Szene bedeutungslos! Die „Botschaft" hat den Mann gerettet, egal, welcher „Botschafter" sie überbracht hat. Die „Botschaft" hat ihren heilenden Auftrag erfüllt. Es ist deshalb ein Fehler, sich von einer kurzfristigen oder scheinbaren Erfolglosigkeit im Beratungsgespräch irritieren zu lassen. Wer an *dem Credo* festhält, dass nichts umsonst ist, was man mit lauteren Absichten und ehrlichem Bemühen in einen Menschen investiert, der brennt nicht aus.

Beispiel 17

Ähnlich wie mit dem jungen Mann erging es mir mit Heike, die es mir erlaubt hat, ihren Vornamen zu nennen, und die einst strahlte, ihre Kurzvita in einem Buch veröffentlicht zu sehen. Sie ist in einem Kinderheim aufgewachsen. Ihr Vater war unbekannt. Sie hatte noch eine Mutter und eine Großmutter, die sich beide kaum je um sie gekümmert haben. Aus der 8. Schulklasse ist sie mit schlechten Noten entlassen worden und konnte im Berufsleben nicht Fuß fassen. Bei drei Lehrstellen ist sie kurz nach ihrem Antritt hinausgeflogen, weil sie aus Angst vor den Anforderungen Schmerzen und Ohnmacht vorschob, um ins Heim entwischen zu können. Sie fand keine Lehrstelle mehr, begann zu lügen und sich auf den Straßen herumzutreiben, flüchtete in eine Traumwelt und war in Gefahr, bei Prostitution zu landen. Auch die Gespräche mit mir, die der Direktor des Kinderheimes angeregt hatte, änderten nichts an ihrem Gehabe. Ich appellierte an ihre Eigenverantwortlichkeit, vergebens. Ich trainierte sie in Methoden, um Anfangsschwierigkeiten und Jobängste zu überwinden, vergebens.

Sie war außerordentlich anhänglich, setzte aber nichts von dem um, was wir besprachen. Während eines Urlaubs von mir geriet sie auf die schiefe Bahn und unser Kontakt riss ab.

Deshalb war mein Erstaunen groß, als ich Monate später einen Brief von ihr erhielt. Dass sie sich aufgerafft hatte, mir zu schreiben, war schon ein kleines Wunder. Doch das eigentliche Wunder stand in ihren Zeilen:

„... Ich möchte mich entschuldigen, dass ich mich so lange nicht gemeldet habe ... Ich habe jetzt eine dufte Arbeitsstelle. Es ist so schön dort! Liebe Frau Lukas, endlich habe ich das Richtige für mich gefunden. Ja, ich habe es geschafft. Ich arbeite schon drei Monate in meiner Arbeitsstelle und bin sehr froh darüber ... Sie haben mir einmal einen so guten Trick verraten. Ich war manchmal in tiefsten Streitereien, dann habe ich Ihren Trick ausprobiert. Und das hat mir geholfen. Wirklich! Sie haben mir so viel geholfen. Dafür bin ich dankbar. Ihren Talisman, den Sie mir einmal geschenkt haben, habe ich immer in der Arbeit dabei. Er hilft mir, wenn ich ihn brauche ... Ich hoffe, wir können uns bald wieder unterhalten ... Ihre Heike“

Klar haben wir uns wieder „unterhalten“. Zwar gab es danach noch einiges Auf und Ab, aber Heike mauserte sich zu einem tüchtigen Persönchen.

Ist es nicht sagenhaft, welches Potential im Menschen steckt? Ein Heimkind, das niemals ein liebevolles Elternhaus kennengelernt hat, hat sich wie Münchhausen am eigenen Schopf aus dem Sumpf gezogen! Wenn unsere kurze Interimsbeziehung eine Winzigkeit dabei „mitgezogen“ hat, schmälert dies nicht das Verdienst des Mädchens. Und hätte sie mir keinen Brief geschrieben und hätte ich nichts von ihrer weiteren Laufbahn geahnt, wäre ihr Verdienst genauso großartig gewesen. *Wir müssen nicht wissen, wo und wann unsere guten Worte (oder Taten) Heilsames bewirken* – wir müssen sie nur aussenden, und basta.

Der Böse-Eltern-Komplex

Nicht FORT sollt ihr euch entwickeln, sondern HINAUF!

Friedrich Nietzsche

Beispiel 18

Eine 18-Jährige, die soeben volljährig geworden war, wurde vom Frauenarzt zur Schwangerschaftskonfliktberatung an mich überwiesen. Sie kam mit hängenden Schultern, den Blick auf den Boden geheftet, schleppenden Ganges zur Türe herein. Als sie am Tisch saß, begann sie herumzustottern, die schweißnassen Hände ununterbrochen in Bewegung. Die Gründe für die gewünschte Abtreibung seien, dass sie sich der Erziehung eines Kindes nicht gewachsen fühle. Sie habe Angst vor dieser Aufgabe, sei sehr unselbständig und wisse nicht, wie es weitergehen solle.

Ich schaltete das milde Licht einer Stehlampe ein und ließ sie reden, um mir ein erstes Bild von ihr zu machen. Allmählich hob sie den Kopf, wagte hie und da einen Blick in meine Augen und sprach flüssiger. Was sie aber sprach, war nicht nach meinem Geschmack. „Meine Eltern haben mich total unfrei erzogen", jammerte sie. „Sie haben mir stets alle Verpflichtungen abgenommen, und jetzt, da ich erwachsen bin, traue ich mich an nichts heran und finde mich nirgends zurecht. Sie haben immer das kleine

Kind in mir gesehen, und ich habe ihnen auch brav gefolgt und mich von ihnen verwöhnen lassen. Jetzt kann ich mich nicht entscheiden, wenn mir nicht jemand sagt, was ich zu tun habe. Meine Eltern sind an meiner Misere schuld."

Nun, vielleicht sind Erziehungsfehler begangen worden. Es ist wahrscheinlich, dass die Eltern dieser jungen Frau überbehütend gewesen sind und demzufolge das Mädchen in einer gewissen Abhängigkeit gehalten haben. Sicher kann man das allerdings allein aufgrund der subjektiven Schilderung einer Person nicht wissen, denn Eltern werden gerne als Ausrede und Sündenböcke für eigene Schwächen benützt. Wie dem auch sei, eines war sicher: Wenn sich die junge Frau nicht in einem aktiven Selbstentwicklungsprozess von ihrer jugendlichen Verwöhntheit distanzieren würde, wenn sie sich ein Leben lang als unselbständig und unfähig einstufen würde, dann würde sie in ihrem regressiven Stadium stecken bleiben und auch mit 50 Jahren noch nicht wesentlich gefestigter sein. Und ihr Körper spielte bereits mit! Der gesenkte Blick, die schweißnassen Hände, die fahrige Unsicherheit ihrer Bewegungen, das ganze neurotische Reaktionsmuster mit allen vegetativen Spielarten etablierten sich auf der Grundlage ihrer infantilen Klage und Anklage.

Bald war der Punkt in unserem Gespräch erreicht, an dem ich nicht mehr ruhig zuhören durfte, sondern ihr die Augen für eine angemessene Sicht zu öffnen hatte. Ich wagte es, sie ein wenig aufzurütteln. „Sie berufen sich auf eine anerzogene Unselbständigkeit und Hilflosigkeit gegenüber den Anforderungen des Lebens", begann ich. „Sollen wir gemeinsam diese Ihre Unselbständigkeit unterstützen? Sollen wir sie fokussieren, damit sie sich noch mehr aufbläht und Ihre sämtlichen Ziele und Chancen durchkreuzt? Freilich können wir stundenlang darüber spekulieren, was die Wurzeln Ihres Übels sind, und Sie werden sich Ihrer Schwäche umso bewusster sein, je mehr wir fündig werden. Danach opfern Sie Ihr ungeborenes Kind und bestätigen sich damit, dass Sie tatsächlich unfähig sind, mit den Anforderungen des Lebens fertigzuwerden. Eine Bestätigung, die endgültig ist ... Wie aber wird Ihr weiterer Lebensweg aussehen, wenn Sie allen Schwierigkeiten ausweichen, nur weil Sie sich ihnen nicht gewachsen fühlen?" Sie dachte nach und kam zu dem Schluss, dass Ausweichen keine langfristige Lösung sei. „Ich möchte nicht unfähig sein", flüsterte sie weinerlich.

Wir haben eine weitere Stunde miteinander geplaudert, zunehmend ohne schweißnasse Hände und gesenkten Blick ihrerseits, sondern als zwei mündige Menschen. „Warum haben Ihre Eltern Sie stets umsorgt?", fragte ich sie, und sie gestand ein, dass es wohl aus (falsch verstandener?) Liebe geschehen war. „Wenn Sie bei Eltern groß geworden sind, die Sie geliebt haben, dann haben Sie ein ausgezeichnetes Fundament für Ihr eigenes Sozialverhalten, denn dann können auch Sie lieben; und das ist zunächst alles, was Ihr Baby brauchen wird", sagte ich zu ihr. „Das Einzige, was Sie noch dazulernen müssen, ist, Verantwortung zu tragen, nämlich Verantwortung für sich selbst und für Ihnen anvertraute und nahestehende Personen. Verantwortung aber lässt sich nicht einfach abschieben, auf die Eltern, auf besondere Umstände – ohne dass ein seelisches Unbehagen zurückbleibt. Aus jeder verantwortungsvollen Entscheidung, die Sie treffen, erwächst Ihnen gleichzeitig die Kraft, sie durchzuhalten. Wenn Sie hingegen eine leichtfertige Entscheidung treffen, nur weil diese im Moment am bequemsten erscheint, verlieren Sie an Kraft."

So und ähnlich klärte ich die junge Frau auf. Am Ende unseres Gesprächs nahm sie von dem geplanten Schwangerschaftsabbruch Abstand. Ich lud sie zu einem mehrwöchigen Selbständigkeitstraining ein, das sie gerne annahm. Im Zuge dieses Trainings beschrieb sie mir später, wie sie ihr Leben als alleinerziehende Mutter zu managen gedachte. Sie wolle sich halbtags einer begonnenen Ausbildung und die restliche Zeit ihrem Kinde widmen. Auf meine Frage, wer das Kind während ihrer Ausbildungszeit beaufsichtigen solle, hieß es: „Meine Eltern." Auf meine Frage, wer während ihrer Ausbildungszeit für ihren Unterhalt aufkommen solle, hieß es: „Meine Eltern." Sanft erinnerte ich sie daran, dass sie ihren Eltern doch allerhand nachtrage und insbesondere deren Erziehungsstil anprangere, woraufhin sie schmunzelnd abwinkte. So arg sei es auch wieder nicht. Ihre Eltern würden immer zu ihr halten, und dafür sei sie dankbar ...

***

Manche Menschen züchten in sich einen „Böse-Eltern-Komplex", das heißt, sie deklarieren ihre Eltern zu den Alleinverursachern des eigenen verpfuschten Lebens. Man kann den traditionellen Psychotherapie-Konzepten den Vorwurf nicht ersparen, dabei reichlich „Öl ins Feuer gegossen zu haben". Jahrzehntelang wurde die Entstehung seelischer Krankheiten vorwiegend zulasten der Eltern und insbesondere der Mütter gedeutet. Einmal waren diese zu streng und zu leistungsbezogen gewesen, zu bestimmend und zu autoritär, einmal waren sie zu wenig lobend und zu indifferent gewesen, einmal waren sie zu ängstlich, zu unsicher oder zu inkonsequent gewesen, einmal haben sie nicht genug Körperkontakt gepflegt, nicht genug gestreichelt, gescherzt, und so fort. Dazu kam eine Überfülle von widersprüchlicher psychologischer Literatur, deren Hauptakzent im Aufzeigen von verheerenden Folgen elterlichen Fehlverhaltens bestand. Daher ist es kein Wunder, dass die junge Generation anfällig wurde für pauschale Schuldabwälzungen auf ihre Erzeuger.

Damit will ich selbstverständlich keine echte Brutalität, Kindesmisshandlung, Kindesvernachlässigung und Kindesablehnung verniedlichen oder gar rechtfertigen. Es gibt scheußliche Gräueltaten in Familien und eindeutig schädliche Milieus für den Nachwuchs. Ich selbst habe gelegentlich per Gerichtsgutachten empfehlen müssen, Eltern das Sorgerecht für ihre Kinder zu entziehen bzw. die Kinder aus ihrer Obhut zu entfernen. Aus dem Nest gefallene Kinder wie „Heike" haben wahrhaftig einen holprigen Start ins Leben. Aber man darf nicht vergessen, dass diese Fälle die traurigen Ausnahmen sind. Die meisten Eltern bringen unzählige Opfer für ihre Kinder, kümmern sich pflichtbewusst um sie, sind ihnen in inniger Zuneigung verbunden, wachen an ihrem Krankenbett und bangen um ihre Zukunft. Insbesondere die Mütter, die heutzutage häufig im Spannungsfeld zwischen Familie und Beruf jonglieren müssen, nehmen ohne zu zögern Mehrfachbelastungen auf sich, um noch genug Zeit für ihre Kinder zu erübrigen. Das alles kann man nicht einfach beiseitefegen und nur jene Momente hochspielen, in denen Eltern irren oder unter Stress falsch reagieren.

Außerdem erleichtert es Patienten nicht, wenn sie sich zu „verdorbenen Erziehungsprodukten" abstempeln. Im Gegenteil, sie schlagen sich damit die Türen möglicher Weiterentwicklung zu. Unvergleichlich ermutigender ist es, wenn sie verstehen, dass sie selbst etwas zu ihrem Erwachsenenleben beitragen können und müssen. Jeder bringt ein unterschiedliches Paket an Vorgaben mit. Das Paket des einen ist gut bestückt, das des anderen ist dürftig ausgestattet. Dennoch ist das Gelingen bzw. Misslingen des Lebens deswegen nicht vorprogrammiert. Man kann auch bei idealen Ausgangsbedingungen im Kreise laufen – und bei barbarischen Ausgangsbedingungen einen prächtigen Aufstieg schaffen. Es ist jungen Menschen gegenüber nicht oft genug zu betonen, wie sehr *und immer noch* sie es selbst in der Hand haben, ihrem Leben eine Richtung zu geben, zum Schlechten wie zum Guten ... und dass sie milde urteilen mögen über Vater und Mutter, solange sie nicht unter Beweis gestellt haben, dass sie es bei ihren eigenen Kindern wirklich besser machen als dereinst ihr Vater und ihre Mutter!

Gesunder Trotz

> Was brauche ich, um das Leben auszuhalten? – Ich halte alles aus, wenn ich weiß, dass das Leben mich braucht.
>
> *Elisabeth Lukas*

Beispiel 19

Eine Mutter kam zu mir wegen ihrer Tochter Ch. Sie habe Erziehungsschwierigkeiten, weil Ch. ihr kaum mehr gehorche, sie auslache und ihre Ängstlichkeit verspotte. Es gab eine besondere Vorgeschichte:

Vor Jahren hatte die Mutter mit ihrer Tochter geturnt und dabei einen akrobatischen Überschlag mit ihr ausprobiert. Unglücklicherweise hatte sich das Mädchen dabei die Wirbelsäule verrenkt; eine Wirbelspitze wurde angebrochen. Ch. hatte wochenlang unter Schmerzen gelitten und eine enge Bandage tragen müssen, bis die Beschwerden endlich abgeklungen waren. Aufgrund dieses Vorfalls hatte die schockierte Mutter eine Angststörung entwickelt. Sie wagte es kaum mehr, das Kind anzurühren, sie ertrug es nicht, es Rad fahren zu lassen, und sie geriet in helle Aufregung, wenn ihre Tochter nur um wenige Minuten verspätet aus der Schule heimkehrte. Es war unvermeidlich, dass sich die Situation in der Familie zuspitzte.

Anderthalb Jahre lang war die Mutter wegen ihrer Angststörung bereits in psychotherapeutischer Behandlung gewesen. Als sie ihrem Therapeuten von den Schwierigkeiten mit der mittlerweile pubertierenden Ch. erzählt hatte, hatte er sich für nicht zuständig erklärt. Erziehungsfragen fielen nicht in sein Ressort. Statt der Mutter einen vernünftigen Rat zu geben, hatte er in ihrer eigenen frühesten Kindheit nach verdrängten Traumen gewühlt, die ihre Angstneigung erzeugt haben könnten. In ihrer Not war sie zu mir gekommen.

Ich schüttelte stillschweigend den Kopf und informierte die Mutter darüber, dass ich die Dinge anders sähe als der Kollege. Ihre Überängstlichkeit sei das durchaus verständliche Resultat jenes alten Unfalls und zugleich Auslösefaktor für die gegenwärtigen Unstimmigkeiten mit ihrer Tochter, weshalb beides miteinander behandelt gehörte. So wie ihre Tochter den Unglücksfall körperlich überwunden habe, so gelte es jetzt für die Mutter, ihn seelisch zu überwinden. Dann werde beiden geholfen sein.

Die Mutter seufzte erleichtert und fragte, was sie tun solle. Ich legte ihr dar, dass sie zwar eine übermächtige Angst um ihre Tochter *habe*, dass sie aber diese Angst nicht *sei*. Mehr noch: Sie müsse ihrer Angst nicht gehorchen, denn in ihren Handlungen sei sie frei. Wenn sie ein starkes Motiv habe, könne sie sich sogar *gegen* ihre Angst entscheiden. Sie könne zum Beispiel dem Kind erlauben, Rad zu fahren. Wenn sie dann zu Hause von ihrer Angst geschüttelt werde, könne sie zu sich selbst sagen: „Ja, das ist lästig. Aber ich habe Ch. trotzdem Rad fahren lassen, weil ich sie liebe und nicht unterdrücken möchte." Auf eine solche Handlung könne sie stolz sein, denn es sei eine umso beachtlichere Leistung, ein Angstgefühl zu boykottieren, je intensiver dieses ist. Vielleicht wären bald auch ihr Mann und ihre Tochter auf sie stolz. Jedenfalls würde das Verlacht- und Verspottetwerden in der Familie aufhören. Im Übrigen möge sie bedenken, dass sich Kinder allerlei von ihren Eltern abschauen. Und es sei ein Unterschied, ob sie lernen, dass man vor unangemessenen Gefühlen kapitulieren muss, oder ob sie anhand eines beeindruckenden Vorbildes lernen, dass man trotz starker Affekte die Kontrolle über sich selbst behalten kann.

Der Mutter leuchteten meine Argumente ein und sie bemühte sich, sie im Alltag umzusetzen. Dabei machte sie eine erstaunliche Erfahrung. Die sonst kratzbürstige Tochter anerkannte ihren guten Willen und rief sie während der nunmehr gestatteten Radtouren jede halbe Stunde freiwillig an, um ihr zu versichern, dass sie „noch am Leben sei". Das rührte die Mutter so sehr, dass sie der Tochter heroisch mitteilte, sie verzichte künftig auf derlei „Beruhigungsspritzen per Handy" und vertraue einfach auf ihre gesunde Rückkehr, woraufhin Ch. jubelte: „Mama, du bist ja wieder völlig normal!"

Bald zeichnete sich die nächste Hürde am Horizont des Familienfriedens ab. Ch. äußerte an ihrem 16. Geburtstag den Wunsch, reiten zu lernen, einen Wunsch, der beim Vater, der selbst in seiner Jugend begeisterter Reiter gewesen war, auf offene Ohren stieß. Die Mutter erschien tränenüberströmt bei mir. „Sie kann doch vom Pferd stürzen und sich das Genick brechen, oder wollen Sie dies bestreiten?" Flehend sah sie mich an. Ich stimmte ihr zu. „Ja, sie kann einen Unfall haben. Wenn sie reitet, wenn sie eine Straße überquert, wenn sie ein Flugzeug besteigt, wenn sie in einem See hinausschwimmt, wenn sie auf einem Snowboard über eine Skipiste saust, wenn sie ein Möbelstück umstellt, wenn sie Fenster putzt, wenn sie Brot schneidet, wenn sie Feuer am Grill entzündet ..." Die Mutter senkte den Kopf. „Ich halte es nicht aus", wimmerte sie. „Die Frage ist, was Ihre Tochter aushält", korrigierte ich ihren Gedankengang. „Ob sie es aushält, ununterbrochen auf etwaiges Unheil hin beobachtet zu werden. Ob sie es aushält, dass jemand Heilsgarantien von ihr einfordert, die sie nicht geben kann. Leben heißt, sich exponieren. Nur ein Toter ist vor jedem Unheil geschützt. Die Frage ist also, ob sich Ihre Tochter mit Freude und Hoffnung ins Leben stürzen darf oder sich neben dem Schoß der Mutter verkriechen muss, bis sie auszieht ..."

Die Mutter fasste einen Entschluss. „Ich bringe sie zur Reitschule", sagte sie und hob ruckartig den Kopf. „Ich weiß, dass mir ganz übel sein wird bei dem Gedanken, dass das Pferd mit ihr losgaloppieren und sie abwerfen könnte, und ich werde Ch. auch nicht vormachen, dass mir wohl dabei wäre, aber sie soll wissen, dass meine Liebe zu ihr größer ist als meine Angst, und dass ich um dieser Liebe willen die Fahrt mit ihr unternehme." – Kein Sieg ist so grandios wie der Sieg über sich selbst! Ich gratulierte ihr von Herzen.

Heute denke ich noch gerne an diese Mutter zurück. Ich habe sie insgesamt drei Jahre lang begleiten dürfen, in immer länger werdenden Gesprächsintervallen. Ihre übermäßigen Ängste verloren sich und ihr Unternehmungsgeist flammte auf. Nachdem ihr Mann eine eigene Firma gegründet hatte, ließ sie sich in sein Fachgebiet einschulen, um ihm assistieren zu können. Die Tochter entwickelte sich zu einer athletischen jungen Frau, die in ihrer Freizeit ausritt, Tennis spielte und Flamenco tanzte. Sie legte ihr Abitur mit guten Noten ab und begann ein Studium der Sozialpädagogik.

Der einstige Turnunfall aber blieb „begraben", wo er hingehörte: in der Vergangenheit. Jegliches „Spuken in der Gegenwart" haben wir ihm gründlich abgewöhnt.

***

Die obige Fallgeschichte habe ich seinerzeit in einem Fortbildungsseminar für Psychologen vorgestellt. Ich wollte mit ihr demonstrieren, welche enormen Kräfte sogar in überängstlichen Menschen verborgen sind, wenn sie nur um ein Wozu wissen, das es wert ist, ihre Angstbarrieren zu überspringen. Daraufhin entbrannte eine merkwürdige Diskussion darüber, ob die Mutter ihre Tochter überhaupt geliebt habe. Einer der Teilnehmer meinte wortwörtlich: „Wahrscheinlich hat Ihre Patientin das Kind von Geburt an abgelehnt. Sie hat es gehasst, hat sich aber ihren Hass nicht eingestanden. Der Turnunfall war ein unbewusster und unbeholfener Versuch der Mutter, ihr Kind loszuwerden, oder jedenfalls ihren Ärger über das Vorhandensein des Kindes auszudrücken. Auch später war all ihr Zittern, ihrer Ch. könne Schlimmes geschehen, Zeichen dafür, dass sie ihr heimlich den Tod wünschte, was sie vehement aus ihrem Bewusstsein wegschieben wollte."

Na, da klafften unsere Meinungen aber meilenweit auseinander! Ich fragte den Teilnehmer, wie *er* denn die Patientin von ihren Ängsten kuriert hätte. Für ihn war alles sonnenklar. Er hätte sie mit ihren versteckten Aggressionen gegen das Kind konfrontiert und sie eingeladen, diese „harmlos“ abzureagieren, indem sie Geschirr zerbrochen oder Sand gegen Wände geschleudert hätte. Mit der Zeit hätte sie ihre Ängste nicht mehr als Schutzschild gegen verdrängte Aggressionen „gebraucht“.

In meiner Phantasie malte ich mir aus, wie es meiner Patientin bei einer solchen Behandlung ergangen wäre. Ich fürchte, die (unbewiesene) Hypothese von ihrem heimlichen Groll gegen die Tochter hätte ihr den Rest an seelischer Stabilität geraubt. Dass ihr Angstpegel daraufhin gesunken wäre, wage ich zu bezweifeln. Meiner Einschätzung nach hätten sich ihr Zustand und die gesamte familiäre Situation drastisch verschlechtert.

In den 1960er- bis 1980er-Jahren hat das Schlagwort vom „unerwünschten Kind“ seine Runde durch die Lehrbücher der Entwicklungspsychologie gedreht. Man glaubte, damit einen Schlüssel gefunden zu haben, der menschliches Versagen grunderklärt. Dabei wurde vergessen, dass in der Realität der „Vorantibabypillenzeit“ nur ca. 10 bis 20 Prozent aller Neugeborenen ursprünglich geplant und ersehnt gewesen sind, und dennoch ca. 90 bis 95 Prozent aller Neugeborenen von ihren Eltern später in inniger Zuneigung angenommen worden sind. Frischgebackene Väter und Mütter können schließlich in die Liebe zu ihrem Kind hineinwachsen, auch wenn sie während der vorgeburtlichen Zeit des Kindes ihre Zweifel gehabt haben, was im Übrigen nichts Verwerfliches ist.

Zum Schlagwort vom „unerwünschten Kind“ gesellte sich damals noch die abstruse Theorie, dass gewisse Eltern die Ablehnung ihres Kindes überkompensieren, indem sie besonders nett zu ihrem Kinde sind. Benehmen sie sich also kühl und distanziert, dann mögen sie ihr Kind offensichtlich nicht, und benehmen sie sich warmherzig und liebevoll, dann verbergen und überspielen sie damit einen unbewussten Hass. Was soll man zu so viel Nonsens sagen? Man kann dem vorhin zitierten Seminarteilnehmer nicht einmal einen Vorwurf machen; er hat bloß die alten Lehrbücher sorgfältig studiert! Aber nicht jede psychologische Theorie stimmt, und so manche wird heute bereits als Kuriosität auf dem Antiquitätenmarkt einer jungen Wissenschaft gehandelt, die immer wieder neu zur Kenntnis nehmen muss, dass die menschliche Seele ein „weites Land“ ist, das sich nicht auf einfache Weise ausschreiten lässt.

Fazit: Man lasse sich nichts einreden, was gegen das eigene Gewissen oder gegen den gesunden Menschenverstand spricht. Sei es, dass es die Stimme einer überproportionalen Angst ist, die einem etwas einreden will, sei es, dass die „Einredung“ von quasikompetenter Stelle, das heißt, im Namen eines gerade aktuellen Wissenschaftsstandes, erfolgt. Die Fortschritte von heute sind nun einmal die Irrtümer von gestern.

Die „naive Fragetechnik“

In der Gesprächspsychotherapie (nach Carl Rogers, Reinhard Tausch) ist es Usus, hauptsächlich eine stimulierende Situation zu schaffen, um den Patienten zum Reden zu bringen. Das kann man durch schweigendes Abwarten erreichen oder durch Spiegeln und Nachformulieren der Äußerungen des Patienten. Jemand sagt zum Beispiel: „Ich bin außer mir vor Zorn ...“ Der Therapeut wartet auf nähere Erklärungen und fragt, wenn solche ausbleiben, zurück: „In Ihnen herrscht also ein Gefühl des Zorns vor?“ Das ermutigt den Patienten, in seinen Äußerungen fortzufahren und die Gründe seines Zorns darzulegen. Er merkt, er wird nicht kritisiert, und glaubt, dass der Therapeut ihn versteht. Daher wagt er es, sich noch einen Spalt breiter zu öffnen.

Diese Methode ist während der Anfangs- und „Aufwärmphase“ eines therapeutischen Dialogs durchaus brauchbar, hat aber ihre Grenzen. Vor allem die Rückspiegelungen werden von Patienten schnell durchschaut und eher als kindisch verworfen. Wenn jemand klagt, dass er seines Lebens müde sei, und man wiederholt: „Sie haben also wenig Lust zu leben?“, wird das nicht als Hilfe empfunden. Eines ist jedoch richtig: Direkte Ratschläge schrecken Patienten mitunter ab. Sie wollen sich nicht von Fremden vorschreiben lassen, was sie zu tun haben. Und das sollen sie auch nicht. Ihre eigene Weisheit und Erkenntnis mögen sie leiten. Ihr eigenes Verantwortungsbewusstsein möge ihre Wegmarkierung sein. Folglich verwendet man oft indirekte Beratungstaktiken, um sie auf ihren Weg zu bringen, wobei Frankl den „Sokratischen Dialog“ bevorzugt hat. Eine Variante davon ist die „naive Fragetechnik“ (Lukas). Sie hat sich bewährt, wenn die Vorhaben, Pläne oder Überzeugungen eines Patienten nebulös bis krass negativ sind, er aber großen Widerstand dagegen hegt, sie abzulegen. Manche Menschen verteidigen ihre Fehlkonzepte mit Vehemenz, weil sie sich anderenfalls eingestehen müssten, lange Zeit in einem Irrtum befangen gewesen zu sein, was niemand gerne zugibt, am wenigsten gerne vor sich selbst. Irrtumseinsicht nagt am Selbstbild.

Auch kommt es vor, dass Patienten sich eigentlich nur aussprechen wollen und keine Korrektur, sondern eine Bestätigung ihrer Ansichten und ihrer prekären Lagen wünschen. Manche werden sogar aggressiv, wenn man Korrekturmöglichkeiten offeriert, statt die Patienten simpel zu bedauern. Sie widersprechen dann heftig und verteidigen gleichsam ihre prekäre Lage als „unabwendbar notwendig“. Oder sie schieben einen Buhmann vor, der an ihrer Malaise schuld ist, und den weder sie noch der Berater eliminieren können.

Bei der „naiven Fragetechnik“ werden nun zwei Elemente kombiniert: ein Element aus der Gesprächspsychotherapie, nämlich die Rückspiegelung, und ein Element aus der Logotherapie, nämlich die Handhabung von Paradoxien[7]. Die Vorgangsweise besteht darin, dass man die negativen und ungesunden Einstellungen des Patienten zunächst (scheinbar) bejaht und in allen Konsequenzen rückspiegelt. Das fordert den auf Widerspruch gepolten Patienten heraus, *ihnen* zu widersprechen. Er widerspricht dann seinen eigenen vorgeschobenen Behauptungen, was ein Aha-Erlebnis bei ihm anstößt, das ihn für Korrekturmodelle empfänglich macht. Wenn der Therapeut dabei „dick aufträgt“ und die Fehlmeinungen des Patienten eine Nuance lächerlich klingen lässt, gelingt die Distanzierung des Patienten von seinen eigenen negativen (und nunmehr etwas verzerrt dargestellten) Fehlmeinungen umso besser. In der Mischung mit Humor, mitmenschlichem Gespür und perfekter Einschätzung von geistigen Feedback-Prozessen ist diese logotherapeutische Komposition ertragreicher als jedwede kluge Belehrung, die auch angebracht wäre.

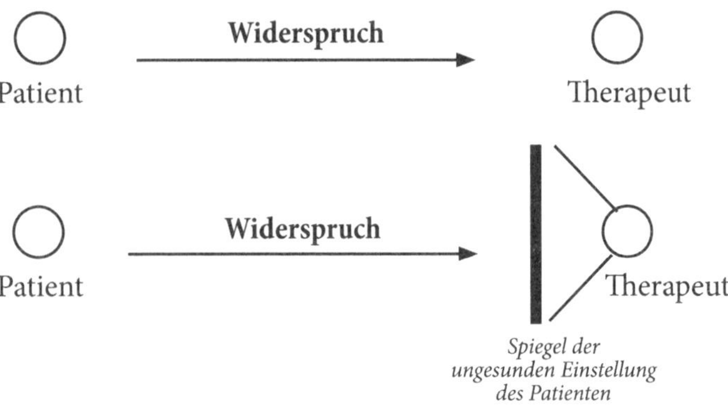

In dem im folgenden Kapitel vorgestellten Fallbeispiel startete die angewandte „naive Fragetechnik" mit der Frage: „Das war gewiss sehr schön für Sie?" Eine absurde Frage, weil die ratsuchende Frau soeben ihre Kindheitsqualen ausgebreitet hatte. Dennoch wurde diese „naive Frage" zum Startschuss für ein mütterliches Umdenken.

Was hätte man alternativ unternehmen können? Ein Psychoanalytiker hätte sich vermutlich in die Vergangenheit der Frau begeben, um Ursachen ihrer Neurotisierung aufzudecken. Ihre Fixierung hätte er als Symptom einer seelischen Störung deklariert. Ob das dem Buben der Frau genützt hätte? Wohl kaum. Ein Verhaltenstherapeut hätte sich auf die Vergangenheit der Frau nicht eingelassen, sondern daran angesetzt, dass ihre Erwartungsschritte für ihr Kind zu groß waren. Das entsprach den realen Fakten, aber hätte es die Frau zu einer freiwilligen Reduzierung ihrer Erwartungen motiviert? Ich fürchte, nein, denn desgleichen hatte sie schon zu oft gehört. Das war ja das Problem ihres Widerstandes.

Nach logotherapeutischer Methodik wurde exakt dieser Widerstand ins „Lächerliche" gezogen, dafür aber wurde etwas anderes sehr ernst genommen, nämlich ihre Liebe zum Kind. Wo immer Liebe ist, ist der Sieg der Liebe nicht weit weg (man denke nur an die tapfere Mutter von Ch.).

Lernen! Lernen!

Eine Wahrheit kann erst wirken, wenn der Empfänger für sie reif ist.

Christian Morgenstern

Beispiel 20

Eine alleinstehende, nicht berufstätige Mutter, die von der Witwen- und Waisenrente lebte, kam zu mir wegen ihres 8,5-jährigen Sohnes R. Das Kind hatte erhebliche Schulschwierigkeiten. Es war aus der ersten Klasse Volksschule wegen mangelnder Schulreife wieder ausgeschult worden, hatte die erste Klasse ein Jahr später durchlaufen und besuchte mittlerweile die zweite Klasse. Sein EEG (Ableitung der Hirnstrompotentiale) war minimal auffällig. Ich untersuchte das Kind psychologisch und fand Begabungswerte zwischen Normalschul- und Sonderschulniveau. Es lagen Rückstände in den Bereichen Sprachentwicklung, visuelle Merkfähigkeit und Konzentrationsfähigkeit vor.

Die Mutter versuchte mit allen Mitteln, bessere Schulleistungen des Kindes zu erzwingen. Sie übte mit ihm täglich den ganzen Nachmittag und oft noch abends, obwohl das Kind sich weigerte, Wutanfälle produzierte, Aufgaben unterschlug und in jeder Form der Überforderungs- und Drucksituation zu entkommen trachtete. Das Thema „Schule" war ihm zum Alptraum geworden. Nach Ansicht seiner Lehrerin sollte eine Umschulung in eine Sonderschule für Lernbehinderte erwogen werden.

Die Mutter erschien voller Widerspruchsgeist bei mir. Sie war allergisch gegen den oft gehörten Rat, dem Kind mehr Freiheit zu gewähren. Das nachstehende Gesprächsfragment stammt von einer Tonbandaufnahme unseres Gesprächs:

Mutter: Sie können doch nicht behaupten, dass ich es nicht gut mit meinem R. meine. Einmal wird er schon begreifen, dass er lernen muss, dass es nur zu seinem Besten ist. Was soll denn aus ihm werden, wenn er in die Sonderschule muss, können Sie mir das sagen? Wo kriegt er dann eine Lehrstelle? Wer nimmt heute noch Sonderschüler auf? Und was er dort für Klassenkameraden hätte – da lernt er nichts Brauchbares!

Ich: Ich verstehe Sie sehr gut. Dass Sie sich um R. sorgen, zeigt nur, dass Sie eine liebende Mutter sind, so, wie eine Mutter sein soll.

Mutter: Ich kann doch nicht zuschauen, wie er mehr und mehr versagt. Er muss lernen! Er muss lernen!

Ich: Sie denken dabei an das Glück Ihres Kindes?

Mutter: Ja natürlich, nur an sein Glück, an nichts sonst!

Ich: (nach einer Pause) Sagen Sie, können Sie sich noch an Ihre eigene Kindheit erinnern? Wie war das denn bei Ihnen? Haben Sie leicht gelernt?

Mutter: Nun ... auch nicht. Besonders mit der Rechtschreibung habe ich gekämpft, aber ich musste sie trotzdem erlernen. Die vielen Diktate ... mir läuft es heute noch kalt über den Rücken ...

Ich: Mussten Sie in der Schule so viele Diktate schreiben?

Mutter: Nein, aber meine Mutter war sehr streng. Sie war gleich mit dem Kochlöffel bei der Hand, da hieß es immer: Hinsetzen und üben! Es war damals nicht wie bei den Kindern heute, die andauernd vor dem Fernseher sitzen. Das gab es noch nicht.

Ich: Ihre Mutter war streng mit Ihnen. Hat sie auch Ihre Freizeit eingeschränkt?

Mutter: Eingeschränkt? Ich wusste gar nicht, was das ist! Meine Mutter war eine ehrgeizige Frau, die wollte aus mir eine Krankenschwester oder eine Beamtin machen, die hatte immer Pläne mit mir. Na ja, ich bin bloß Hausfrau und Mutter geworden. Sie hat es schon gut gemeint, meine Mutter, sie war nur sehr dominant, hat alles besser gewusst, hat alles vorgeschrieben, da durfte man nicht aufmucken. Wenn ich von der Schule heimkam, hat sie sich auf mich gestürzt, und dann hat es Diktate und Aufgaben gehagelt –

Ich: (naiv) Das war gewiss sehr schön für Sie?

Mutter: (überrascht) Schön? Wieso? Nein, überhaupt nicht. Wieso?

Ich: (naiv) Ich dachte nur, weil Sie es so ähnlich beim R. machen, und da Sie doch möchten, dass er eine schöne Kindheit hat –

Mutter: (stutzend) Sie meinen, ich mach es wie meine Mutter? Aber es muss ja etwas aus ihm werden! Er ist schließlich ein Junge!

Ich: Sagen Sie, wann war eigentlich die schönste Zeit Ihres Lebens?

Mutter: (nachdenklich) Wenn ich es recht bedenke, war es die Zeit, als ich jung verheiratet war. Das Kind war noch nicht da, von den Eltern war ich fortgezogen, mein Mann hat mir keine Vorschriften gemacht, hat mir den ganzen Haushalt überlassen. Ich hab zwar nicht viel Können mitgebracht, aber ich durfte langsam meine Erfahrungen sammeln, und wenn etwas schiefging, beim Kochen zum Beispiel, habe ich es eben nochmals probiert. Niemand hat mir mehr auf die Finger geklopft. In dieser Zeit, glaube ich, habe ich mich erst so richtig zu einer erwachsenen Frau entwickelt. Ja, das war meine schönste Zeit.

Ich: (naiv) Dann wird Ihr R. also noch ein paar Jahre warten müssen, bis seine schönste Zeit beginnt, nicht wahr?

Mutter: Der R.! Sie glauben, er fühlt sich so wie ich als Kind?

Ich: (naiv) Das weiß ich nicht. Sie kennen ihn besser als ich. Vielleicht fühlt er ganz anders als Sie. Vielleicht macht er sehr gerne alles, was ihm vorgeschrieben wird, und möchte gar keine selbständigen Erfahrungen sammeln, so wie Sie als junge Frau –

Mutter: Nein, nein, es stimmt schon, der Junge ist genau wie ich! Er leidet bestimmt auch darunter – (erschrocken) Glauben Sie denn, ich bin, wie meine Mutter war?

Ich: (naiv) Wie könnte das sein? Sie sagen doch, Sie wollen nur das Glück Ihres Kindes, während ich aus Ihrem Bericht heraushöre, dass Ihre Mutter Sie nicht gerade glücklich gemacht hat.

Mutter: Ja, ich will das Glück meines Kindes, aber ob das Kind das auch empfindet? Vielleicht mache ich es unglücklich und will nur sein Bestes? Sie haben mich ganz verwirrt. Kann es sein, dass mein R. die ganze Zeit unglücklich ist? Dass er erst aufatmen wird, wenn er von mir fortgezogen sein wird? O mein Gott! (schluchzt)

Ich: Es passiert vielen jungen Frauen, dass sie die Fehler ihrer eigenen Eltern begehen, obwohl sie selbst unter diesen Fehlern gelitten haben. Das kommt daher, weil ihnen nie jemand Hilfe bei der Erziehung angeboten hat. Deshalb orientieren sie sich an dem einzigen Beispiel, das sie je erlebt haben, nämlich dem Vorbild ihrer Eltern. Es ist aber schade, wenn sich die Erziehungsfehler von Generation zu Generation wiederholen. Wenn Sie zum Beispiel Ihren R. so unter Druck setzen, dass er am Ende gar nichts mehr selber machen will und kann; und wenn er wiederum später seine eigenen Kinder unter Druck setzen wird, weil er es nicht anders kennt, so dass auch sie versagen werden. Das ist wirklich schade. Jemand muss diese Unglückskette unterbrechen, und ich glaube, dass *Sie* das könnten! *Ich traue es Ihnen zu!* Mit ein wenig pädagogischer Anleitung und mit der großen Liebe, die Sie für Ihren Sohn fühlen, könnten Sie eine erstklassige Mutter sein, so dass Ihr R. als Erwachsener einmal sagen wird: „Meine schönste Zeit war meine Kindheit. Ich hatte zwar keinen Vater mehr, aber meine Mutter war eine verständnisvolle und gütige Frau. Sie war mein bester Kamerad!"

Mutter: Das möchte ich! Das möchte ich! Helfen Sie mir bitte! Ich will alles tun, was Sie mir empfehlen ...

Ich habe mit der Mutter ein gezieltes Förderprogramm erstellt, welches auch den nötigen Freizeit- und Spielraum für das Kind beinhaltete. Auch habe ich ihr die Bewältigung der täglichen Schulaufgaben-Situation im Detail erklärt. In relativ kurzer Zeit besserte sich die Konzentrationsfähigkeit des Kindes und aus dem notorischen Verweigerer wurde ein munteres Kerlchen. Die Umschulung in eine Sonderschule ließ sich zwar nicht verhindern, aber sie erfolgte mit der Option einer baldigen Rückführung des Kindes in die Normalschule. Die Mutter meisterte all dies mit Bravour.

***

Liebende Eltern sind geradezu eine Bastion jener wichtigen Personengruppe, die imstande ist, über ihren eigenen Nabel hinauszuschauen und Mitverantwortung für andere zu übernehmen. Allerdings sind die Gefühle der Eltern für ihre Kinder oft mit Sorgen belastet, und das mittlerweile nicht ganz ohne Berechtigung. Es sieht nicht einmal in unserer Wohlstandsgesellschaft danach aus, dass rosige Zeiten am Horizont heraufziehen werden. Die Zeichen stehen eher auf Sturm – globalen Ausmaßes. Umso drängender stellt sich die Frage nach der optimalen Mitgift an die junge Generation. Was wird sie zum Überleben benötigen? Wissen? Wissen ist nie verkehrt, aber vermutlich werden die Computer und Roboter die Menschen der Zukunft an Informationsspeicherkapazität derart überrunden, dass man sich schlichtweg auf sie verlassen wird (müssen). Was wird sonst noch benötigt werden? Ich möchte eine Prognose wagen, indem ich drei Überlebensressourcen aufzähle. Die Menschen des fortschreitenden 21. Jahrhunderts werden in erster Linie *seelische Stabilität, Friedensfähigkeit* und *Bescheidenheit* benötigen. Seelische Stabilität, um rasche und bedrohliche Veränderungen unbeschadet auszuhalten; Friedensfähigkeit, um einander trotz Fremdheit und Andersartigkeit in Nachbarschaft auszuhalten; und Bescheidenheit, um den erforderlichen Verzicht auf zahlreiche unethische Verlockungen auszuhalten. Generell wird „Aushalten“ angesagt sein.

Eine glückliche Kindheit stärkt in diesen drei Überlebensressourcen. Das sollten Eltern bedenken, die ihr Hauptaugenmerk den schulischen Leistungen ihrer Kinder widmen. Die Korrelation zwischen glänzenden Schulabschlüssen und gelingendem Lebensvollzug ist unheimlich niedrig. Oder anders ausgedrückt: Gute Zeugnisse garantieren absolut keine Zufriedenheit mit sich und der Welt.

Ein schematischer Behandlungsplan

In der Psychotherapie kann man nicht nach „Schema F“ vorgehen. Im Gegenteil, man muss sich für jeden Patienten etwas Neues einfallen lassen, sich also in Intuition und Plastizität einüben. Trotzdem habe ich auf Bitte meiner Schülerinnen und Schüler einmal ein grobes Muster eines Behandlungsplanes erstellt, das ihnen bei ihren ersten logotherapeutischen „Gehversuchen“ dienlich sein konnte.

1. Stufe

Der Mensch ist das Wesen, das sich zu sich selbst verhalten kann, wie es die Philosophen ausdrücken. Psychologisch formuliert: ... das mit sich selbst umgehen kann. Für dieses Phänomen bedarf es der Selbstdistanzierung, wie Frankl ausführlich dargelegt hat. Die Weckung und Förderung der Fähigkeit zur Selbstdistanzierung ist als erste wichtige Stufe im therapeutischen Prozess anzusehen. Hält eine Person Hilfe für unmöglich, *ist* ihr nicht zu helfen. Hält eine Person sich für ausgeliefert an ihre Kindheitserfahrungen, *ist* sie ihnen ausgeliefert. Ohne innere Abrückung von seinen Störungen ist ein Patient fest verankert in seinen Störungen; er fühlt sich identisch mit seiner Krankheit und identifiziert sich mit seinen Symptomen. Ein Zwangskranker erkennt sich quasi nur in seinen Zwängen. Ein Angstkranker erkennt sich nur in seinen Befürchtungen. Ein Lernbehinderter versteht sich als Dummer, ein Depressiver versteht sich als Mutloser usw. Diese Verzurrung zwischen einem Patienten und seinen Symptomen wird häufig umgarnt von laienhaften Hypothesen, wie sein Leiden entstanden sei und wer oder was daran schuld sei. Diese Hypothesen vermitteln dem Patienten verstärkt den Eindruck, Opfer kruder Umstände zu sein, gegen die er sich nicht aufbäumen kann. Deshalb empfiehlt es sich stets in einem ersten Schritt, noch existierende Freiräume eines Patienten hervorzuheben und ihn aus der Umklammerung seiner eigenen Abhängigkeitshypothesen zu lösen.

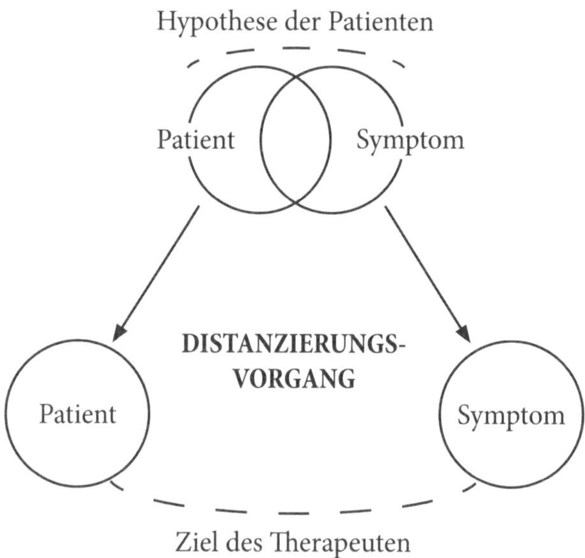

Distanzgewinnung zieht prinzipiell eine Erweiterung des Sehwinkels und kognitiven Überblicks nach sich. Steht man dicht vor der Eingangspforte eines Gebäudes, dann sieht man nicht viel mehr als die Umrisse dieser Pforte. Wandert man zur gegenüberliegenden Straßenseite, nimmt man die komplette Gebäudefront mit Fenstern und Türen wahr. Blickt man von einem entfernten Turm auf das Gebäude hinab, ordnet es sich samt Dach und Giebeln in das Häusermeer ein, von dem es umgeben ist. Genauso lässt sich mit Krankheitssymptomen verfahren. Aus der Nähe dünken sie übermächtig und beanspruchen das gesamte Sehfeld, aber aus einer gewissen Distanz betrachtet, ordnen sie sich in ein Leben ein, in dem auch viel Gesundes und Normales seinen Platz hat. Und es liegt am *Ich*, das heißt am *Gebäudebetrachter*, ob er wie paralysiert auf die Umrisse der Pforte starrt oder den Blick über Fenster, Dächer und Umgebung schweifen lässt.

2. Stufe

Wenn Patienten gelernt haben, dass sie ihrer eigenen Ängstlichkeit nicht nachgeben müssen, sich von ihren Zwangsideen nichts gefallen lassen müssen, ihre Bangigkeit sogar auslachen und ihre Mutlosigkeit übertrumpfen können, steigt sogleich ihre Unternehmungslust. Aber da sind noch die selbst gebastelten Abhängigkeitshypothesen, die ihren aufkeimenden Frohsinn wieder dämpfen und ihre Skepsis anheizen. „Ich kann doch nicht anders, weil ..." Alle negativen Umstände werden zitiert, und davon haben sie meistens genug. Eine therapeutische Gratwanderung beginnt. Es ist eine Gratwanderung zwischen Empathie, Mitgefühl und Verständnis, das selbstverständlich jedem leidenden Menschen entgegenzubringen ist, und dem beharrlichen und geduldigen Prüfen, Variieren und Modulieren der Einstellungen der Patienten zu eben diesen Umständen. Vieles ist unverrückbar, aber die Einstellungen zum Unverrückbaren sind allemal wählbar, und je positiver sie gestaltet werden, desto mehr rückt das gestaltende Ich ab von seinen Symptomen. Hätte Frankl nach seinen überstandenen Holocaust-Torturen nicht einem Posttraumatischen Stresssyndrom zum Opfer fallen *müssen*? Nein, *er musste nicht*. Er packte das ihm geschenkte „zweite" Leben an und nahm sich vor, es der Heilung von kranken und verzweifelten Menschen zu weihen. Keinen Funken von Hass oder Verbitterung ließ er in seine Seele hinein, und deshalb konnte ihn das erlebte Furchtbare auch nicht seelisch knicken.

Negative Faktoren

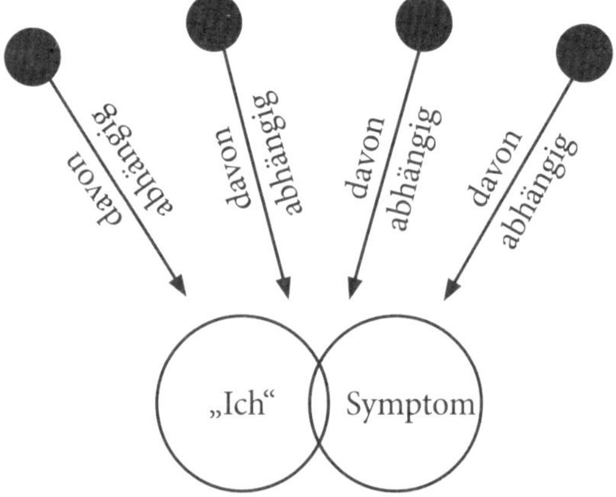

Abhängigkeitshypothese des Patienten

Negative Faktoren

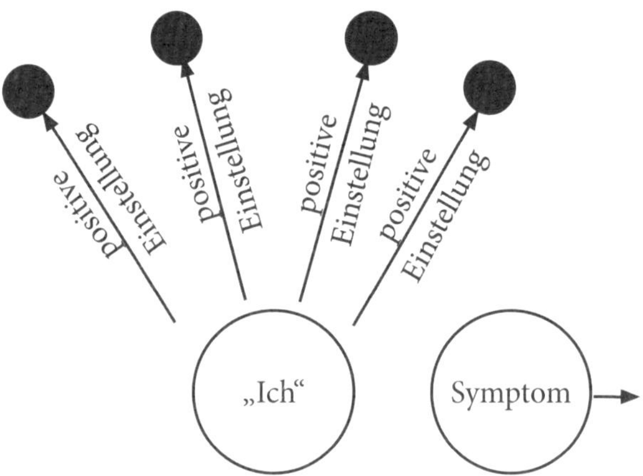

Einstellungsmodulation des Therapeuten

3. Stufe

Ist ein Patient so weit vorbereitet, kann die eigentliche Arbeit an der Symptomreduzierung beginnen. Psychische Störungen werden mit adäquaten therapeutischen Methoden angegangen. Praktische Übungen gelangen zum Einsatz. Notizen über Fortschritte motivieren zum Durchhalten. Kleine Erfolge reizen zu erhöhter Anstrengung. Es gibt eine ganze Palette von geeigneten Verfahrensweisen, um Krisenstimmungen abzubauen, und es würde den Rahmen dieses Buch sprengen, sie aufzuzählen. Das Günstige an dieser 3. Stufe ist, dass der Boden der Empfänglichkeit beim Patienten *schon dafür präpariert ist.* Das erleichtert die Kooperation mit ihm und erhöht sein Vertrauen auf ein Gelingen. Freilich gibt es auch Schranken der Störungsbehebung. Psychotische Symptome zum Beispiel weichen trotz medikamentöser Behandlung nie völlig. Erlittene Verluste, zerstörte familiäre Beziehungen, begangene Schuld oder die Konsequenzen gravierender Falschentscheidungen sind Schicksalskomponenten, die niemand mehr abschütteln kann. Sie können nur *tapfer getragen* werden, aber selbst dafür ist es möglich, Patienten aufzurüsten.

4. Stufe

Gegen Ende solcher Interventionen naht die Verabschiedungsphase. Es ist ein Segen, wenn es einem Patienten deutlich besser geht und er die Zügel seines Lebens wieder in seinen Händen hält. Logotherapeutisch werden in solchen Fällen noch einige Gespräche angehängt, die mit den ursprünglichen Anmeldegründen des Patienten nichts mehr zu tun haben. Es geht um eine Beleuchtung seiner Sinnorientierung, seines Wertsystems (Parallel? Pyramidal?), es geht ggf. um seine Sensibilisierung für verborgene Sinnmöglichkeiten, die ideal auf ihn zugeschnitten sein könnten. Fast alle meine Patienten genossen unsere Verabschiedungsgespräche.

Sie durften Selbstbilder in die Zukunft hinein entwerfen. Mit Vergnügen entrannen sie für kurze Zeit dem Alltagstrott und weiteten spielerisch ihren Horizont. Manchmal soll man übermütig mit Visionen jonglieren. Manchmal darf man träumerisch „zu den Sternen" abheben. (Die Schwerkraft holt einen sowieso rasch auf die Erde zurück.) In der Geistigkeit des Menschen ist jeder „Sternenausflug" wie ein Heimattrip, der sanft daran erinnert, dass wir auf geheimnisvolle Weise mehr sind als bloß „Fleisch und Blut". Die Verabschiedungsgespräche inspirieren dazu, voller Neugierde, Vorfreude und Vorhaben der Zukunft entgegenzuschreiten.

Dass häufig die 2. Stufe des dargelegten Behandlungsschemas schon ausreicht, um tief sitzende Probleme zu beseitigen, und folglich mit der 3. Stufe verschmilzt, mögen die nachstehenden Fallskizzen belegen. Die 4. Stufe ist in der Praxis stets anzuhängen, auch wenn sie hier im Buch aus Komprimierungsgründen nur vereinzelt angedeutet ist.

Traumaschatten

Über Nacht, über Nacht kommt Freud und Leid, und eh du's gedacht, verlassen dich beid' und gehen dem Herrn zu sagen, wie du sie getragen.

3. Strophe eines von Hugo Wolf vertonten Liedes

Beispiel 21

Eine junge Frau erklärte mir, sie sei völlig frigide und könne bei den Sexualakten mit ihrem zweiten Mann – mit dem sie eine sehr gute Ehe führte – nichts empfinden, weil ihr erster Mann sie brutal gequält und misshandelt habe. Sie befand sich in den Klauen ihrer eigenen Überzeugung, dass sie aufgrund ihres Traumas unfähig sei, einem Mann jemals wieder zu vertrauen und sich hingebungsvoll an ihn anzuschmiegen. Mir oblag es, ihre Überzeugung ins Wanken zu bringen.

„Das Leid, das Sie erlebt haben", begann ich, „ist kein zwingender Grund dafür, dass sie Ihren jetzigen Mann nicht lieben können. Denn zwischen Ihrem ersten und Ihrem zweiten Mann besteht kein Zusammenhang. Es sind zwei unterschiedliche Menschen, die in unterschiedlichen Zeitphasen in Ihr Leben getreten sind, und auch Sie selbst befinden sich heute in einem anderen Reifestadium als während Ihrer ersten Ehe. In Wirklichkeit mögen Sie Ihren jetzigen Mann und möchten ihm Ihre Zuneigung auch körperlich zeigen, sonst wären Sie nicht hilfesuchend zu mir gekommen. Es ist also nur eine schlechte Erfahrung, eine traurige Erinnerung, die Sie daran hindert, zu tun, was Sie möchten. Aber den Terror dieser unseligen Erinnerung sollten Sie nicht zulassen. Eine schlechte Erfahrung soll nicht Ihren Lebensweg versperren dürfen. Ich gebe Ihnen einen Tipp: Wenn sich diese Erinnerung wieder in Ihre Gedanken einschleicht, dann sprechen Sie mit ihr. Sagen Sie ihr zum Beispiel: ‚Ach, du bist wieder da? Na, dich kenne ich schon zur Genüge! Aber du bist nicht mehr so interessant wie früher. Gehe nur ruhig wieder dorthin, wo du hergekommen bist, nämlich in die vergangene Zeit, wo du hingehörst. Ich habe jetzt Besseres zu tun, als mich mit dir zu beschäftigen.' Wenn Sie so oder ähnlich denken, wird der Einfluss dieser alten Erinnerung schwinden und Ihre Liebesfähigkeit sich erholen, wovon Ihre Partnerschaft gewiss profitieren wird."

„Ich kann doch nicht vergessen, was geschehen ist", wandte meine Patientin ein. Sie hatte mich missverstanden. Es ging nicht um ein Vergessen von Gewesenem, sondern darum, ob dem Gewesenen erlaubt wurde, etwas Kostbares in der Gegenwart zu ruinieren. Und es ging um eine Frage der Ethik im weitesten Sinne. Denn womit hatte der zweite Ehemann dieser jungen Frau ihr Misstrauen, ihre Verschlossenheit verdient? Er war nicht schuld an ihrem Trauma. Er büßte sozusagen für das Vergehen eines anderen. Das warf einen Schatten auf die sonst gute Beziehung, und wie sehr war doch der jungen Frau zu wünschen, nicht nochmals eine herbe Enttäuschung erleben zu müssen! Langsam fing sie an zu verstehen, was ich ihr riet.

Nachdem sie einige Fortschritte gemacht hatte, zeigte ich ihr, dass sie ihrer schlechten Erfahrung sogar etwas Positives abgewinnen konnte, weil sie dadurch in die Lage versetzt wurde, das Glück ihrer zweiten Ehe besonders hoch zu schätzen, höher als ohne die alte „Kontrasterfahrung". Sie besaß einen Maßstab zum Abgleichen! „Könnte es sein", fragte ich sie, „dass Sie, *gerade weil* Sie einst einen schmerzlichen Umgang von Eheleuten miteinander kennengelernt haben, ermessen können, wie nett, zärtlich, tolerant etc. Ihr jetziger Partner ist? Könnte es sein, dass Sie *gerade deswegen* eine dankbarere und liebevollere Ehefrau sein können als andere Frauen, die ihre Ehe leichtfertig mit sinnlosem Hickhack aufs Spiel setzen, weil sie nie erfahren haben, wie schrecklich eine brutale Zweierbeziehung ist?"

Im Endeffekt wandelte sich die Einstellung der Patientin von der Ursprungsposition „Ich kann nicht mehr richtig lieben" zu der viel gesünderen Position: „Ich kann meinen jetzigen Mann besonders innig lieben, weil ich auch schon eine andere, düstere Version von Ehe kennengelernt habe." Wie erhofft, ließ parallel zum Wandel ihrer Einstellung ihre psychische Verkrampfung nach. Sie überwand auch sexuell das Hemmnis und freute sich gemeinsam mit ihrem Mann über nachgeholte „Flitterwochen", wie sie mir auf einer Ansichtskarte von ihrem nächsten Urlaubsort mitteilte.

***

Was im Leben schmerzt, ob seelisch oder körperlich, bedingt auch Aggression. Niemand ist gut gelaunt, wenn ihn etwas kränkt – ihn krank macht im wahrsten Sinne des Wortes. Wohin also mit der Wut und der schlechten Laune? Nun, jemand ist zweifellos in der Nähe, an dem man sich abreagieren kann. Vor allem Nahestehende „stehen" im Allgemeinen „nahe" genug, um überschüssigen Ärger abzubekommen. Das ist auf menschlichem Niveau nicht nur ethisch fragwürdig – es erleichtert auch nicht wirklich. Jedes Leid, das weitergereicht wird, vermehrt das Leid in der Welt; und jede Leidvermehrung schwappt zum Leidausteiler zurück, wenn nicht sofort, dann später.

Ein Tiger im Zirkus, der Zahnweh hat und deswegen seinen Dompteur beißt (welcher am Zahnweh des Tigers natürlich unschuldig ist), hat keine Einsicht in die Fragwürdigkeit dessen, was er tut. Er reagiert blindlings, vom Schmerz getrieben. Ein Mann jedoch, der von seinem Vorgesetzten angeschnauzt wird, nach Hause kommt, im Garten seinen Hund tritt und im Wohnzimmer seine Frau anbrüllt, hat sehr wohl eine Einsicht in die Fragwürdigkeit dessen, was er tut, und muss folglich dafür geradestehen. Er kann sich nicht wie der Tiger auf „blinde Triebe" berufen, er ist dank seines Menschseins ein „Sehender", und was er sieht, ist, dass sein Verhalten nicht in Ordnung ist. Die Schimpftirade seitens seines Vorgesetzten mag für ihn schwer zu ertragen sein, aber der Hund und die Frau sind daran unbeteiligt, und wenn er ihnen Schmerz zufügt, nur weil er selbst Schmerz empfangen hat, potenziert sich der Schmerz, statt dass er besänftigt wird – auch *sein* Schmerz, denn dieser überhöht sich noch mit Schuld.

Was könnte eine Alternative – nicht für den Tiger, aber für den Mann in unserem Beispiel – sein? Er könnte heimkehren, Hund und Frau schonen und den Ärger „in sich hineinfressen“, salopp ausgedrückt. Die Psychologen und Ärzte halten davon nicht viel, und dies zu Recht. Denn der hinuntergewürgte Ärger ist ab einer gewissen Intensität „unverdaulich“ und belastet den Organismus derart, dass Magengeschwüre noch ein mildes Ergebnis sind. Das ist auch der Grund, warum Psychologen und Ärzte manchmal *doch* die Aggressionsabfuhr empfehlen, allerdings unter Umleitung der Aggression gegen „harmlose Objekte“. Sie meinen, statt Hund und Frau tut es ein an die Wand geknalltes Kissen auch. Und das wiederum meinen sie zu Unrecht, denn genau genommen ist auch das Kissen der falsche Adressat des Ärgers, und niemand möge mir erzählen, dass sich eine erlittene Demütigung dadurch aus der Welt schaffen lässt, dass man eine Kissenschlacht veranstaltet.

Aus der Sicht Frankls ist etwas ganz anderes vonnöten: Aggressionen dürfen nicht in die falsche Richtung gelenkt werden, weder gegen Unschuldige oder unbeteiligte Dinge noch gegen sich selbst. Stattdessen sollen sie aufgehen und sich auflösen in einer geistig-würdigen Auseinandersetzung mit dem Leidverursacher persönlich, so es ihn gibt, oder mit dem namenlosen Schicksal, das über einen hereingebrochen ist. Geduldige Ausräumung von Konflikten, konstruktive Kompromisssuche, gnädige Versöhnungsbereitschaft oder heldenhafte Akzeptanz des Unabänderlichen können glorreiche Ergebnisse eines solchen geistigen Prozesses sein. Wie auch immer, Aggressionen sind grandiose Kräfte, sofern sie verwandelt werden in innere Stärke und Souveränität.

Die junge Frau, von der ich vorhin berichtet habe, hat ihre Frustrationen und Aggressionen über die erlittenen Misshandlungen ursprünglich in die falsche Richtung gelenkt. Ihre Unnahbarkeit gegenüber dem zweiten Partner war sowohl Ausdruck einer gewissen Autoaggressivität (sie „bestrafte" sich selbst damit) als auch eine Form von Übertragung einer berechtigten Abwehr von Person A auf eine Person B, die ihre Abwehr nicht verdiente. Freilich ist ihr dies nicht bewusst gewesen. Sie hat weitergelitten und ihr Partner hat hilflos mitgelitten. Im Erkennen dieser Zusammenhänge deponierte sie schließlich ihren Groll am richtigen „Ort" und in der richtigen „Zeit" und befreite damit sich und ihren gegenwärtigen Partner zur Erfüllung des Augenblicks.

Es bleibt die Restfrage offen, ob und wie sie nun auch noch ihren Groll am richtigen „Ort" und in der richtigen „Zeit" nachträglich entsorgen konnte. Wie stellt sich jemand wie sie zu seinem einstigen Misshandler ein? Engel haben es leicht. Engel können verzeihen. Wir Menschen haben es diesbezüglich schwerer. Und doch können wir zumindest dahin gelangen, auf alles Richten, Urteilen und Verurteilen zu verzichten und einen, der uns „geschändet" hat, in seiner eigenen „Schande" hocken zu lassen. „Jede Tat ist ihr eigenes Denkmal", hat Frankl geschrieben. Wenn jemand wie diese junge Frau begreift, dass sich ihr Misshandler mit seinen Taten sein eigenes tristes Denkmal gesetzt hat, ein Denkmal, das nie mehr aus der Wahrheit entschwindet, dann braucht sie dem nichts mehr hinzuzufügen, keinen Groll, keinen Hass; dann kann sie ihr Leben von ihm abkoppeln und kann an ihrem eigenen Denkmal schmieden.

Man vergesse nie: Sollte am Ende unseres Lebens etwas Geltung haben, dann werden es nicht die fremden Taten sein, sondern – unsere eigenen.

Sorgenkinder

Wenn nichts mehr zu helfen scheint, schaue ich dem Steinmetz zu, der 100-mal auf einen Stein einhämmert, ohne dass sich auch nur der geringste Spalt zeigt. Doch beim 101. Schlag bricht der Stein entzwei, und ich weiß, dass es nicht dieser Schlag war, der es vollbracht hat – sondern alle Schläge zusammen.

Jacob Riis

Beispiel 22

Wieder einmal ging es um die Frage der Berufsintegration. Ein 18-jähriger Jugendlicher hatte bereits 13 Versuche eines Arbeitsbeginns hinter sich, und jedes Mal hatte er nach wenigen Tagen oder Wochen die Arbeit abgebrochen oder es war ihm wegen Unbeständigkeit und Unzuverlässigkeit gekündigt worden. Das bedrückte ihn sehr, denn er hielt sich für außerstande, regelmäßige Arbeit durchzuhalten. Nach seinem 13. Versuch wurde er vom Jugendamt zu mir geschickt mit der Frage, ob es noch irgendwelche Stabilisierungsmaßnahmen für ihn gebe. Zugleich wurde mir eine dicke Akte zur Einsichtnahme überreicht, in der seine Familienverhältnisse bis zurück zu seinen Großeltern verzeichnet waren.

Gemäß den Aktenvermerken war seine Mutter ein „haltloses Mädchen" gewesen, hatte ihn unehelich bekommen und hatte später von diversen Männern, an die sie sich teilweise nicht mehr erinnerte, noch weitere acht Kinder empfangen. Der Junge war von Verwandten, Omas und Pflegeeltern in verschiedenen Erziehungsstilen aufgezogen worden und hatte niemals Beständigkeit, Geborgenheit oder einen geregelten Tagesrhythmus kennengelernt. Von Zeit zu Zeit waren betrunkene und gewalttätige Männer bei ihm zu Hause erschienen. Dann war der Junge mitten in der Nacht aus dem Bett gerissen und in einem Kellergeschoss versteckt, manchmal auch dort „vergessen" worden. Die Pflegeeltern, bei denen ihn die Jugendfürsorgebehörde schließlich untergebracht hatte, hatten sich zwar um ihn bemüht, aber auch heftige Konflikte mit ihm ausgetragen. Sie hatten ihm Undankbarkeit und seine schlechten Schulerfolge vorgeworfen. Zweimal war er ausgerissen, aber immer wieder zurückgebracht worden. Kleinere Delikte wie Kaufhausdiebstähle, Tierquälereien und die Beschädigung fremder Fahrräder begleiteten seine Laufbahn. Als er auf dem dritten Arbeitsplatz gescheitert war, sagten sich seine Pflegeeltern von ihm los. Danach ging es mit ihm bergab und die kurzfristigen Hilfsarbeiterstellen, die er fand, verstärkten nur seine Arbeitsscheu und Motivationsschwäche. Kurzum, die Chancen für eine Resozialisierung des Jugendlichen standen schlecht.

Also setzte ich alles auf eine Karte. Ich zeigte dem jungen Mann die dicke Akte, die vor mir lag, und sagte ihm klipp und klar, dass ihm wahrscheinlich kaum mehr jemand zutraue, dass er sich in ein geordnetes Leben einfügen werde. Sogar er selbst habe sich innerlich aufgegeben. *Ich* aber sei nicht bereit, ihn aufzugeben. Ich würde nun den Aktendeckel vor seinen Augen schließen, verschnüren und alles zurücklassen, was ich darin gelesen hätte. Wir würden ganz von vorn anfangen, so als stünden ihm sämtliche Möglichkeiten des Lebens offen. Denn auch wenn er Beständigkeit, Zuverlässigkeit und Durchhaltevermögen in seiner Kindheit nie gelernt habe, sei es umso dringender an der Zeit, es selbst zu erlernen. Wir würden davon ausgehen, dass er diese Eigenschaften durch eigene Erfahrung lernen könne und dass seine bisherigen gescheiterten Versuche das „Lehrgeld" dafür seien. Andere Menschen würden vieles durch Erziehung und Vorbild der Eltern lernen, er lerne es eben durch zehn oder zwanzig misslungene Anläufe. Und wenn der Lernprozess abgeschlossen sei, dann habe er endlich die Bedeutung des Durchhalten-Müssens erkannt, und dann solle er in einer gewaltigen Anstrengung alle seine Kräfte sammeln für den ersten wirklichen Start in seinem Leben. Dieser würde ihm dann auch gelingen.

Der junge Mann war dieser Interpretation gegenüber aufgeschlossen. Zum ersten Mal erlebte er, dass jemand ihm etwas zutraute, dass ihm eine Hoffnung zugesprochen wurde. Er begann seinen nächsten Job als Aushilfskraft in einem Spielwarengeschäft mit einer Menge guten Willens, aber es glückte ihm dennoch nicht, die Erwartungen seines Arbeitsgebers zu erfüllen. Er war zu unbeholfen im Verkauf. Das war also der 14. Versuch. Beim 17. Versuch wollte er das Handtuch werfen, aber ich konnte ihn gerade noch einmal zur neuerlichen Annahme einer Arbeit bewegen. Es waren Dienste in einem Blumengeschäft: Er musste Pflanzentöpfe austragen, das Auto be- und entladen und durfte auch in der Gärtnerei mithelfen. Dort blieb er – es mag unglaublich klingen – und gewann zusehends Freude an seiner Arbeit. Nach einem Jahr belegte er an der Volkshochschule einen Kurs, um seine Rechtschreibkenntnisse aufzufrischen, und hielt auch diesen durch! Ich war sehr beeindruckt.

Edison, der Erfinder der Glühlampe, hat seinerzeit den Satz geprägt: „Das ist das Schöne an einem Fehler: Man muss ihn nicht zweimal begehen." Ein wunderbarer Satz, und er lässt sich beliebig variieren. Der junge Gärtnergehilfe war der lebendige Beweis dafür, dass man einen Fehler – nicht 18-mal begehen muss. 17-mal ist genug; hurra!

Beispiel 23

Eine Mutter stellte mir ihren zehnjährigen Sohn wegen Überempfindlichkeit vor. Eine ärztliche Untersuchung hatte ergeben, dass das Kind tatsächlich vegetativ auf minimale Reize ansprach, ein Dermographismus (= die Haut rötet sich bei geringster taktiler Reizung) vorlag und auch sonst eine erhöhte Nervenreaktion in vielen Bereichen bestand. Das wirkte sich im erzieherischen Alltag als „Wehleidigkeit" aus. Wackelte ein Milchzahn, wollte der Junge nicht mehr Zähne putzen, war das Badewasser eine Spur zu kalt, wollte er nicht mehr hineinsteigen, der kleinste Kratzer wurde mit Riesengeheul quittiert. Gewiss mochte es dem Kind möglich sein, sich mit dem Älterwerden gegen einen Teil seiner Überempfindlichkeit abzuhärten, doch zum Zeitpunkt der Beratung der Mutter gab es kein erfolgversprechendes Rezept gegen die Hypersensibilität des Kindes. Die Mutter musste sich damit abfinden. Um ihr zu helfen, erforschte ich die Interessen des Buben, wobei zum Vorschein kam, dass der Knirps überdurchschnittlich musikalisch war und von seinem Geigenlehrer insbesondere wegen eines absoluten Gehörs und eines feinen Empfindens für Tonnuancen gelobt wurde. Die Mutter war froh über die musikalischen Leistungen des Buben, der in einem Kinderorchester mitspielte und schon gelegentlich ein kleines Solo übernommen hatte.

Hier bot sich die Chance, das Manko neu zu bewerten. Ich machte der Mutter klar, dass man eben nicht alles haben kann: ein hervorragendes musikalisches Gehör, das gewissermaßen eine hohe Sensibilität im akustischen Bereich darstellt, und gleichzeitig eine robuste Unempfindlichkeit in anderen sensorischen Bereichen. Wäre ihr Kind insgesamt weniger empfindsam, wäre es auch für die Klänge der Musik unempfänglicher. Diese Gedankenverknüpfung senkte schlagartig den Ärger der Mutter über die ständige „Wehleidigkeit" ihres Sohnes und als Nebeneffekt sogar dessen „Wehleidigkeit" selbst. Wann immer nämlich der Junge wieder wegen Kleinigkeiten schrie und heulte, begann die Mutter nun laut zu singen, was die Aufmerksamkeit des Kindes von seinem Minischmerz ablenkte und es in seinem Gezeter stoppte. Die Mutter-Kind-Beziehung entwickelte sich dadurch deutlich positiver.

***

Bei beiden „Sorgenkindern", dem großen und dem kleinen, gab es unabänderliche Faktoren. Der 18-Jährige trug (ähnlich wie Heike) eine traurige Vorgeschichte mit sich herum. Sie hing ihm wie ein Mühlstein um den Hals und zog ihn immer wieder in den Sumpf des desolaten Milieus zurück, in dem er aufgewachsen war. Der Zehnjährige hatte, damit verglichen, wesentlich mehr Glück. Aber auch er lief mit einem Handicap herum: mit einer angeborenen Übererregbarkeit, die seine wichtigste Erziehungsperson „Nerven kostete". Hier also ein endogener Faktor, dort ein exogener Faktor, und beide waren gegenwärtig nicht änderbar. Was jedoch stets änderbar ist, ist die Bewertung von Faktoren und die Mächtigkeit, die man ihnen zugesteht.

In solchen Fällen ist es wichtig, die Mächtigkeit von Belastungsfaktoren durch eine „weisere" Bewertung zu entschärfen, und „weise" ist sie, wenn sie Raum schafft für Hoffnung. Als der 18-Jährige seine Vorgeschichte als einen Lernprozess auffasste, der irgendwann abgeschlossen sein würde und ihn dann befähigen würde, neu durchzustarten, begann er, an sich zu glauben und auf eine bessere Zukunft zu vertrauen. Als die Mutter des Zehnjährigen begann, dessen Empfindsamkeit als Voraussetzung einer überdurchschnittlichen Musikalität zu erkennen, hatte sie kein Problem mehr, ihr Kind anzunehmen, wie es war.

In der therapeutischen Arbeit sind es begnadete Momente, in denen es gelingt, eine Sachinterpretation zu finden, die dem Patienten hilft, schlagartig eine ungesunde Denkhaltung aufzugeben und sich eine „weisere" Sichtweise anzueignen, mit der er ausgeglichener leben kann. So ist zum Beispiel in der logotherapeutischen Literatur eine Sachinterpretation von Frankl bekannt geworden, mit der er einst einen Arztkollegen, dessen Frau verstorben war, getröstet hat. Die dabei angebotene Überlegung, dass das Leid des Überlebenden eines Paares dem zuerst Dahingeschiedenen erspart bleibe, und dass daher der Überlebende (in diesem Fall der Arzt) es dem anderen (in diesem Fall dessen Frau) gleichsam abnehme, löste die Unerträglichkeit, weil Sinnlosigkeit, des Trauerschmerzes auf. Das Leid des Arztes bekam plötzlich einen Sinn, einen „Opfercharakter“: *Er* trug es statt seiner Frau, der es erspart geblieben war; *er* litt und nicht sie. Ja, dem konnte er zustimmen. *Sie* war vom furchtbaren Leid des Nachtrauern-Müssens verschont geblieben. So war das – trotz allem – für ihn okay …

Zufall und Wunder

> In ihrem Innersten trug die Violine diesen Spruch: „Als ich noch in den Wäldern lebte, habe ich geschwiegen; nun ich gestorben bin, singe ich."
>
> *Pater Bertschi*

Beispiel 24

Eine 55-jährige Hausfrau, verheiratet mit einem Werkzeugmacher, hatte vier Kinder großgezogen, wovon das jüngste im Alter von 25 Jahren von einem LKW angefahren worden war. Die verunglückte Tochter war danach noch sieben Wochen lang bewusstlos auf der Intensivstation einer Klinik gelegen, wo sie künstlich beatmet worden war. Die Mutter war die ganze Zeit an ihrem Krankenbett gesessen, bis die Verunglückte starb.

Der Verlust der Tochter wurde bei der Frau zum Auslöser einer schweren reaktiven Depression, die nur langsam und unter therapeutischer Begleitung (die ich damals durchführte) abklang. Danach führte die Frau ein ruhiges, zurückgezogenes Leben. Die drei restlichen Kinder, die mittlerweile alle schon eigene Familien hatten, vernachlässigten die Mutter ein wenig. Sie besuchten sie selten, und es gab kaum Gesprächsstoff zwischen ihnen und ihr. Es entstand eine gewisse Unausgefülltheit im Tagesablauf der Frau, ein Nicht-gebraucht-Werden, das einen krassen Kontrast zu ihrem früheren intensiven Gefordert-Sein im Sechs-Personen-Haushalt bildete. Oft schon hatte ich ihr nahegelegt, sich wieder ihrer Leidenschaft, dem Sticken und Häkeln, zuzuwenden, doch blockierte eine stumpfe Lethargie der Frau derlei Initiativen. Es schien ihr alles ziemlich egal zu sein.

Eines Tages kam sie aufgeregt und weinend zu mir. Unter Zittern und Tränen brachte sie Folgendes vor: Es war ihr Geburtstag. Ihre drei Kinder waren auf Urlaub. Ein Sohn hatte geäußert, er lasse sich deswegen seinen Urlaub nicht verpatzen. Eine Tochter hatte einen Fleurop-Blumenstrauß mit zwei Zeilen geschickt. Das dritte Kind hatte den Geburtstag vergessen. Als die Mutter zum Briefkasten gegangen war, um nachzusehen, ob ihr jemand geschrieben habe, hatte sie darin einen Brief gefunden, der an ihre tote Tochter adressiert war, abgesandt von jener Klinik, in der ihre Tochter gestorben war.

Die Frau betrachtete diese Tatsache als „Hohn des Schicksals". Der Brief, den sie nicht einmal zu öffnen vermochte, hatte ihr einen Schock versetzt. Sie konnte es nicht fassen, ausgerechnet an ihrem Geburtstag an das schreckliche Unglück erinnert zu werden. Alles habe sich gegen sie verschworen, schluchzte sie, keiner wüsste, wie es in ihr aussähe – sie stand kurz vor einem körperlich-seelischen Zusammenbruch. Sanft nahm ich ihr den Brief aus den zitternden Händen, öffnete ihn und stellte fest, dass es sich um die Routinebefragung eines Mediziners handelte, der an einer Dissertation über komplizierte Schlüsselbeinfrakturen arbeitete. Er hatte der Krankenhauskartei entnommen, dass bei der Verunglückten eine solche Verletzung vorgelegen hatte, und dabei übersehen, dass sie damals gestorben war. Er bat sie in seinem Schreiben um die Beantwortung einiger Fragen über Folgeerscheinungen des Bruchs und Ähnliches.

Ich erklärte der weinenden Frau den Inhalt des Briefes und entschloss mich dann zu einer gewagten Sachinterpretation, um die Aufregung der Frau abzufedern. „Dieses Schreiben des Dissertanten sollten Sie mit einem entsprechenden Vermerk zurückschicken", sagte ich zu ihr. „Aber diesen Umschlag heben Sie sich auf. Es steht der Name Ihrer Tochter darauf, und er kam gerade an Ihrem Geburtstag zu Ihnen. Ist es nicht wie ein ‚Wink' von Ihrer

Tochter, wie ein ‚zarter Geburtstagsgruß'? Ihre drei lebenden Kinder sind so sehr mit sich selbst beschäftigt, dass sie keine Zeit für den Geburtstag der Mutter finden, aber dieses zu früh von Ihnen getrennte Kind, das ja keine Möglichkeit mehr hat, der Mutter zu gratulieren, ist durch einen außergewöhnlichen Zufall just am heutigen Tag in Ihrem Herzen aufs Neue lebendig geworden; ist das nicht wie ein Wunder? Das ‚Schicksal', wie Sie es nennen, wollte Sie durch das Versehen des Mediziners bestimmt nicht quälen, zumal Sie schon so viel durchgemacht haben, nein, es wollte Ihnen vielleicht eine Freude bereiten, indem heute an Ihrem Geburtstag eine Erinnerung an Ihre verstorbene Tochter in Ihre Hände gespielt wurde – als hätte diese Ihnen ein leises Zeichen gesandt ..."

Die Frau trocknete ihre Tränen und schwieg. Minuten vergingen. Dann verstaute sie den Briefumschlag sorgfältig in ihrer Handtasche, erhob sich, drückte mir die Hände und ging. Kein Zweifel, jetzt konnte sie ihren Kummer ertragen. Jetzt war er nicht mehr sinnlos und grausam für sie, sondern in eine höhere, bedeutungsvolle Dimension eingebunden. Die Einstellung, dass sich alles gegen sie verschworen habe, war einem Symbol der Mutter-Tochter-Liebe gewichen, die über das Grab hinausreicht – hineinreicht in die Ewigkeit.

***

Ein berühmtes Zitat von Frankl lautet: „Der Zufall ist der Ort, an dem das Wunder nistet –". Vielleicht ist mir dieses Zitat durch den Kopf gegangen, als ich die erwähnte Mutter mit dem unseligen Briefumschlag vor mir sitzen hatte. Vielleicht ist es mir auch deswegen durch den Kopf gegangen, weil ich ahnte, dass sie für einen über unser menschliches Begreifen hinausgehenden „Übersinn", für einen nicht rational erfassbaren „Weltsinn", offen war.

Man muss allerdings mit Wunder-Hypothesen vorsichtig sein. Zum einen ist keineswegs jeder Zufall ein Wink der Vorsehung. Es gibt entsetzliche Zufälle, bei denen das Wort „Wunder" absolut grotesk klingen würde. Beispielsweise geht es bei Unfällen oft um Sekunden oder sonstige Winzigkeiten, die „zufällig" über Leben und Tod entscheiden. Deshalb endet das Zitat Frankls auch mit den Worten: „Der Zufall ist der Ort, an dem das Wunder nistet – oder besser gesagt: nisten kann; denn immer kann etwas nur – niemals muss es mehr als bloßer Zufall sein."

Zum anderen wäre es uns auch dann nicht möglich, die volle Bedeutung eines Geschehens zu erfassen, wenn es sich tatsächlich um einen übernatürlichen Sinn handeln würde, der sich über die Schiene des Zufalls ein natürliches Geschehen zu seinem Träger auserwählte. Das Einzige, das wir tun können, ist, unseren Glauben daran zu nähren, dass im Letzten nichts umsonst ist, dass der Geist überall weht, im Furchtbaren wie im Erfreulichen, und dass *in seiner Ebene* die Geschehnisse dieser Welt einen anderen, einen unbedingten Sinn haben, der uns beschränkten Wesen verborgen bleiben muss.

Trotzdem habe ich im Fall meiner o. g. Patientin eine „Bedeutungsvariante" angeboten. Mit welchem Recht? Ich möchte sagen, mit dem Recht einer Person, deren Aufgabe es ist, Korrekturen (nicht in Schulhefte, sondern) in die Gedanken Ratsuchender hineinzuschreiben. Darin, in den Gedanken jener Mutter, stand nämlich bereits Irrationales geschrieben. Vom „Hohn des Schicksals" war zu lesen, von einer „Verschwörung gegen sie" etc. Der Glaube ans Übernatürliche war bereits vorhanden, nur auf destruktive Art. Deshalb bedurfte es einer neuen Variante im Bewusstsein, um das Aha-Erlebnis zu erzeugen: „Ja, so kann es auch sein. Stimmt, vielleicht täusche ich mich. Vielleicht ist alles humaner (diviner?), als ich denke ...?"

Ein weiterer Gesichtspunkt: Ein Kind zu verlieren ist unendlich schwer. Dennoch ist es zu schaffen, sich trotz eines solch gravierenden Einschnittes dem Leben wieder zuzuwenden. Es wäre nämlich kein Liebesdienst am toten Kind, ihm rückwirkend die Bürde aufzuladen, durch sein Leben und Sterben Anlass eines elterlichen „Totalschadens" geworden zu sein. Wie gesagt, es ist zu schaffen – insbesondere dem toten Kind zuliebe –, aber nur dann, wenn sich die Trauer nicht mit der Verzweiflung an einer als sinnlos oder grausam deklarierten Welt paart. In diesem Fall schaltet ein Mensch ab. Er will nicht mehr. Er will nichts mehr. Er braucht nicht einmal depressiv zu werden, es genügt schon eine Abschottung in Gleichgültigkeit. Genau dieses Phänomen war in Ansätzen bei meiner Patientin zu beobachten gewesen. Lange hatte ich keinen Weg gefunden, es aufzuweichen, doch nach dem oben geschilderten Gespräch ging es ihr sichtlich besser.

Prüfen wir also gelegentlich, wie wir Zufälligkeiten auslegen! Rational sind sie nicht einzuordnen, weil sie sich den Gesetzen der Logik verschließen. Irrational aber spiegeln sie in der Einordnung, die wir individuell vornehmen, unseren eigenen Bezug zur Welt und zur damit verbundenen Grundsatzfrage wider: Ist alles ein einziger großer Unsinn? Oder hat alles einen „wunder"baren Übersinn? Wohl dem, der selbst im Schmerz noch den „Wundern" eine Chance gibt!

Verlust und Gewinn

Verluste von geliebten Personen bringen häufig die Frage mit sich: „Wozu ist mein Leben noch gut?" Doch kann dem Leben auf unterschiedlichste Weise gedient werden. Und jeder „Dienst" hat seine Loslass-Seite. Ein Pferdenarr muss seine alternden Tiere einmal loslassen. Ein Maler muss seine Gemälde an Galerien verkaufen oder an Liebhaber verschenken. Ein Spitzenpolitiker muss seine Herrschaft an einen Nachfolger übergeben. In keinem dieser Fälle hört das Leben auf, Sinn zu haben. Nur ist die Wende von den „abzugebenden" Sinngehalten zu „neu zu adoptierenden" Sinngehalten nicht mit einem Ruck zu vollziehen. Die „abzugebenden" Sinngehalte müssen erst *mit mehr Dankbarkeit* als mit Wehmut verabschiedet werden, und die „zu adoptierenden" Sinngehalte müssen erst bedächtig und ohne inneren Widerstand *gesucht werden*. Wehmut bezüglich des Alten und innerer Widerstand gegenüber dem Neuen hängen nämlich eng zusammen. Wer sich von einem (verlorenen) Alten nicht friedvoll lösen kann, fährt sämtliche Stacheln gegen Neues aus. Alles Neue erscheint ihm wie ein billiger Ersatz, den er nicht haben will. Wenn das Alte nicht zu (er)halten ist, will er am liebsten gar nichts mehr. Das ist die Eintrittskarte zur reaktiven Depression, auf die sich oft noch eine noogene Depression aufpfropft. Der Betreffende liegt dann seelisch danieder (= reaktiv) und rutscht zudem in einen geistigen Leerlauf (= noogen) hinein.

Es ist beachtlich, welche Heilkraft die Dankbarkeit bezüglich solch doppelten Gesundheitsrisikos hat. Ein Abschied von verlorenen Werten *in Dankbarkeit* dafür, dass sie das eigene Leben bereichert haben, es vielleicht sogar lange Zeit mit Freude vergoldet haben, kappt sämtliche Stacheln des Widerstandes und erobert die Bereitschaft des Betreffenden zurück, sich noch einmal zur Sinnsuche aufzuraffen.

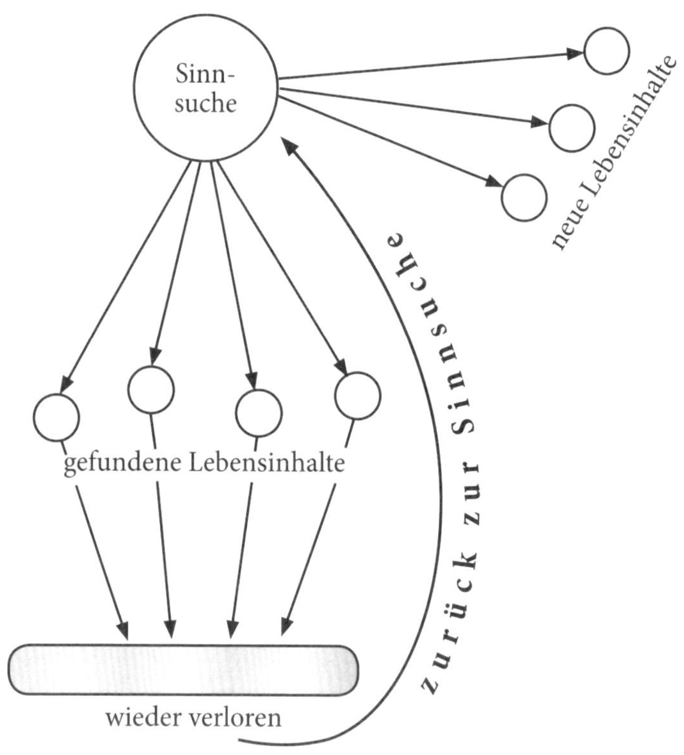

Fortsetzung Beispiel 24

Die 55-jährige Frau des Werkzeugmachers hatte großes Vertrauen zu mir gefasst und bat nach einigen Wochen wieder um einen Gesprächstermin. Das „Geburtstagserlebnis“ hatte sie zum Nachdenken gebracht. Sie eröffnete unser Gespräch mit einem erstaunlichen Bekenntnis. „Ich weiß jetzt, warum meine drei Kinder vor meinem Geburtstag in den Urlaub abgezischt sind. Sie befürchteten, dass ich wie gewohnt nur um meine gestorbene Tochter weinen würde, und das hatten sie satt. Es kann sein, dass sich die drei ein bisschen an den Rand gedrängt fühlen, so als wären sie mir weniger wichtig als die Tote. Wahrscheinlich habe ich sie in meinem Kummer links liegen gelassen, und jetzt tun sie dasselbe mit mir." Ich lobte die Frau für ihre Klugheit und Einsicht, wenngleich auch vonseiten der erwachsenen Kinder ein wenig Verständnis für die Mutter angebracht war. „Laden Sie Ihre drei Kinder an einem Sonntag ein", empfahl ich ihr, „setzen Sie sich nach einem festlichen Schmaus mit ihnen und Ihrem Mann zusammen um einen Tisch und entschuldigen Sie sich bei Ihrer Familie für den Fall, dass Sie vor lauter Trauer um die Tote möglicherweise die Lebenden übersehen haben. Bitten Sie um Nachsicht und sagen sie dann ehrlich und aufrichtig, wie lieb Sie Ihre Angehörigen haben und wie dankbar Sie sind, dass es sie gibt! Schicken Sie das Stichwort ‚Dankbarkeit' rund um den Tisch! Die Dankbarkeit für ein erfülltes Leben als Ehefrau und Mutter, die Dankbarkeit für vier Kinder, die Sie mit Stolz und Freude aufziehen haben dürfen, die Dankbarkeit für die Tüchtigkeit und Selbständigkeit Ihrer drei anwesenden Kinder, die Dankbarkeit für einen fleißigen Mann, der zu den Seinen steht, die Dankbarkeit für eine jahrzehntelange eigene Lebenszeit ... Dann halten Sie inne und lassen die anderen zu Wort kommen. Sie werden sehen, dieses Round-Table-Gespräch wird viele Animositäten verscheuchen und das Zusammengehörigkeitsgefühl in Ihrer Familie stärken."

Die Frau tat wie geheißen und kam frohgemut zu mir. Diesmal seien es *andere* gewesen, die am Tisch geweint hätten, nicht sie! Geweint hätten vor Rührung! Seither sei zu Hause eine milde Stimmung eingekehrt, von der sie sich getragen und getröstet fühle.

Nachdem sämtliche Stacheln eines inneren Widerstandes ausgemerzt waren, wagte ich erneut einen Vorstoß, um die Gefahr eines geistigen Leerlaufs bei der Patientin einzudämmen, und diesmal mit Erfolg. Ich ließ mir schildern, womit die Frau früher beschäftigt gewesen war. Sie erzählte ausführlich, wie viel Arbeit sie gehabt hätte, und dies bei beschränkten finanziellen Mitteln. Sie habe fast sämtliche Kleidung selbst genäht, teilweise noch ohne Nähmaschine, habe Pullover in Heimarbeit gestrickt, um das Haushaltsgeld aufzubessern, und die Spielsachen ihrer Kinder selbst fabriziert. „Hatten Sie nicht hie und da den Wunsch, etwas anderes zu machen, etwas außerhalb dieser Tretmühle des Alltags?“, fragte ich sie. „O ja“, entsann sie sich, „ich wollte immer gerne ein Wandbild sticken, einen großen Gobelin-Wandbehang, aber das Material war ja damals unerschwinglich und es gab auch keine Anleitungen dazu wie heute.“ „Gab es sonst noch etwas, wovon Sie in jenen harten Zeiten geträumt haben? Etwas, das Sie nie verwirklichen konnten?“, hakte ich nach. Sie lachte. „Sticken hätte ich lieber gemacht als nähen. Die derben Stoffe damals ließen sich so schlecht verarbeiten ... Es gibt vieles, wozu ich nie gekommen bin. Wachsarbeiten zum Beispiel, wer kann das heute noch? Bilder aus Wachs anfertigen, silbern umrahmen und mit einer Aufhängung versehen ...“ „Sie scheinen eine künstlerische Ader zu haben“, konstatierte ich, und sie lachte wieder. „Na ja, in meiner Kindheit ist so etwas nicht gefördert worden. Wir waren arme Bauern ...“

„Aber Sie können sich selbst fördern, und zwar *jetzt*!“, wandte ich ein. Sie sind noch nicht alt. Geld ist bei Ihnen nicht mehr so knapp wie früher. Ihr Zwei-Personen-Haushalt ist einfacher geworden. Zur Krönung Ihres arbeitsamen Lebens ist Ihnen jetzt ein freier Lebensabschnitt geschenkt worden, in dem Sie manche Ihrer Träume verwirklichen könnten. Warum sollten Sie denn nicht einen Gobelin-Wandteppich sticken oder Wachsbilder anfertigen und sich dafür schlaumachen? Auch die Stoffe sind inzwischen weicher und fließender geworden, und Ihre Nähkünste besitzen Sie immer noch. Könnte Ihre lebende Tochter nicht manchmal ein genau auf ihre Figur passendes Kleid brauchen? Und vielleicht hätten auch die Söhne Spaß an Wandbildern in ihren Behausungen?“ „Ach“, seufzte die Frau, „meine verstorbene Tochter hätte viel Freude an einer gestickten Bergspitze gehabt! Sie wanderte so gerne in die Berge, und immer bis hinauf zum Gipfelkreuz!“ „Dann sticken Sie doch ein Bild für sie, samt Bergspitze und Gipfelkreuz, und hängen Sie es in Ihrem Wohnzimmer auf. Dann haben Sie einen besonders hübschen Gedenkort für dieses Kind!" „Das ist eine Idee!", rief die Frau und erhob sich. „Ja, Sie haben recht, ich werde meine Zeit besser nützen. Jetzt gleich suche ich mir einen Laden, in dem man mich wegen Vorlagen, Wollsträhnchen und einem Anleitungsmagazin beraten kann. „Das ist ausgezeichnet", meinte ich, „aber Sie denken auch an die Lebenden, nicht nur an die Tote?" „Gewiss!" Die Frau nickte mir verstehend zu. „Den Fehler wiederhole ich nicht mehr. Ich liebe sie doch alle ..." Voller Schwung verließ sie mich, und keine Art von Depression hat sie mehr behelligt.

Leo Gabriel, Philosoph aus Wien, hat den Satz geprägt: „Das Tier *ist* die Welt, der Mensch *hat* die Welt." Dieses Die-Welt-Haben bedeutet nichts anderes, als zu ihr Stellung nehmen zu können, sich bewusst zur Welt einzustellen. Es ist eine spezifisch menschliche Fähigkeit, die wir nicht unterschätzen sollten, es ist die *Sprache des menschlichen Geistes*.

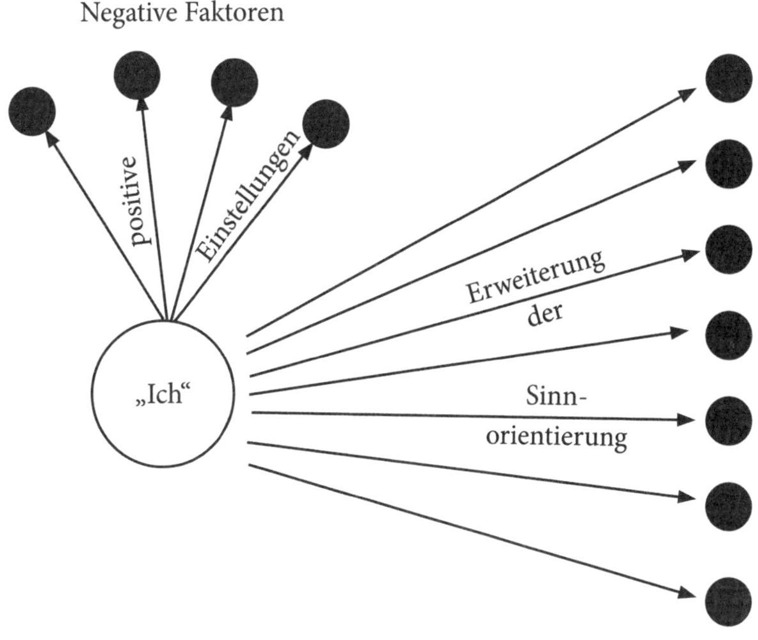

Heilmittel Dankbarkeit

> An einem offenen Paradiesgärtchen geht der Mensch gleichgültig vorbei und wird erst traurig, wenn es verschlossen ist.
>
> *Gottfried Keller*

In der Psychologie des 20. Jahrhunderts sind zwei exquisite „Heilmittel der Seele" stiefmütterlich behandelt worden. Es handelt sich um die *Dankbarkeit* und um die *Vergebung*. Erst seit den späten 90er-Jahren ist diesbezüglich ein Umdenken in Gang gekommen, nicht zuletzt angestoßen durch die bahnbrechenden Erkenntnisse von Reinhard Tausch und Viktor E. Frankl. Die beiden Forscher fragten sich (unabhängig voneinander), was Menschen hilft, vertrauensvoll statt ängstlich von Lebensetappe zu Lebensetappe zu wandern. Sie erkannten, dass die Gefahr im Allgemeinen weniger in den neuen Herausforderungen, die ständig auf Menschen zukommen, lauert, als vielmehr *in der Furcht* vor jenen neuen Herausforderungen, die schlechter sein könnten als die alten (über die diese Menschen aber auch oft gewettert haben).

Betrachten wir zwei Beispiele:

Arbeitslosigkeit

Menschen, die Angst haben, ihren Arbeitsplatz zu verlieren, werden nachgewiesenermaßen häufiger krank als andere und verlieren dadurch erst recht schnell ihren Arbeitsplatz.

Eifersucht

Menschen, die Angst haben, ihren Partner oder Freund zu verlieren, verändern nachgewiesenermaßen ihre Persönlichkeit zu ihrem Nachteil und werden dadurch erst recht unattraktiv.

Was also hilft, im Vertrauen zu bleiben und der Zukunftsangst die Stirn zu bieten? Oder anders formuliert: Was hilft, sich auf das Gegenwärtige ohne Einschränkung einzulassen und es dennoch loslassen zu können, wenn seine Zeit um ist? Ein erstklassiges diesbezügliches Hilfs- und Heilmittel ist die Dankbarkeit.

Zur Arbeitslosigkeit

Ideal wäre es, wenn jemand dankbar ist, dass er Arbeit hat und solange er Arbeit hat. Ferner wäre es ideal, wenn er im Fall von Arbeitslosigkeit dankbar ist, dass er staatliche Unterstützung erhält und einer Gesellschaft angehört, in der er reelle Chancen zur Umschulung und zum Wiedereinstieg ins Arbeitsleben vorfindet. Diese Dankbarkeit würde sein Immunsystem stärken. Er bliebe topfit und seine Elastizität, sich an veränderte Umstände anzupassen, nähme zu. Das Leben belohnt denjenigen, der ihm vertraut.

Zur Eifersucht

Ideal wäre es, wenn jemand dankbar ist, dass er nicht allein dasteht und einen lieben Gefährten (weiblich oder männlich) an seiner Seite hat. Ferner wäre es ideal, wenn er im Fall, dass dieser Gefährte eines Tages von seiner Seite weichen sollte, dankbar ist für die gemeinsam verbrachte schöne Zeit, die nicht mehr ausgelöscht werden kann. Diese Dankbarkeit würde ihm die Rückbesinnung auf eigene Quellen der Lebensfreude erleichtern. Er bliebe ungebrochen und in sich gefestigt, was ihm die Beziehungsfähigkeit als Option für eine neue Zweisamkeit erhielte.

Bei einem Interview, das ich einmal für den Norddeutschen Rundfunk gegeben habe, wurde ich von der Interviewerin gefragt, was ich als Psychotherapeutin jemandem sagen würde, der als Kind einen überaus strengen Vater gehabt hat. Ich erklärte, ich würde mich nicht sogleich auf das Vaterproblem stürzen. Mir wäre wichtig, zunächst die volle Bandbreite der Kindheitserinnerungen abzutasten. Dazu gehörten auch Überlegungen wie: „Was war gut in seiner Familie und in seinem Umfeld? Gab es vielleicht eine herzliche Mutter, einen geduldigen Opa, eine verständnisvolle Lehrerin, eine geschätzte Mitschülerin, einen kollegialen Lehrmeister? Und: Hatte sein Vater auch positive Seiten? War er gescheit, hat er gebastelt, war er sportlich?“ – Ehe ich meinen Gedankengang weiterentwickeln konnte, wurde ich vom heftigen Protest der Interviewerin unterbrochen. Das sei doch Verdrängung und Schönfärberei! „Verehrte Frau“, antwortete ich, „seien Sie mit Ihrem Urteil vorsichtig. Auch das Gute kann verdrängt werden! Es ist heutzutage geradezu verpönt, Gutes auch nur anzusehen. Schwarzfärberei ist modern! Man bekommt Applaus für die Behauptung ‚Musik soll irritieren und stören‘, wie sie jüngst ein moderner Komponist auf einem Festival in Wien öffentlich aufgestellt hat. Man bekommt einen Literaturnobelpreis (wie ebenfalls in Österreich geschehen) mit der Begründung, dass ‚man stets den Finger in die Wunden der Gesellschaft gelegt habe‘. Aber seien wir ehrlich, ist Irritation und Störung das, was wir brauchen? Wenn Sie eine Wunde hätten, wäre Ihnen damit gedient, dass ich meine Finger hineinbohre? Oder hätten Sie lieber einen schützenden Verband darumgewickelt? Zurück zu Ihrer Frage: Es ist legitim, jemanden, der ein unbewältigtes Vaterproblem mit sich herumschleppt, nach der Fülle seines Werdeganges zu fragen, denn die Wahrheit ist um vieles größer als ihre Ausschnitte, und der Prozess einer Menschwerdung hängt nicht nur vom Erziehungsstil eines Vaters ab. Worüber der Betreffende Grund zur Klage hat, hat er mir mitgeteilt. Nun will ich wissen, worüber er *Grund hat, dankbar zu sein.* Und wenn ich das gehört habe, dann werden wir eine Perspektive seinerseits erarbeiten, mit der er sich innerlich versöhnlich vom Vater verabschieden kann, und die die Altlast aus seiner Kindheit künftig aufwiegt mit den Gaben der Glücksfee, die ihn bis heute so manches Mal still und leise besucht, obwohl er sie kaum bemerkt."

***

Nachstehend noch ein paar anregende Gedanken zum „Heilmittel" Dankbarkeit:

1. Was ist die Essenz der Dankbarkeit?

Es ist die Aufstockung der *Wertschätzung*. Man kann zwar dankbar sein, ohne zu wissen, *wem*, aber man kann nicht dankbar sein, ohne zu wissen, *wofür*. Und dieses Wofür beschreibt einen Wert, wie zum Beispiel Gesundheit, Wohlstand, Frieden etc. Das psychohygienisch Wichtige dabei ist nicht einfach das Vorliegen von Gesundheit, Wohlstand, Frieden etc. – was an sich schon herrlich ist! –, sondern die Tatsache, *dass man es schätzt.* Allzu häufig liegen nämlich glückliche Bedingungen vor und werden nicht geschätzt. Sie werden irrtümlich als Selbstverständlichkeiten „konsumiert". In Wirklichkeit ist aber nichts selbstverständlich, weder dass wir morgens aufstehen können noch dass wir tagsüber ein Stück Brot zu essen haben, noch dass wir im kalten Winter einheizen können. Wertschätzung schützt vor diesem Kardinalirrtum, der ein böses Aufwachen vorprogrammiert.

In Ausnahmefällen ist es sogar möglich, die Kenntnis eines Unwertes zu „schätzen", etwa, um davor gewarnt zu sein. Mir hat zum Beispiel ein Mann erzählt, dass er es seiner hochgradig hysterischen Großmutter verdanke, nicht in ihre Fußstapfen gestiegen zu sein. Er fühle sich gelegentlich verleitet, hysterisch überzureagieren, aber die Erinnerung an die schaurigen Auftritte der Großmutter kuriere ihn stets beizeiten. Das ist eine interessante Auslegung einer Kindheitserfahrung, von der der fiktive Klient mit dem Vaterproblem aus dem obigen NDR-Interview einiges lernen könnte!

2. Wann ist Dankbarkeit angesagt?

Zwei Zeitpunkte sind besonders dankbarkeitsträchtig. Erstens das Ende eines jeden Tages. Es gibt kein besseres „Schlafmittel", als vor dem Einschlafen die kleinen Glanzlichter des vergangenen Tages rückblickend zu genießen. Woran man vor dem Einschlafen denkt, das brennt sich tief in die Seele ein. Jeder Tag, den wir erleben, ist einer von abgezählt vielen Tagen. Er kommt nie wieder. So soll denn das Beste dieses einmaligen Tages noch einmal bedacht und damit herausgehoben werden aus dem Gewöhnlichen, damit es nicht untergeht, sondern in der Seele weiterstrahlen kann.

Zweitens ist Dankbarkeit angesagt bei allen Abschieden. Beim Abschied von *Schönem* besänftigt der Dank für das Gewesene den Verlust; er wird zum „Preis" für das Schöne, das man hat erleben dürfen. Beim Abschied von *Hässlichem* besänftigt der Dank für das Ende des Gewesenen den Protest und erlaubt die Regeneration im befreiten Aufatmen. Prinzipiell kann ein Abschied nur im Guten gelingen, oder er gelingt gar nicht, und dabei spielt die Dankbarkeit (bzw. ihre Absenz) die entscheidende Rolle.

3. Was hat Dankbarkeit mit Aufmerksamkeit zu tun?

Enorm viel. Es gibt die bereits angedeutete Grundtäuschung, der zufolge wir nicht bemerken, was in Ordnung ist und funktioniert. Unsere Aufmerksamkeit ist biologisch so konstruiert, dass sie nur auf Norm-Abweichendes fällt. Niemand bemerkt, dass er *keine* Zahnschmerzen hat, *kein* Bauchweh und *keine* Rückenplage. Hätte er jedoch eines der genannten Übel, würde er es auf der Stelle registrieren. Das Schlechte, Schmerzende, Bedrohliche alarmiert sofort unsere Aufmerksamkeit, damit wir tunlichst etwas unternehmen, um ihm zu entrinnen. Solange hingegen alles unauffällig ist, schweift unsere Aufmerksamkeit zu anderen Inhalten ab. Dieser biologische Mechanismus ist durchaus überlebenspraktisch, aber realitätsfremd. In Wirklichkeit ist schon simple Normalität ein riesiges Geschenk. So kommt es leider zu der Absurdität, dass wir meistens erst retrospektiv, zu spät – mitunter erst in der Todesstunde – bemerken, was wir an Positivem und Erfreulichem besessen haben. Es rechtzeitig zu würdigen und wertzuschätzen ist eine große Kunst: die Kunst der Dankbarkeit.

Bedenken wir: Ganze Sternformationen sind im Weltall entstanden und vergangen, damit die Materie geschaffen wurde, aus der wir gebaut sind. Millionen Vorfahren von uns haben geschuftet und Kinder aufgezogen, damit wir geboren werden konnten. Eine grandiose Flora und Fauna hat sich in ihrer unübersehbaren Vielfalt vor uns ausgebreitet, damit wir sie zu unserem Wohle verwenden dürfen. Das ist ein unglaublicher Aufwand für unser bisschen Leben! Vergeuden wir es nicht mit Frust und Ärger, in Blindheit und Trägheit, sondern kosten wir jeden Augenblick davon intensiv aus und vergessen wir nie, zu staunen und zu danken.

Heilmittel Vergebung

Wenn ich meinen Nächsten verurteile, kann ich mich irren; wenn ich ihm verzeihe, nie.

Heinrich Waggerl

Beispiel 25

Es geschah, als ich ca. sieben Jahre alt war. Ich wohnte damals mit meinen Eltern in einer kleinen Wohnung nahe dem Park Schönbrunn in Wien. An einem schönen Sommernachmittag erlaubte mir meine Mutter, in den Park zum Ballspielen zu gehen. Sie band mir ihre Uhr ums Handgelenk und ermahnte mich, pünktlich um 18 Uhr wieder zu Hause zu sein. Für mich, damals ein folgsames Mädchen, war das kein Problem. Aber gegen 16 Uhr blieb die Uhr stehen, und dass ein solches Wunderding kaputtgehen könnte, lag jenseits meines Wissenshorizonts. Nichts ahnend tollte ich herum, und da die Zeiger der Uhr nicht auf 18 Uhr zurückten, ging ich auch nicht nach Hause. Schließlich dämmerte es, was mir sonderbar vorkam, und so kehrte ich heim. Ähnlich sonderbar schien es mir, dass mein Vater die Tür öffnete, der sonst nie vor 20 Uhr zu Hause war. Kaum dass er mich sah, hagelte es Ohrfeigen. Das war für mich das Sonderbarste, denn ich verstand nicht, was los war. Meine Mutter murmelte, dass es jetzt für das Abendessen zu spät sei, und schickte mich ins Bett. Selbst bei diesem deutlichen Hinweis fand ich keine Erklärung für die merkwürdigen Vorgänge. Ich wusch mich, legte Mutters Uhr ab und kroch unter die Decke.

Plötzlich flammte im Schlafzimmer das Licht auf und meine Eltern kamen an mein Bett. Sie knieten nieder *und entschuldigten sich.* (Offenbar hatten sie die stehen gebliebene Uhr entdeckt und in einen logischen Zusammenhang mit meiner Unpünktlichkeit gebracht.) Meine Mutter holte eine aufgewärmte Suppe herbei. Mein Vater gestand, die Beherrschung verloren zu haben. Aus lauter Liebe und Sorge um mich, wie er betonte. Er habe sich fürchterlich aufgeregt, weil ich so lange verschwunden gewesen war, habe schon Polizeihunde anfordern wollen etc. Nie werde ich diese Nachtstunde vergessen: Ich amüsierte mich königlich! Die Situation übertraf meine kühnsten Träume! Im Bett noch Suppe löffeln zu dürfen, und Vater auf den Knien vor mir ... Es war wie Geburtstag und Weihnachten zugleich!

Heute ist mir klar: Es war eine meiner wertvollsten Erfahrungen. Denn damals haben mich meine Eltern gelehrt, dass alles, und zwar wirklich alles, was in unserer Schwachheit schiefläuft, wieder ausgebügelt werden kann. Es braucht nur die Reue, auf die Knie zu sinken, und die innere Größe, der Wahrheit das Wort zu geben. Dann ... tritt die Gnade hinzu.

Bis heute fällt es mir nicht schwer, ein Versagen zuzugeben und mich bei jemandem zu entschuldigen. Die „Gnade" wirkt immer noch nach.

***

Wir haben gehört, dass zwei exquisite „Heilmittel der Seele" in psychologischen Fachkreisen lange Zeit vernachlässigt worden sind, nämlich die Dankbarkeit und die Vergebung. Dabei haben beide befreiende Kräfte, die an ähnlichen Strängen ziehen. Die Dankbarkeit befreit vom Klammern und vom gierigen Begehren zum glückenden Loslassen-Können. Die Vergebung befreit vom Gerechtigkeitsfimmel und von Rachegelüsten zur Auferstehung der Barmherzigkeit. Vor allem aber befreien beide von jedem klagend-kläglichen Nachtragen. Wie heißt es doch bei Hermann Hesse so poetisch: „Jedem Anfang wohnt ein Zauber inne"! Dankbare und vergebungswillige Menschen schöpfen beschwingt aus der

Faszination dieses Immer-wieder-neu-anfangen-Könnens. Menschen, die nicht dazu bereit sind, schleichen indes gebückt durchs Leben, klirrende Beinfesseln hinter sich herziehend. Gutes, das sie nicht loslassen, und Schlechtes, dem sie rückwärtsgewandt nachhängen, bilden die ehernen Gewichte, die ihre Schritte lähmen. Sie treten auf der Stelle, was sie verhärtet und deprimiert.

Je starrer die Verhärtung und je eisiger die Verbitterung eines nicht vergebungswilligen Menschen ist, desto weniger erweist er sich als argumentativ zugänglich. Man kann ihn praktisch kaum zur Milde und Güte überreden. Was es dennoch in seine Vorstellung rückt, eine alte Fehde zu begraben, ist einzig eine offene und ehrliche Entschuldigung seines Schuldigers ohne Ausreden.

Wir alle wissen aus eigener Erfahrung, um wie viel leichter es ist, zu vergeben, wenn man zuvor eine ernst gemeinte Entschuldigung zu hören bekommen hat. Einem „Bösewicht", der zerknirscht vor einem steht und bekennt, dass er gefehlt hat, kann man fast nicht mehr böse sein. Jedes Eingeständnis eines Fehlers lockert die Verbissenheit auf der Gegenseite. Damit will ich nicht sagen, dass Vergebung kein selbständiger Akt wäre, der nicht *auch* allein aus der Liebe heraus geschehen könnte. Er ist es. Aber die einseitige Vergebung eines „Feindes" ohne dessen Eingeständnis seiner getätigten Feindseligkeiten gleicht einem Höchstleistungsakt knapp an der Grenze des Menschenmöglichen, und dergleichen gelingt uns selten.

Deshalb ist es im zwischenmenschlichen Miteinander wichtig und nötig, dass der Mut aufgebracht wird, sich zu entschuldigen. Er hilft den „Opfern", ihren Groll ohne geistige Akrobatik loszuwerden und vom klagend-kläglichen Nachtragen befreit durchs Leben zu wandeln. Und er hilft den „Tätern", mit ihrem *Be*kenntnis ein Stück *Er*kenntnis zu gewinnen – und Erkenntnis macht bekanntlich weise.

Nachstehend noch ein paar anregende Gedanken zum „Heilmittel" Vergebung:

1. Was ist die Essenz der Vergebung?

Es ist wie bei der Dankbarkeit die *Wertschätzung*. Diesmal allerdings die Wertschätzung einer Person trotz ihrer menschlichen Schwächen und Unzulänglichkeiten. Die Person wird sozusagen nicht gemeinsam mit ihrem Verhalten verworfen. Ihr negatives Verhalten wird abgelehnt und darf es auch werden, aber die Würde der Person, die sich negativ verhalten hat, bleibt unangetastet. Es ist ein Nein zu sämtlichen Feindbildern und Ausgrenzungen von „Feinden". Damit verbunden ist die Einsicht, dass wir keinen echten Grund zum Hassen haben, weil niemand ein reiner Teufel ist. Ein Lichtschimmer durchglüht jede Seele, eine Ursehnsucht nach Idealen wohnt in jeder Brust. Leider geschieht selbst im Namen jener Ideale manch Böses, aber Irren ist eben menschlich. So wie niemand ein reiner Teufel ist, ist auch niemand ein reiner Engel – uns eingeschlossen. Die Vergebung dockt also am verborgenen Lichtschimmer des Schuldigers an, an den sie ungebrochen glaubt. Auf diese Weise erlöst sie denjenigen, der seinen Schuldigern vergibt, von seinem eigenen Schuldproblem. Aus der Barmherzigkeit anderen gegenüber leitet dieser die kühne Hoffnung ab, dass auch ihm einmal Barmherzigkeit zuteilwerden wird. Hüben oder „drüben".

2. Wann ist Vergebung angesagt?

Nun, dann, wenn sie sinnvoll ist, und sinnvoll ist, was allen Beteiligten guttut. Eine nicht sinnvolle Vergebung wäre es, um ein krasses Beispiel zu nennen, wenn eine Mutter dulden würde, dass ihre Tochter vom Vater missbraucht wird, und dem Vater vergeben würde. Eine solche Vergebung wäre deshalb nicht sinnvoll, weil sie Schaden für alle Beteiligten stiften würde. Der Schaden, den die Tochter erleiden würde, ist evident. Aber auch der Vater würde in seinem Fehlverhalten nicht gebremst, sondern dafür „freie Bahn" vorfinden, was ihn noch tiefer in seine Schuld hineinreißen würde. Und die Mutter würde sich eine gehörige Portion Mitschuld aufladen. Im Endeffekt wären drei Menschen in Leid und Schuld verstrickt – angesichts der unkorrigierbaren Vergangenheit unentrinnbar! Vergebung ist somit kein Ersatz für die aktive Verhinderung von Missständen, wo eine solche nur möglich ist. Ihre Heilkraft entfaltet sie erst in dem Augenblick, da Unabänderliches danach ruft, überwunden zu werden – in einem Gnadenakt, der Opfer und Täter voneinander losbindet und beide an eine bessere Zukunft anheimgibt.

3. Was hat Vergebung mit Einfühlungsvermögen zu tun?

Enorm viel. Nehmen wir an, ein Ehemann kommt abends müde nach Hause und ist zu keiner Konversation mit seiner Frau mehr aufgelegt. Er isst schweigend sein Abendbrot und hockt sich zum inneren Abschalten vor den Fernseher. Seine Frau hat auch einen arbeitsreichen Tag hinter sich und hätte sich gewünscht, mit ihrem Partner einiges besprechen zu können. Ferner hätte sie sich ein paar Zärtlichkeiten gewünscht oder zumindest eine Nachfrage nach ihrem Befinden. Sie schmollt. Ein gutes Einfühlungsvermögen würde ihr dennoch erlauben, Nachsicht mit ihrem erschöpften Mann walten zu lassen, und Gespräche und Zärtlichkeiten auf das Wochenende zu verschieben. Immerhin: er kommt nach Hause und versumpft nicht in einer Bar. Immerhin: er hat sich einen Tag lang abgerackert, um Geld für die Familie zu verdienen. Und: er ist nicht besonders robust, und der Konkurrenzdruck im täglichen Berufsstress ist hart. Irgendwann muss er sich regenerieren, und das kann er die Woche über nur abends ... Schon ist die drohende Wolke eines heftigen Streits am Ehehimmel vorübergezogen. Die vermeintliche Lieblosigkeit des Ehemannes ist vergeben.

Weltenbummler

„Ich dachte, du hättest in deiner neuen Wohnung einen kilometerweiten Ausblick?“, fragt Franz seinen Freund. „Habe ich doch auch. Du musst nicht auf die Mauer gegenüber schauen, sondern nach oben!“

Aus der Witzecke

Beispiel 26

Ein junger Mann war vor Jahren in selbstmörderischer Absicht aus dem Fenster seines Elternhauses gesprungen und mit dem Hinterkopf auf dem Betonboden aufgeschlagen. Seither war er blind, weil die Sehrinde seines Gehirns bei dem Aufschlag irreparabel beschädigt worden war. Nach seiner Entlassung aus dem Krankenhaus war mir die Aufgabe übertragen worden, ihn ins Leben zurückzubegleiten. Gerne habe ich dies getan, und – zu meiner großen Freude – mit Erfolg. Er legte seine Melancholie ab und sattelte, da er sehr musikalisch war, auf den Beruf eines Klavierstimmers um. Dazu übersiedelte er in ein Behindertenzentrum in Ostdeutschland, in dem verschiedene Berufsausbildungen für gehandicapte Personen angeboten wurden. Ich gestattete ihm, regelmäßig telefonischen Kontakt mit mir zu halten. Er absolvierte seine Umschulung mit Auszeichnung und es kam der Tag, da er sein Abschlusszeugnis in Empfang nahm. Unterwegs in eine westdeutsche Stadt, in der ihm ein Musikhaus eine Probeanstellung versprochen hatte, erschien er zu einem letzten Gespräch bei mir.

Ich fand ihn in ausgezeichneter körperlicher und seelischer Verfassung vor. Er hatte in dem Behindertenzentrum eine junge Dame aus Hamburg kennengelernt, deren Stimme ihn entzückte. Zarte Bande knüpften sich zu ihr, die von Geburt an blind war, an. Auch die Aussicht, in dem Musikhaus, in dem er bereits ein Praktikum abgeleistet hatte, arbeiten zu dürfen, beflügelte seine Stimmung. Ich konnte ihn beruhigt aus der Therapie entlassen. Schon wollte ich ihn mit meinen besten Wünschen verabschieden, da zögerte ich. „Gibt es noch irgendeinen Punkt, ein Miniproblem, das Sie mit mir besprechen möchten?" Er runzelte die Stirn und dachte nach. Dann antwortete er: „Ja. Eines macht mir zu schaffen. Es ist nämlich so: Ich träume in Bildern und in Farben. In meinen Träumen sind die Blumen bunt, die Wälder grün, der Himmel blau, die Dächer rot ... Wenn ich dann morgens aufwache, falle ich wieder in die ewige Finsternis zurück. Das kostet mich manchmal einen Augenblick der Überwindung, überhaupt weiterleben zu wollen ..."

Nunmehr war ich es, die nachdachte. Was kann man da erwidern? Nach einer Weile sagte ich: „Ich verstehe. An jedem Morgen, an dem Sie aus einem Traum erwachen, erleben Sie Ihre Erblindung aufs Neue. Das ist hart. Und doch sind Ihre farbigen und visuellen Träume, wenn ich es recht bedenke, auch ein Besitztum, über das nicht alle blinden Menschen verfügen. Ihre Freundin, von der Sie mir berichtet haben, hat zum Beispiel niemals Farben und Formen gesehen und kann sich solche auch nicht vorstellen. Nur durch Ihre späte Erblindung besitzen Sie diesen großen Erinnerungsschatz, aus dem Ihre Träume schöpfen." Er nickte und ich fuhr fort: „Wie wäre es, wenn Sie sich einfach als Pendler zwischen zwei Welten begreifen würden? Abends, wenn Sie schlafen gehen, verschließen Sie Ihre Ohren und betreten *die Welt des Sehens*. In dieser Welt genießen Sie die bunten Bilder, und kein Geräusch soll Sie dabei stören. Morgens, beim Aufwachen, verschließen sich Ihre Augen und Sie wechseln in *die Welt des Hörens*, in der Sie – sozusagen berufsmäßig – Profi sind. Tagsüber lauschen Sie den Tönen der Klaviersaiten, den Worten der

Menschen, den akustischen Signalen ringsum und als Highlight der Stimme Ihrer Freundin. Den ganzen Tag über orientieren Sie sich an den Klängen, und keine Bilder lenken Sie dabei ab. Die sind erst wieder an der Reihe, wenn Sie nachts in die Welt des Sehens eintauchen und die Alltagstöne verstummt sind." Die Miene meines Patienten hellte sich auf, deswegen schob ich noch eine Symbolik nach: „In unserem Zeitalter der Mobilität sind viele Menschen Grenzgänger zwischen zwei Welten, sogar zwischen zwei Kontinenten. Jemand ist zum Beispiel deutschstämmig, aber in Südafrika aufgewachsen. Wenn er seine Großmutter in Deutschland besucht, schlüpft er in die abendländische Kultur, genießt den Nürnberger Christkindlmarkt etc. Kehrt er zurück, ist er wieder in den heimischen Sitten voll integriert. Es kann ungemein bereichend sein, wenn man sich *da und dort* zu Hause fühlt."

„Das ist eine wundervolle Idee!", rief mein Patient aus und erhob sich. „Ab heute bin ich ein Weltenbummler und kein Morgenschock soll mich mehr erwischen. Einschlafen heißt künftig: Besuch in der alten Heimat. Aufwachen heißt künftig: Rückreise in die neue Heimat. In der einen kann ich sehen, in der anderen hören ... was geht es mir gut!" Der Patient umarmte mich in einer spontanen Geste und tastete mit seinem weißen Stock zur Tür hinaus.

***

Wenn in Fachkreisen gelegentlich über Kurztherapien die Nase gerümpft wird, weil sie bloß oberflächliche Symptombehandlungen wären, die nicht nachhaltig wirken würden, fallen mir dazu ungezählte Interventionen wie die oben dargestellte ein, in denen es geglückt ist, in einem einzigen dichten Gespräch (und ohne irgendwelche Fakten ändern zu können), eine innere Position zu erarbeiten, mit der jemand heil durchs Leben kommt. Natürlich genügt es nicht, oberflächlichen, „billigen" Trost zu spenden. Trotzdem besteht ein gewaltiger Unterschied zwischen einer reinen Symptombehandlung und einer laserstrahlartigen Kurztherapie, die gezielt dort ansetzt, wo das Problem sitzt. Ich möchte diesen Unterschied anhand eines Gleichnisses verdeutlichen.

In einer unserer früheren Wohnungen entdeckte ich einmal Ameisen in der Küche. Ich besorgte ein Ameisenspray, um die Insekten loszuwerden. Die toten Ameisen kehrte ich weg, aber nach zwei Wochen krochen wieder Ameisen durch die Küche. Ich sprayte und kehrte weg. Nach zwei Wochen dieselbe Szenerie: Ameisen in der Küche. Diesmal machte ich mir die Mühe, nachzusehen, woher sie kamen, und entdeckte eine winzige Öffnung neben dem Heizungsrohr, durch die die Tiere in die Küche gelangten. Nachdem ich diese Öffnung abgedichtet hatte, war die Ameisenplage vorüber.

Die Benützung des Sprays hat, um die Geschichte als Gleichnis zu verwenden, einer oberflächlichen Symptombehandlung entsprochen. Die Abdichtung der Öffnung neben dem Heizungsrohr entsprach einer effizienten Kurztherapie. Wie man sieht, wäre es unnötig und unfruchtbar gewesen, zu rekonstruieren, welcher Baumeister seinerzeit das Haus gebaut hat und ob ihm dabei irgendwelche Mängel unterlaufen seien, was einer tiefenpsychologischen Langzeittherapie entsprochen hätte. Das Gegenteil von Tiefenpsychologie ist keineswegs zwangsläufig eine „Oberflächenpsychologie", es kann auch eine „Höhenpsychologie" im Franklschen Sinne sein.

Was jedoch bei jeder Therapie und speziell bei Kurztherapien unverzichtbar ist, ist *die höchstmögliche Annäherung an die Wahrheit*. Auch wenn Menschen im Familien-, Freundes- oder Bekanntenkreis jemand Traurigen trösten wollen, gilt die Grundregel: Hände weg von rosa Brillen! Lindern kann nur, was *echt* ist; am Selbstbetrug genest keiner. Das lässt sich anhand des Berichts von meinem „Weltenbummler" perfekt exemplifizieren. Denn was war die Wahrheit über den Moment seines morgendlichen Aufwachens? Dass er in die ewige Finsternis zurückfiel, wie er sich ausgedrückt hat? Ja. Eindeutig ja. Aber Gott sei Dank ist die Wahrheit um Äonen größer als jene Ausschnitte von ihr, die wir Menschen wahr-nehmen. War es nicht ganz genauso die Wahrheit, dass sich im Moment seines morgendlichen Aufwachens Tag für Tag die weite Welt des Hörens mit ihrer riesigen Klangpalette für ihn öffnete? Eindeutig ja. Jetzt hatte er die Wahl, das eine oder das andere ins Zentrum seines Tagesbeginns zu stellen: die Trauer über die ewige Finsternis oder den Jubel über die Tonfülle, die sich ihm (etwa im Unterschied zu Beethoven!) gewährte.

Mein ehemaliger Patient hat die richtige Wahl getroffen, und das erlaubt uns eine positive Prognose für sein weiteres Leben. Kurztherapien können den Menschen keine Wahlen abnehmen, aber sie können ihnen Wahlen aufzeigen, von denen diese Menschen gar nicht wissen, dass sie sie haben.

Für die Nichtblinden, sondern Sehenden, anbei noch ein Gedicht von Rainer Malkowski, das unter Umständen ebenfalls die Wirkung einer „Kurztherapie“ haben kann:

Das Licht

Es hat mich begleitet,
beinahe jeden Tag.
Es zeigte mir das Meer und die Tiere,
den Schnee auf den Bergen
und im Waldschatten den Farn.
Ich habe mich für das Licht
nicht bedankt.

Es wies auf die Gegenstände
und lehrte mich sprechen.
Es lehrte mich lesen und schreiben
nach der Natur.
Ich habe mich für das Licht
nicht bedankt.

Einmal zog es sich zurück
und ich konnte im Spiegel
meine Augen nicht finden.
Aber dann kehrte es wieder
und ich habe mich
flüsternd bedankt.

Leid und Sinn

> Überall dort, wo man meint, etwas versäumt zu haben, ist einem etwas erspart geblieben.
>
> *Volksweisheit*

Beispiel 27

Eine junge Frau suchte Hilfe bei mir mit den alarmierenden Worten: „Mich will doch keiner mehr! Ich bringe mich um!" Was war passiert? Ihr Gesicht war nach einem schweren Auffahrunfall, bei dem sie mit voller Wucht gegen die Windschutzscheibe ihres Autos geprallt war, zerschnitten und entstellt. Mehrere Operationen und Hauttransplantationen waren wenig erfolgreich verlaufen. Ihr Mann hatte sich daraufhin von ihr getrennt.

Welch ein Leid! Ich konnte es ihr gut nachfühlen, doch Mitleid wäre das Letzte gewesen, das ihr genützt hätte. So haben wir geistig miteinander gerungen. Gerungen um Sinnperspektiven, um eine neue Einstellung, um eine Sichtweise, die es ihr erlauben würde, zu sich und zu ihrem Leben (trotzdem) Ja zu sagen. Dabei war ich vorsichtig und zurückhaltend. Man darf nicht mit plumpen Tröstungen kommen, wenn man selber keine analoge Leidbewältigung vorzuweisen hat. Die Achtung vor dem „homo patiens", dem leidenden Menschen, gebietet es, eher wenig als zu viel zu reden.

Doch irgendwann erschien ein erstes, zartes Lächeln auf dem gemarterten Gesicht der jungen Frau. Es war der Beginn einer aufkeimenden Zuversicht, und es geschah, nachdem ich ihr folgende Überlegung angeboten hatte: „Mit diesem Schicksalsschlag, dem Verlust der Schönheit Ihres Gesichts, haben Sie zugegebenermaßen viel verloren. Aber Sie haben ein präzises ‚Messgerät' erworben. Wann immer Sie jemanden kennenlernen, können Sie ihn mühelos ‚testen', ob er die menschliche Qualität besitzt, ein echter Freund zu sein, oder ob er an unwichtigen Dingen und Äußerlichkeiten hängt und klebt. Sie haben gleichsam einen ‚Geigerzähler' in der Hand, mit dem Sie wertvolles Metall suchen können, nur dass es sich in Ihrem Fall um charakterstarke Menschen handelt, die Sie orten können. Ihr Mann zum Beispiel hat diesen Test nicht bestanden. Nicht *Ihre äußeren Mängel* waren daran schuld, sondern *seine inneren Mängel*, die Sie ohne Ihr Handicap vielleicht erst sehr viel später erkannt hätten. Wenn Sie nun wieder einen lieben Freund suchen und etwas länger warten müssen, um einen zu finden, dann deshalb, weil Sie Ihre Zeit nicht mit flüchtigen Bekanntschaften verschwenden müssen, wie es andere Frauen oft tun, die kein Instrument besitzen, das ihnen anzeigt, ob sie *um ihrer selbst willen* geliebt werden oder nicht. Sie hingegen haben die Möglichkeit, dies schnell festzustellen. Denn wer Sie wahrhaftig und aufrichtig mag, der wird sich nicht an Äußerlichkeiten stoßen, im Gegenteil, er wird Sie wegen Ihrer Tapferkeit bewundern und wegen Ihres Leides umso inniger behüten und beschützen. Wer Sie hingegen wegen Ihrer Narben meidet, der hätte sich sowieso nicht für eine Gefährtenschaft geeignet. Geben Sie den Glauben an eine innige Beziehung nicht auf! Gütige und wertvolle Menschen gibt es eben wenige, aber es gäbe auch nicht mehr, wenn Sie die Schönheit einer Filmdiva hätten; nur würden Sie sie dann kaum unter Ihren Mitmenschen erkennen. Durch Ihren Unfall haben Sie die Gabe erhalten, ‚die Spreu vom Weizen zu trennen', und das kann unter Umständen vorteilhafter sein als die makellosesten Gesichtszüge, die doch in ein paar Jahrzehnten verwelken."

Das Lächeln, das bei diesen Worten über die entstellten Züge meiner Patientin huschte, war der Startschuss für einen neuen Lebensmut. Es dauerte nicht lange, und sie unternahm wieder Ausflüge und bewegte sich ungezwungen in Gesellschaft anderer jungen Leute, die sie – zu ihrer und meiner Überraschung – fast ausnahmslos herzlich und unkompliziert in ihrer Gemeinschaft aufnahmen, ganz so wie sie war.

***

Die obige Geschichte habe ich bei einem meiner Vorträge auf einem Kongress erzählt. Danach kam eine unförmig dicke Frau auf mich zu und bedankte sich überschwänglich bei mir. Sie sagte, sie leide an einer Drüsenerkrankung und könne ihr Gewicht nicht kontrollieren. Sie habe deswegen die grässlichsten Minderwertigkeitsgefühle. Doch ab sofort werde sie diese abstellen und ihren Körperumfang als „Testinstrument“ betrachten, das sie befähige, ihre Mitmenschen besser einzuschätzen. Wer sie *wegen* ihres Übergewichts ablehne, der dürfe sie ruhig verlassen. Der fehle ihr nicht. Wer sich ihr jedoch *trotz* ihres Übergewichts freundschaftlich zuwende, der habe sie wirklich gern. Auf den könne sie bauen. Dieser Gedanke helfe ihr ungemein.

Meine Erfahrung ist, dass sich viele Menschen unnötige Selbstwertprobleme machen, nur weil sie einem Schönheitsideal nicht entsprechen. Frauen leiden jahrzehntelang an einem zu kleinen Busen, an dünnen Haaren, an kurzen Beinen, an einer krummen Nase usw., Männer leiden jahrzehntelang an einer kleinen Statur, an einer „Hühnerbrust“, an schlaffen Armmuskeln, an einer frühen Glatze usw. Dabei kommt es im Leben auf die äußeren Attribute wenig an. Man liebt das Wesen einer Person, ihre positiven Eigenschaften, ihr sonniges Gemüt, ihre kleinen Eigenheiten und speziellen Talente. Im besten Fall liebt man die Person selbst, erschaut sie mit den „Augen der Liebe“ in ihrer Einzigartigkeit und Einmaligkeit. Was die physischen Augen dann sehen, ihre Haare, Haut, Figur etc., tritt zurück. Natürlich ist ein harmonischer Anblick immer erfreulich und jeder vernünftige Mensch wird alles tun, um sich gepflegt und geschmackvoll zu präsentieren, doch das, worauf es in dauerhaften Beziehungen ankommt, ist auf höherer Stufe angesiedelt.

In diesem Zusammenhang haben es zwei Personengruppen extrem schwer, und zwar die bildschönen Frauen und die reichen Männer. Sie werden umschwärmt und begehrt. Aber leider wissen sie nie, ob bei einer Annäherung seitens einer anderen Person *sie* gemeint sind oder ihre hübschen Gesichtszüge bzw. ihre dicken Brieftaschen. Nie können sie sicher sein, dass *sie selbst* geliebt werden; dass geliebt wird, was *sie sind*, unabhängig von dem, was *sie haben* bzw. *zu bieten haben*. Ähnlich schwer haben es berühmte Leute, weshalb ihr Privatleben häufig von Beziehungskrisen durchschüttelt wird. Sie sind nicht zu beneiden.

Ein anderer Aspekt ist, ob man sich selbst gefällt. Narben im Gesicht, wie sie meine Patientin hatte, tun bei jedem Blick in den Spiegel weh. Das ist keine Frage. Auch für Frauen, deren Brüste wegen Krebsbefall amputiert werden mussten, ist der nackte Anblick im Spiegel ein Horrortrip. Was da noch helfen kann, ist einzig und allein die tiefe Überzeugung, dass zum Menschsein mehr dazugehört als der körperlich-seelische Organismus, der unser Menschsein ermöglicht. *Ermöglichung ist nicht gleich Erschaffung.* Eigentliches Menschsein zeichnet sich in seiner geistigen Dimensionalität ab, in seiner „Gotteskindschaft", wie man es religiös ausdrücken würde, es gründet in einem transzendenten Ursprung. „Die Eltern geben bei der Zeugung ihre Chromosomen an ihre Kinder weiter – aber sie hauchen ihnen nicht den Geist ein", hat Frankl geschrieben[8]. Dank dieser Geistigkeit ist der Mensch in der Lage, mit äußeren und inneren Gegebenheiten auf persönliche Weise umzugehen und sein Leben selbständig zu gestalten. Es wohnt aber auch die Wertefühligkeit, Gläubigkeit und Sehnsucht nach Sinn in ihm, die nichts anderes ist als eine zarte „Rückerinnerung" des Geschöpfs an seinen Schöpfer. Oder, wie Frankl zu sagen pflegte: „Durch die Person personat (lat. = tönt durch) eine außermenschliche Instanz"[9].

Wer ein solches Menschenbild hat, der weiß sich in seinem innersten Kern heil und unzerstörbar, weiß sich „urangenommen". Da fällt dann beides leichter: ein eventuelles Nichtangenommensein seitens irgendwelcher Mitmenschen wie auch die Selbstannahme trotz irgendwelcher Entstellungen.

Ereignis mit Schockwirkung

Um Ereignisse mit Schockwirkung kommen wir in unserem Leben nicht herum. Dagegen gibt es keine veritable Vorbeugung. Verluste, Unfälle, familiäre Tragödien, körperliche Defizite und selbst Berentungen oder Vereinsamungen sind zutiefst einschneidend. Es sind Ereignisse, die plötzlich hinein„schneiden" in die trügerische Sicherheit, in der wir uns normalerweise wiegen, nämlich, dass die Gegenwart, in der wir uns gemütlich eingerichtet haben, beständig weiterlaufe. In Wirklichkeit ist alles unbeständig. „Alles fließt" (panta rhei), wie schon die Griechen in der Antike erkannt haben. Und gelegentlich fließt es in heftigen Wirbeln über Stromschnellen und hinabstürzende Wasserfälle, die uns an den Rand unseres Daseins katapultieren.

Folgt solchen Ereignissen eine Lebenskrise oder ein massiver Krankheitsausbruch auf den Fuß, fühlt sich jedermann der zwingenden Logik verpflichtet, dass das Ereignis mit Schockwirkung die *Ursache* der nachfolgenden Krise oder Erkrankung sein muss.

Skepsis bezüglich dieser Theorie kam erst in der Ära Frankls auf. Inzwischen ist die Skepsis bei den Seelenforschern gestiegen, nicht aber bei den Laien, die das wilde Bedürfnis verspüren, ihre Krisen und Erkrankungen ursächlich zu „erklären", und sich bei ihren Interpretationen mit Vorliebe auf schockierende Ereignisse berufen. So zwingend, wie die Logik sich präsentiert, ist sie jedoch nicht. Als man die „Zeiten danach", das heißt, *nach* schockieren-

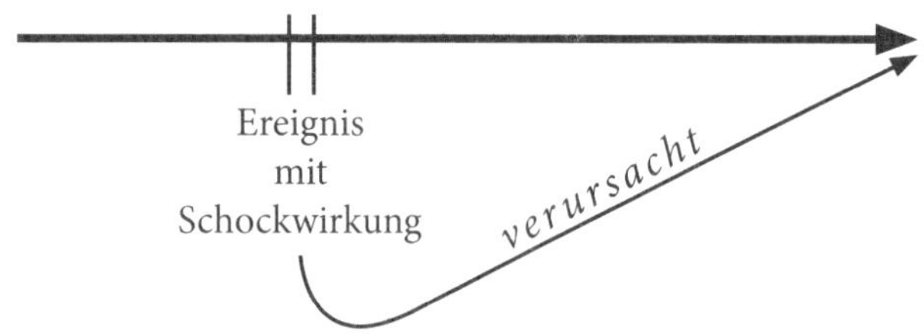

den Erlebnissen, genaueren wissenschaftlichen Untersuchungen unterzog, enthüllte sich bei vielen überprüften Personen ein gemeinsamer Nenner: „Zeiten danach" entbehren häufig der Sinnorientierung. Zumindest ist die Sinnorientierung der Geschockten häufig lädiert. *Einzig dies* ist logisch, denn mit dem Ende der früheren Beständigkeit endet auch, was früher sinnvoll gewesen ist. Mit dem Tod eines nahestehenden Menschen endet die sinnvolle Kooperation mit ihm. Mit dem Ende der Berufstätigkeit endet das sinnvolle Engagement im Beruf. Mit dem Ende der Sehfähigkeit endet die Durchführung von sinnvollen Aktivitäten, die Sehfähigkeit erfordern usw.

Was während des Lebens allerdings niemals endet, ist seine universale Sinnfülle, nur sind im Einschneidungsfall scharfe Umstrukturierungen vonnöten. Das Problem ist, dass man im seelisch und/oder körperlich angeschlagenen Zustand nicht allzu kreativ im Umstrukturieren ist. Wie jeder Rekonvaleszent muss man erst seine Verwundungen überwinden und frische Energien entwickeln. Wenn man in diesem geschwächten und labilen Zustand das Ereignis rückblickend ausschließlich als Krisenauslöser und Leidverursacher beurteilt, vermehren sich zudem Wut, Ärger, Enttäuschung und Trauer darüber und verpulvern aufkeimende Energien, die für Kreativität dann nicht mehr zur Verfügung stehen.

normales Leben Krise (mit oder ohne Krankheitsausbruch)

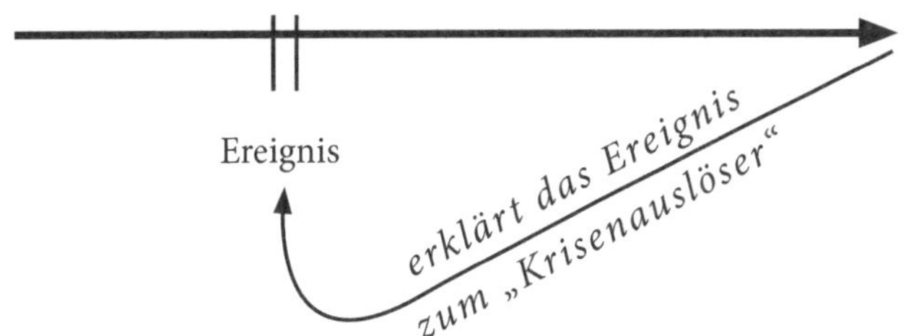

Für diejenige Art von Kreativität, die zur Umstrukturierung der persönlichen Sinnorientierung nach schockierenden Ereignissen nötig ist, gibt es neuerdings den Fachausdruck „Resilienz“. Resiliente Menschen sind nachgewiesenermaßen erstaunlich rasch bereit, ihre Sinnorientierung an die veränderten Gegebenheiten anzupassen und notfalls von Grund auf zu revidieren. Sie sind die geborenen „Stehaufmännchen“ und „Stehaufweibchen“, Meister der Flexibilität und Kreativität. In der Traumatologen-Etage wird immer noch gerätselt, was ihr „Trick“ ist, und vielfach wird einfach von einer robusten psychischen Konstitution ausgegangen. Interviews zufolge, die man mit solch resilienten Personen geführt hat, dürfte aber mehr dahinterstecken. Sie halten sich nämlich von Ursachenzusprechungen fern. Für sie ist das Ereignis der Endpunkt und Startpunkt zwischen zwei Lebensabschnitten. Das ermöglicht es ihnen, sich konzentriert ihrem neuen Lebensabschnitt zu widmen.

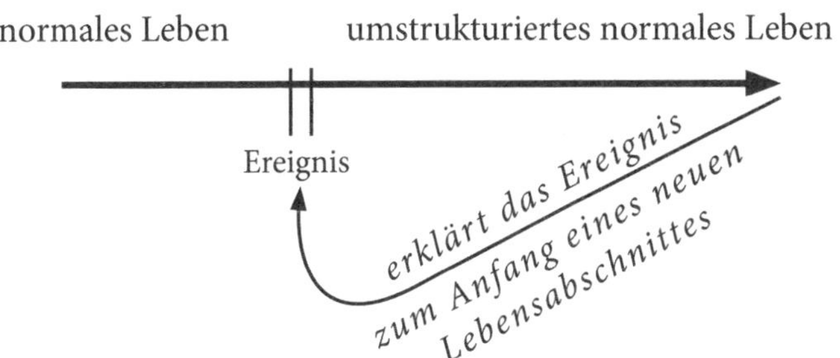

Von Frankl haben wir gehört, dass er sein Leben nach seiner Befreiung 1945 als sein „zweites“ Leben bezeichnet hat, wohingegen sein „erstes“ Leben im Schatten der Gaskammern „erloschen“ ist. Seiner Aussage zufolge wollte er nichts anderes mehr als sich dieses seines „zweiten“ Lebens würdig erweisen, und das gelang ihm wahrhaftig! Für ihn brach 1945 ein umstrukturiertes, *aber wieder sinnerfülltes* Leben an, und das federte die Nachwirkungen des erlittenen Schocks ab.

Freilich kann niemand nach gravierenden Einschnitten dickhäutig zur Normalität zurückkehren. Auch Frankl tat dies nicht. In seinen Schriften hat er sich intensiv mit der Psychologie des Konzentrationslagers beschäftigt, die sich, wie sich bald zeigen sollte, auf ähnlich gelagerte Erfahrungen in Gefangenenlagern rund um die Welt übertragen ließ. Er hat sich bewusst mit seinem Leid und seinen Verlusten auseinandergesetzt. Aber diese Auseinandersetzung fand bereits unter dem Horizont der veränderten Sinnorientierung in seinem „zweiten“ Leben statt. Sie war nicht Krisenresultat des Erlebten und Erlittenen, sondern Ausdruck und Ausformung jener Würde, die fortan seinen Zielen anhaften sollte.

In Summe: Schockierende Ereignisse, die wir überleben, sind Endpunkte und Startpunkte zugleich. Das „Ende wovon“ können wir uns nicht aussuchen. Der „Start wofür“ aber liegt in unserer Hand.

Eine Methode namens „Dereflexion“

Erinnern wir uns an den Ausspruch von Leo Gabriel: „Das Tier *ist* die Welt, der Mensch *hat* die Welt.“ Das „Die-Welt-Haben“ bedeutet auch: die Welt *beobachten*. Bedeutet auch: sich selbst *beobachten*.

Es kann nützlich sein, sich selbst und seine eigenen Fähigkeiten im Blickfeld und im Bewusstsein zu haben und dadurch zu einer adäquaten Selbsteinschätzung zu kommen. Selbstüber- oder -unterschätzung ist immer schlecht, im Falle von Überschätzung mitunter sehr gefährlich, etwa beim Sport. Es gibt jedoch Fixierungen und Übersteigerungen egozentrischer Beobachtungen, die pathologischen Charakter annehmen. Das klassische Beispiel dafür sind jene Schlaf- und Sexualstörungen, die von ängstlich gefärbten Selbstbeobachtungen begleitet werden und sich just aufgrund dieser Selbstbeobachtungen intensivieren. Je mehr jemand seinen Müdigkeitsgrad oder seine sexuelle Virilität kontrolliert, desto wacher hält er sich bzw. desto schlapper wird er in sexueller Hinsicht. Es gibt Körperfunktionen, die am besten unbeobachtet ablaufen und sich jedem Erzwingen-Wollen verweigern. So läuft etwa auch der Sprechvorgang von allein ab, während wir uns kognitiv mit dem Inhalt dessen beschäftigen, was wir zu sagen im Begriffe sind. Wir kümmern uns nicht um die Posen von Zunge und Lippen, um das, was wir sagen möchten, hervorzubringen. Tun wir dies aber *doch*, merken wir alsbald, wie viel schwieriger das Sprechen auf einmal wird und wie leicht wir dabei ins Stottern geraten. Ähnlich ist es beim Gehen oder Tanzen. Normalerweise konzentrieren wir uns nicht auf den Rhythmus unserer Beine. Wir gehen schnurstracks auf unser Ziel los und sind in Gedanken bei diesem Ziel. Oder wir schwingen beim Tanzen träumerisch mit den Klängen der Musik mit, emotional wie körperlich. Wenn aber Tanzschulneulinge sorgenvoll ihre korrekte Fußstellung und Schrittführung beobachten oder Rekonvaleszenten zögernd ihre ersten Gehversuche wagen, sieht die Sache anders aus. Dann sind sie recht wackelig auf den Beinen und schnell aus dem Rhythmus. Das Gleiche gilt für die Nahrungsaufnahme, etwa den Schluckvorgang, und sogar für den regelmäßigen Herzschlag, also für alle automatisch gesteuerten Lebensfunktionen, die gerade deswegen nicht der bewussten Willkür des Menschen unterliegen sollen, weil dadurch ihr natürlicher Vorgang behindert würde. Eine erhöhte Konzentration auf solche automatischen Funktionen bzw. Bewegungsmuster wirkt sich als erheblicher Störfaktor aus und aktiviert eine Reihe von Feedback-Mechanismen, die Angst verbreiten, den Puls hochjagen, manchmal auch Scham erzeugen, wenn ein gesellschaftlicher Druck vorhanden ist, demgemäß man „funktionieren" sollte. Beispielsweise können Männer unter den Druck geraten, ihre sexuelle Leistungskapazität beweisen zu müssen, oder Kinder unter den Druck geraten, flüssig sprechen zu sollen, was jeweils ihre „Hyperreflexion" (Frankl) ankurbelt, nämlich ihre Tendenz, sich diesbezüglich zu beobachten, womit sie genau das Gegenteil von dem erreichen, was sie wollen: Der Körper streikt und sie „versagen". Was passiert jetzt? Der impotente Mann will seine Potenz um jeden Preis erzwingen, das stotternde Kind will seine Sprechfähigkeit unbedingt erringen – die Hyperreflexion verknüpft sich mit einer „Hyperintention" (Frankl), das heißt mit der verbissenen und total verkrampften Absicht, seinem Körper abzupressen, was dieser freiwillig nicht erbringt, und das ist so ziemlich der Anfang vom Ende. „Rien ne va plus" ... nichts geht mehr!

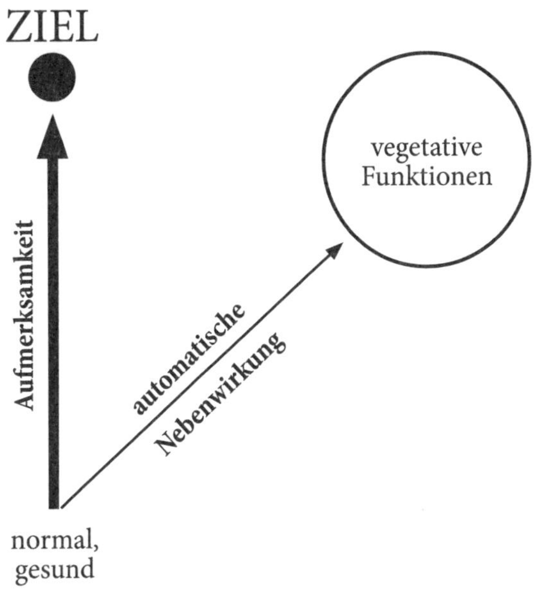
ZIEL
vegetative
Funktionen
Aufmerksamkeit
automatische
Nebenwirkung
normal,
gesund

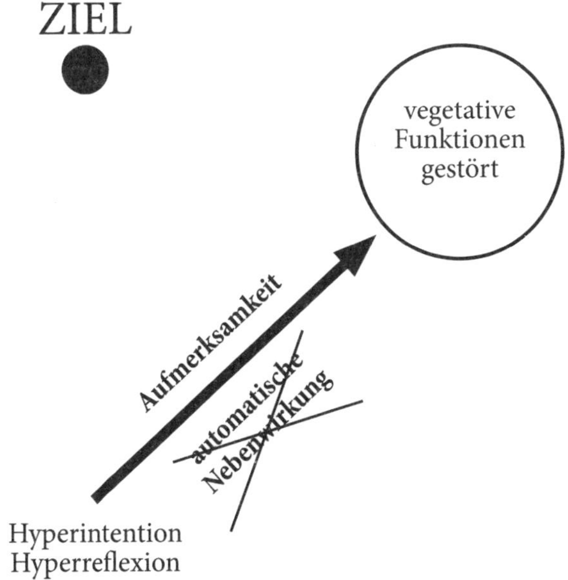
ZIEL
vegetative
Funktionen
gestört
Aufmerksamkeit
automatische
Nebenwirkung
Hyperintention
Hyperreflexion

Frankl erkannte schon früh, dass in solchen Fällen eine Therapie darin bestehen muss, die Beobachtungstendenz zu reduzieren, damit die beeinträchtigte Körperfunktion wieder ungestört in Erscheinung treten kann. Der große Haken in der Praxis dabei ist, dass man dem Betreffenden nicht einfach raten kann, *nicht* an seinen (ersehnten) Schlaf, seine (gewünschte) Potenz, seine (von ihm erwartete) Sprechgewandtheit etc. zu denken. Es ist unmöglich, *nicht* an etwas Bestimmtes zu denken, wenn zuvor die Aufmerksamkeit diesem bestimmten Inhalt gegolten hat. Würde man jemandem empfehlen, sich zurückzulehnen, die Augen zu schließen und in den nächsten fünf Minuten bloß an kein Kamel zu denken, so würde dem Betreffenden nach dem Schließen seiner Augen sofort durch den Kopf schießen: „Achtung – nicht an ein Kamel denken!", womit er bereits an dieses Wüstentier gedacht hätte. Will man folglich die Aufmerksamkeit eines Menschen von einem Gegenstand ablenken, muss man sie *auf einen anderen Gegenstand hinlenken*, und das ist, kurz gefasst, das Prinzip der von Frankl entwickelten Methode der „Dereflexion". Die Aufmerksamkeit eines Patienten wird behutsam von dessen Problembereich abgelöst und einer neuen Zielsetzung zugeführt. Einer Zielsetzung, die speziell mit Werten in dessen Leben verbunden ist oder verbunden wird. Unwichtiges, Ich-Ängstigendes und Vernachlässigbares soll fallen gelassen bzw. ausgetauscht werden durch Wichtigeres, Selbsttranzendentes und Sinnstiftendes, das die Beachtung und Aufmerksamkeit des Patienten verdient – *mehr* verdient als dessen überbeachteter und dadurch aufgeblähter Kummer, der parallel zum verordneten Aufmerksamkeitsentzug schrumpft und vergeht.

Neben einer Korrektur der Reflexion ist auch eine Korrektur der Intention vonnöten, denn beides ist eng miteinander verwoben. Der Schlafgestörte denkt abends, wenn er sich ächzend im Bett hin- und herwälzt, nicht nur an den ihm fehlenden Schlaf, sondern *will auch* übermächtig gerne einschlafen, was er vor lauter Denken und Wollen eben nicht kann. Wiederum gilt, dass man ihn nicht lehren kann, etwas *nicht zu wollen*. Aber man kann den

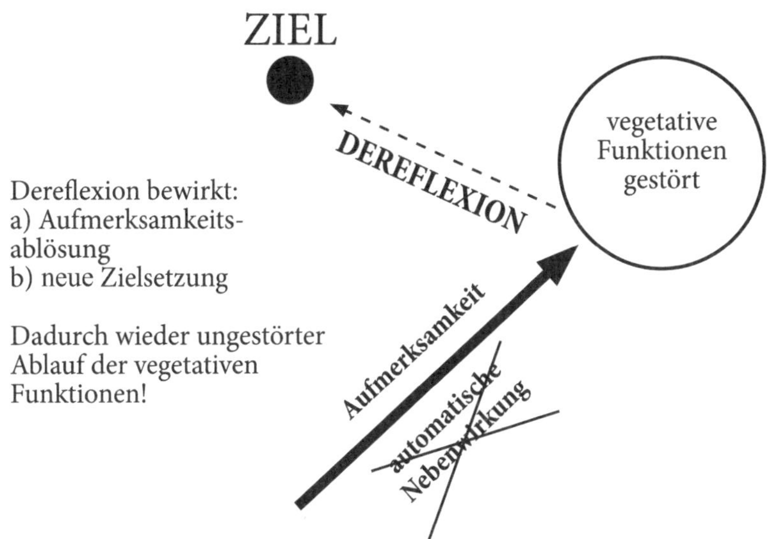

„Doppelhaken" (von Hyperreflexion und Hyperintention) umschiffen, indem man den Patienten zum Beispiel auffordert, sich eine zauberhafte Landschaft auszumalen, die er in seiner Phantasie betritt und in der er Elemente aus vergangenen Urlaubswonnen wiederentdeckt. Man kann ihm versichern, dass sich sein Organismus bei diesen „Urlaubsreminiszenzen" genauso gut erholen werde, als wenn er schliefe, er selbst aber einen noch größeren Entspannungsgewinn davon haben werde. Deshalb möge er so lange wie möglich geistig durch seine auserwählte Landschaft schlendern, ohne einzunicken ... Die Regel ist, dass schlafgestörte Patienten sich bald nicht mehr wach halten können. Auf analoge Weise hat Frankl verblüffende Erfolge bei Sexualschwierigkeiten erreicht. Er pflegte den Paaren ein zeitlich begrenztes Koitusverbot aufzuerlegen, das ihre Hyperintention des Sexualaktes sogleich ausklinkte, und dafür ihre Zärtlichkeit und Liebesfähigkeit einzufordern, indem die beiden Partner einander mit Worten und Gesten zeigen sollten, wie sehr sie einander innerlich nahe sind. Vor lauter „Liebesgeflüster" erholte sich meistens die Sexualfunktion der Betreffenden „schneller als erlaubt". Längst hat sich auch im Zuge logopädischer Behandlungen von sprachgestörten Kindern die Dereflexionsmethode bewährt. Bei voller Konzentration auf ein spannendes Spiel oder ein kniffeliges Rätsel stottern diese Kinder kaum, und schaltet man zusätzlich ihre Hyperintention aus, indem man von ihnen verlangt, an einem Wettstottern teilzunehmen, um als Sieger daraus hervorzugehen, sammelt man nur Verlierer ein. Wenn sie plötzlich nach Leibeskräften stockend und holprig sprechen *sollen* (statt es vermeiden zu wollen), sind sie kaum mehr dazu in der Lage. Natürliche Körperfunktionen, für die es keine organischen Ursachen gibt, erholen sich am besten, wenn man ihnen nicht dazwischenfunkt, sondern sie ignoriert. Ignorieren aber kann man sie, indem man sich seiner Um- und Mitwelt zuwendet: freudig, interessiert, liebevoll – und *selbstvergessen*. Es gibt tatsächlich seelische Probleme, die verschwinden, wenn man sie vergisst!

Beschäftigung

Seit es Menschen gibt, hat der Mensch sich zu wenig gefreut. Das allein, meine Brüder, ist unsere Erbsünde.

Friedrich Nietzsche

Beispiel 28

Ich habe einmal den Versuch gemacht, bei einem Fall von Schul- und Prüfungsangst mit dereflektorischen Mitteln zu arbeiten. Der Junge, um den es sich handelte, besuchte das Gymnasium und war den Testbefunden zufolge ein hochintelligentes Kind, das sein Lernkontingent leicht hätte bewältigen können. Aber bei Klassenarbeiten, Tafelrechnen, Kurzreferaten etc. beobachtete er nur seine eigene Aufregung und verstrickte sich in den Gedanken, dass er vor lauter Aufregung einen Blackout bekommen werde, wodurch er tatsächlich völlig blockiert war und alles Gelernte vergaß. Dabei geriet er ins Schwitzen, und als er begann, auch seine Schweißausbrüche zu beobachten und zu fürchten, war er nur noch ein Bündel voller Nervosität.

Ich vereinbarte mit seinen Eltern folgenden Plan: 1. Das Thema „Schule" sollte mindestens drei Monate lang keinen Gesprächsstoff mehr in der Familie bilden. 2. Stattdessen sollte das Freizeitprogramm des Jungen reichhaltig ausgebaut werden, indem er – was er sich seit Langem gewünscht hatte – einem Fußballclub mit regelmäßigen Trainingsstunden beitreten durfte und bei den örtlichen Pfadfindern probeweise die Leitung einer kleinen Kindergruppe übernehmen sollte. Außerdem sollte die riesige Carrerabahn, die bisher aus Platzmangel nur zu Weihnachten hervorgekramt und im Kinderzimmer installiert worden war, einen festen Platz auf dem Speicher erhalten, wo der Junge nach Lust und Laune daran herumbasteln konnte. Die Eltern waren meinen Plänen gegenüber reserviert. Sie befürchteten, ihr Sohn könnte in der Schule noch weiter absacken, weil ihn die zusätzliche Beschäftigung von seinen Schulvorbereitungen ablenken werde. Auch ich hatte ein bisschen Sorge, ob meine Hypothese, dass die Nöte des Jungen durch eine übersteigerte Schulzentrierung bedingt seien, der Praxis standhalten würde.

Aber zu unserer gemeinsamen Freude begann der Junge schon nach wenigen Wochen aufzublühen. Anfangs sprach er zu Hause immer noch hauptsächlich von seinen Schuleindrücken, doch die Eltern blieben bei unserer Vereinbarung und gingen auf dieses Thema nicht ein. Sie fragten ihn, was beim Fußballtraining los gewesen sei oder wie er mit der Pfadfindergruppe zurande käme. Allmählich vergaß der Junge seine Ängste und verschwendete keine Gedanken mehr an Blackouts oder Schweißströme. Er verwandelte sich sukzessive zu einem fröhlichen Teenager. Das Letzte, was ich von der Familie gehört habe, war, dass sich sein Halbjahreszeugnis um 1,5 Noten verbessert hatte.

Beispiel 29

Eine dreiköpfige Familie bestand aus Vater, Mutter und einem 14-jährigen Sohn. Der Vater war technischer Angestellter, die Mutter stammte aus belasteten Verhältnissen, die Ehe war schwankend gut. Eines Tages verschwand die Mutter ohne Vorwarnung. Sie hinterließ lediglich eine Wohnwagenadresse, an der sie bald nicht mehr anzutreffen war. Bei polizeilichen Nachforschungen wurde sie obdachlos in einem anderen Bundesland aufgegriffen und wieder freigelassen. Das Sorgerecht für den Sohn wurde dem Vater zugesprochen.

Diese Misere ging nicht spurlos an dem Jugendlichen vorbei. Auch er begann ein Streunerleben ohne Ausbildungs- und Zukunftsperspektiven. Der zuständige Fürsorger des Jugendamts bat mich um eine psychologische Begutachtung im Sinne der gesetzlichen Maßnahmen zur Erziehungshilfe durch Heimeinweisung. Er meinte, die Sachlage sei „eindeutig".

Im Gespräch mit dem jungen Mann erfuhr ich, dass dieser sich zu Hause langweilte, weil der Vater todunglücklich und meistens unansprechbar war. Das ganze Wochenende würde er passiv und dumpf vor sich hin brüten, was den Jungen verdrieße. Deswegen zog er dauernd von dannen. Dennoch hing er an seinem Vater und wehrte sich mit Händen und Füßen gegen eine Heimunterbringung. Das war das Startsignal für meine Arbeit mit dem Vater. Hier ein kurzer Ausschnitt aus unserem Erstgespräch:

Ich: Herr A, Ihr Sohn hat mir erzählt, dass Sie noch sehr unter dem Auszug Ihrer Frau leiden.

Herr A: Das stimmt.

Ich: Es ist seither mehr als ein halbes Jahr vergangen. Glauben Sie, dass Sie Ihren Kummer mit der Zeit überwinden werden?

Herr A: Nein. Es geht nur bergab mit mir. Jetzt wollen sie mir noch meinen Sohn wegnehmen ... (weint)

Ich: (nach einer Pause) Ihr Sohn bedeutet Ihnen viel?

Herr A: Er ist alles, was ich noch habe ... aber ich weiß, ich bin kein brauchbarer Vater für ihn ...

Ich: Wären Sie das gerne: ein kumpelhafter, ermutigender, herzerfrischender Vater?

Herr A: (weint)

Ich: Offensichtlich wären Sie das gerne. Ich will Ihnen dazu verhelfen.

Herr A: Mir kann niemand helfen!

Ich: Lassen Sie es mich probieren. Dazu muss ich allerdings eines wissen. Jedes Ereignis hat seine Folgen. Es kann sein, dass *ein Ereignis* besonders schwer wiegt und eine tiefe Wunde hinterlässt. Es kann aber auch sein, dass *die Folgen* des Ereignisses einen dunklen Schatten auf das Leben eines Menschen werfen. Deswegen frage ich Sie jetzt: Ist es der Verlust Ihrer Frau, der Sie derart deprimiert, vielleicht der Zorn oder die Enttäuschung über das Verhalten Ihrer Frau; oder sind es die Folgen dieses Verlustes wie einsame Abende, das Fehlen einer Partnerin, die alleinige Verantwortung für Ihr Kind ...?

Herr A: (nachdenklich) Wenn ich es recht bedenke ... unsere Ehe war schwierig. Ich bin meiner Frau nicht böse, sie ist ein völlig anderer Typus als ich. Wir haben von vornherein nicht gut harmoniert (erzählt über seine Ehe). Nein, es sind eher die Folgen, die Schatten, wie Sie sagen. Ich muss ständig darüber nachgrübeln, was ich jetzt machen soll ...

Ich: Erzählen Sie mir davon! Wann passiert das? Während Ihrer Arbeit?

Herr A: Keineswegs. In der Arbeit bin ich fit. Da weiß ich, was ich zu tun habe, da kenne ich mich aus. Nur zu Hause bin ich wie verloren. Es fällt mir nichts ein. Ich denke und denke, ob ich ihr Davonlaufen hätte verhindern können. Meine Gedanken werden von der Vergangenheit wie magnetisch angezogen. Ich habe ihr alles geboten, was sie wollte ... warum hat ihr das nicht gereicht? Sie hatte es doch bequem? Was soll ich jetzt ohne sie anfangen? Ich sitze bloß da und muss mich zu den nötigsten Handgriffen zwingen ... einzig der Schlaf erlöst mich ...

Ich: Sie meinen also, Sie könnten das dramatische Ende Ihrer ehelichen Gemeinschaft verkraften, wenn nicht diese bohrenden Gedanken darüber Sie in jeder freien Minute quälen und Ihre Lebensfreude im Keim ersticken würden?

Herr A: (nach einer Pause) So habe ich es noch nicht gesehen, aber Sie mögen recht haben. Nur lassen sich diese quälenden Gedanken nicht unter meine Gewalt bringen, lassen sich nicht verscheuchen. Freilich, während der Arbeitszeit bin ich gefordert, da muss ich mich zusammenreißen, da geht es mir besser ... aber ich kann doch nicht ständig Überstunden machen, nur um meinem eigenen Elend zu entfliehen!

Ich: Nein, Überstunden wären keine Lösung. Dann hätte Ihr Sohn noch weniger Halt an seinem Vater.

Herr A: (weint wiederum)

***

Schieben wir eine fachliche Beurteilung der Vaterproblematik dazwischen. Ich hatte es bei ihm mit einem Patienten zu tun, der sich außerstande sah, irgendwelche Initiativen zu ergreifen. Er war ein phlegmatischer Mann, der sicherlich schon lebenslang eher zurückhaltend, zögerlich und entscheidungsschwach gewesen war. Jemand, der sich mehr lenken hat lassen, als sich selbst zu lenken. Es gibt Personen, die bei einer breit gefächerten Auswahl wie gelähmt sind. Müssen sie zwischen A und B wählen, können sie dies: Sie wählen etwa B und verzichten auf A. Auch bei einer Wahl zwischen A, B, C und D schaffen sie es noch. Aber wenn sie gleichsam aus einem gesamten Alphabet an Möglichkeiten einen „Buchstaben" auswählen müssen, kippen sie aus der seelischen Balance. Würden sie etwa M wählen, müssten sie 25 andere Möglichkeiten fahren lassen, und darauf zu verzichten ist zu viel für sie. Solche Personen haben es bei der heutigen Multioptionalität schwer. Der Fernseher bietet 100 verschiedene Programme, das

Internet bietet tausenderlei Kaufangebote usw. Da ist es geradezu ein Reifezeugnis, wenn jemand sich souverän und flott *eines* davon herauspicken kann und den Rest locker ablegt.

Der oben erwähnte Vater hatte jede Menge an Möglichkeiten, sein Single-Dasein für sich und seinen Sohn lohnend zu gestalten, raffte sich aber zu keiner davon bewusst auf und wählte damit sozusagen die Schlechteste aller Möglichkeiten: die pure Passivität. Lag es daran, dass er an einer *reaktiven Depression* litt? Zwei Fakten sprachen dagegen. Erstens war die Beziehung zu seiner Frau nicht so ideal gewesen, dass ein überbordendes Nachtrauern verständlich gewesen wäre. Zweitens war er in seiner Berufstätigkeit nicht eingeschränkt und während seiner Arbeitsstunden total fit. Dies und sein ausreichend gutes Schlafvermögen sprachen auch gegen eine *endogene* (= neurologisch bedingte) *Depression*. Konnte eine *noogene Depression*, ein Wertedefizit, bei ihm vorliegen?

Dafür sprach einiges. Zwei Werte dürften für ihn an der Spitze seines Wertsystems rangiert haben, nämlich seine Frau und seine Arbeit. Nach dem Verschwinden seiner Frau blieb ein einzelner Wert übrig, es sah folglich nach einem pyramidalen Wertsystem aus, das bekanntlich krisenförderlich ist. Fiele auch dieser Wert (der Arbeit) aus, wäre der Mann durchaus prädestiniert, in die Fußstapfen der Lottogewinnerin aus Beispiel 4 zu treten – mit oder ohne Lottogewinn. Ich fragte mich: Wo blieb bei ihm eigentlich der Wert „Liebe zum Sohn"? „Er ist alles, was ich noch habe" waren seine Worte gewesen. Nur „hat" man einen anderen Menschen nicht, und Kinder sind schon gar keine Besitztümer. In den Worten des Vaters klang eine Fehleinstellung durch, die es ihm erschwerte, im Kontakt mit seinem Sohn eine sinnerfüllende und beglückende Aufgabe zu erkennen. Stattdessen suhlte er sich in einem tränenreichen Selbstmitleid, das ihn wie ein Strudel immer tiefer in sein Leiden hineinzog. Wie weise war Frankl, als er im Kontext mit noogenen Depressionen den Ausdruck „Vakatwucherungen" geprägt hat. Während Enthusiasmus, Begeisterung und Engagement für etwas Wertvolles helfen, hochkant über seelische Schwächen hinwegzuspringen, wuchern in ein Wertevakuum sämtliche Auswüchse seelischer Schwächen ungehindert hinein, die in einem Menschen angelegt sind. Bei diesem Vater waren es Schwächen wie Verunsicherung, Einfallslosigkeit, Grübelzwang, Anlehnungsbedürfnis, Fremdabhängigkeit, rudimentäres Verantwortungsbewusstsein und eine gering ausgeprägte Resilienz, die er alle in einem vital-normalen Leben zweifellos in Grenzen halten konnte, nicht aber unter dem Druck eines erhöhten Gefordertseins. Je mehr er sich seinen negativen Gedankenobsessionen überließ, desto negativer wurde seine Gesamtsituation realiter.

Fortsetzung Beispiel 29

Deshalb installierte ich als Sofortmaßnahme ein „Stoppschild", das die wehmütige Rückschau des Mannes auf seine Ehe kategorisch unterbinden sollte. Ich lehrte ihn, bei jedweder anschwellenden gedanklichen oder gefühlsmäßigen Assoziation zu seiner Frau sich innerlich sofort energisch „Halt!" zuzurufen und *ihr* innerlich zu sagen: „Mein Schatz, ich lasse dich in Liebe frei. Ich lasse dich gehen, wohin du möchtest, und wünsche dir, dass du finden mögest, was du suchst! Ich lasse dich gehen und schicke dir einen Gruß von uns beiden nach!"

Neben dem „Stoppschild" installierte ich einen „Wegweiser", wohin er nach einem solchen Abschiedsgruß seine Gedanken und Gefühle auf die Reise schicken sollte. Dazu hieß ich ihn, eine Liste von Beschäftigungen anzufertigen, die ihm irgendwann im Zuge seines Lebens Freude bereitet hatten. Die Ausbeute war spärlich, aber immerhin brachte er einiges zu Papier. Schwimmen und Saunabesuche hatten ihm früher gefallen. Als Junggeselle hatte er eine Kakteenzucht gehabt und dafür einen Wärmeraum mit originalem Wüstensand gebaut. Er war ein Salate- und Mayonnaisen-Freak und testete gerne exotische Rezepte aus. All das eignete sich für das Erstellen eines dichten Freizeitprogramms, in das auch sein Sohn einbezogen werden konnte, wenn er Lust dazu hatte.

Seltsamerweise zeigte sich, dass der Sohn mehr Lust darauf hatte als der Vater. Da griff ich zu einem Kunstgriff. Der Vater bekam die Aufgabe, an jedem zweiten Abend gemeinsam mit seinem Sohn einen Spezialsalat anzufertigen, dessen Wohlgeschmack sein Sohn auf einer Skala von 1 bis 10 notieren durfte. An den Abenden dazwischen sollten die beiden an einer neuen Kakteen- und Tropengewächsecke basteln, deren Fortschritte der Sohn wiederum schriftlich festhalten durfte. Am Wochenende standen je nach Wetterlage Schwimmen, Saunabesuch, Joggen oder Radfahren auf dem Stundenplan, und der Sohn durfte die jeweilige Unternehmung benoten. Meine Rechnung ging auf: Der Vater freute sich – zunächst noch nicht an seinen Tätigkeiten, sondern an der Freude seines Sohnes, die sich in dessen gemalten „Kreuzchen" und „Notengebungen" spiegelte. Der Mann verstärkte seine Bemühungen und fand allmählich selbst Gefallen am neuen Programm. Zusätzlich legte ich ihm nahe, sich einer Selbsthilfegruppe für alleinerziehende Väter anzuschließen, wo er konkrete Anregungen erhielt.

Als die Dinge ins Lot kamen, knöpfte ich mir den Sohn vor. „Du hast dich über Langeweile beklagt", sagte ich zu ihm. „Dein Vater hat inzwischen alles Erdenkliche unternommen, um eure gemeinsame Zeit interessanter und abwechslungsreicher zu gestalten. Jetzt liegt es an dir, die Tageszeit, während der dein Vater arbeitet, gut zu nützen. Welche Berufssparte würdest du bevorzugen?" Das wusste der Jugendliche nicht. Er war schulmüde, schwänzte häufig und kannte keine Präferenz. Ich organisierte einen gemeinsamen Termin beim Jugendamt und voller Unbehagen marschierte der Jugendliche mit. Dort erklärte ich, dass keine Gefahr im Verzug sei, Vater und Sohn ein gutes Verhältnis zueinander entwickelt hätten und ein Heimplatz nicht nötig sei. Was aber nötig sei, sei eine sorgfältige Berufsfindung. Als der Junge dies hörte, straffte er sich sichtlich erleichtert. Wir einigten uns darauf, dass er auch ohne regulären Schulabschluss einen „Schnupperkurs" absolvieren durfte, in dem er mit verschiedenen Berufssparten vertraut gemacht wurde.

Wie ich Monate später erfuhr, entschied er sich für eine Kochlehre. Ob Vaters Salatkreationen ihn dazu animiert haben? Wer weiß!

Die Freude ist ein „schöner Götterfunke", und freut man sich an einer Beschäftigung, schwemmt dies so manchen Gram hinweg. Man sei deshalb achtsam bei der Selektion von Beobachtungsinhalten. Wer seinen Gram überbeachtet, verknotet sich mit ihm. Wer sich Werten jenseits seines Grams zuwendet, bindet den Knoten wieder auf.

Arme Doris!

Gewohnheiten sind zuerst Spinnweben, dann Drähte.
Chinesisches Sprichwort

In der Allgemeinmedizin mehren sich die Stimmen, die vorrangig für eine Unterstützung des körpereigenen Gesundheits- und Immunsystems sprechen und nachrangig für krankheitszentrierte ärztliche Eingriffe. Die Logotherapie hat schon vor einem Dreivierteljahrhundert diesen Weg eingeschlagen. Wobei sie (ähnlich wie die Verhaltenstherapie) durchaus auch Symptomreduzierungen anpeilt, denn Symptome mindern die Lebensqualität der Patienten, worüber man nicht nonchalant hinwegschauen darf. Nur soll nicht vergessen werden, dass alles Sich-Befassen mit Störungen, Krankheiten und Symptomen unausweichlich das Selbstverständnis der Patienten beeinflusst; es verstärkt ihre Krankheitsreflexion und ihre Identität, wonach „mit ihnen etwas nicht in Ordnung ist". Diskussionen über seelische Störungen hinterlassen Menschen, die sich noch „gestörter" fühlen als zuvor.

Je mehr Erfahrungen ich im Laufe der Jahre gesammelt habe, desto mehr bin ich zu der Überzeugung gelangt, dass man eine solche Krankheitsreflexion von Anfang an aufzufangen hat mit einer Art „ungezielter Dereflexion". Die gesunden, intakten Bereiche im Leben der Patienten verdienen es, mindestens ebenso oft erörtert zu werden wie die Facetten ihrer Not. Oft sind latente Ressourcen bei ihnen vorhanden, von denen sie keine Ahnung haben. Oft haben sie sich bei vergangenen Komplikationen des Lebens bestens bewährt, sind sich dessen aber nicht mehr bewusst. Oft gibt es profunde Gründe, aus denen sie Mut schöpfen könnten, wenn sie nicht vom Ausgraben diffuser „Krankheitsursachen" geblendet wären. Dazu kommt: Allein schon die Hinlenkung ihrer

1. Möglichkeit (von der Psychoanalyse aufgegriffen)

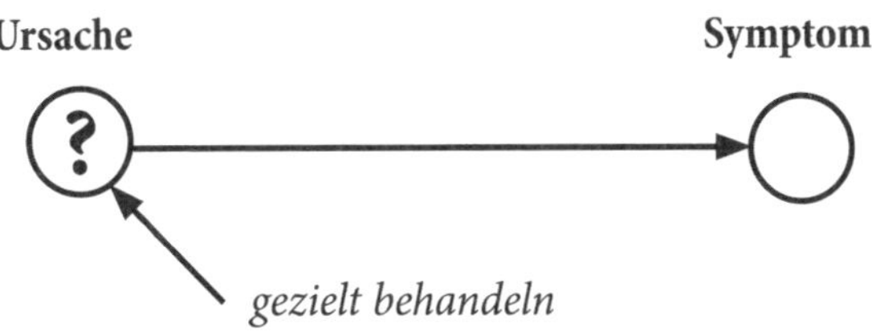

2. Möglichkeit (von der Verhaltenstherapie und Logotherapie aufgegriffen)

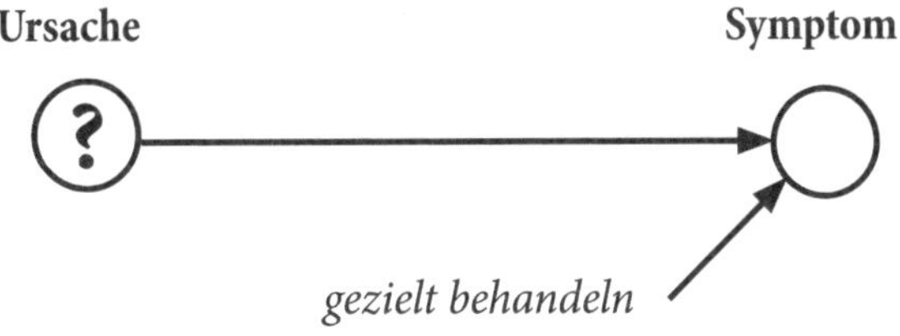

3. Möglichkeit (in der Logotherapie bereits entworfen)

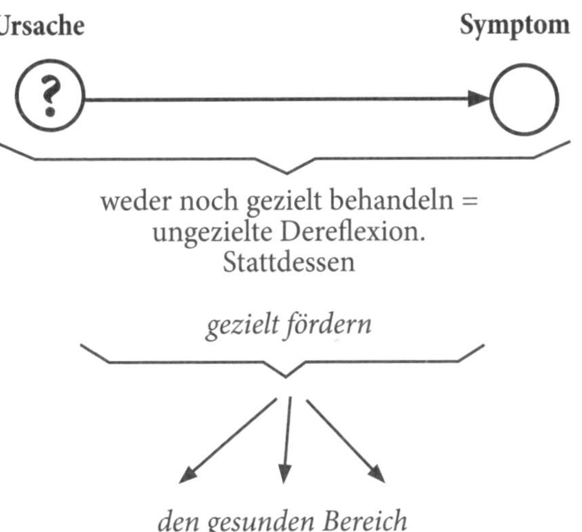

Aufmerksamkeit auf dasjenige, was *außerhalb* ihrer selbst liegt, draußen in ihrer Mit- und Umwelt, schraubt mancherlei Schmerz bei ihnen hinunter, der schier unerträglich dünkt, solange sie ihm erlauben, Angel- und Drehpunkt ihres Lebens zu sein. Negatives, das in die Bedeutungslosigkeit versinkt, richtet weniger Schaden an; Positives, das an Bedeutung gewinnt, ist Aufwind und Regenerationsgebläse für Körper und Seele.

Eines der schwerwiegendsten und am schwersten zu bekämpfenden Krankheitsbilder, das es gibt, ist die *Sucht*. An Ursachen mangelt es hierbei nicht, und die Vernetzungen von Ursachen sind multipel. Genetische, familiäre und soziale Einflüsse eifern mit dem selbst verschuldeten Erliegen von Verlockungen um die Wette. Symptome gibt es auch genügend, und sie sind ausnahmslos grausam. Sie zerren den Süchtigen in subhumane Gefilde und entreißen ihm stückweise Menschlichkeit und Geistigkeit, bis nichts als ein Häufchen Elend übrig bleibt. Doch selbst bei diesem Krankheitsbild, bei dem generell *der Suchtmittelentzug an erster Stelle stehen muss*, also die Symptomreduktion primär ist, weil das Suchtmittel jedwedes Leben in Freiheit und Würde unterminiert, ist parallel dazu die Rettung der Reste des gesunden Bereichs angezeigt. Letztlich ist es der Appell an die „Trotzmacht des (mehr oder weniger umnachteten) Geistes", der dem Patienten den entscheidenden Impuls liefert, sich unter Aufbietung all seiner Residualkräfte noch einmal eine Chance zu geben. Man kann den Entzug um Nuancen sanfter gestalten, man kann dem Patienten über Entspannungs- und Suggestionstechniken die Rückkehr zur Normalität ebnen, aber allzeit wird ein Damoklesschwert über ihm schweben, das sein „runderneuertes Leben" in Blitzesschnelle wieder kappen kann. Deshalb darf keine Suchttherapie ohne intensive Sinnfindungsgespräche enden, wie sie in der Logotherapie selbstverständlich sind. Nur in einer sinnvollen Lebensführung findet das Damoklesschwert des Suchtrückfalls ein ehernes Schutzschild, an dem es abprallt.

Beispiel 30

Aus einem Zeitungsinterview (von 1980) mit Doris:

Seitdem ich süchtig bin, habe ich viel Literatur zum Thema „Sucht" gelesen. Ich glaube, meine Kindheit ist geradezu ein Paradebeispiel für Leute wie mich. Mein Vater starb, als ich zwei Jahre alt war. Von da an habe ich bei meiner Großmutter gelebt. Mit acht Jahren wurde ich zum ersten Mal vergewaltigt, auf einem Spielplatz. Als ich zwölf war, ist dann ein Fernfahrer über mich drüber, als ich zu einer Freundin trampen wollte. Bei dem Kerl habe ich mich nicht mehr gewehrt, und so war alles nur halb so schlimm. Heute ziehe ich dafür anderen geilen Säcken das Geld aus der Tasche. Das ist eine verspätete Rache.

Gehst du auf den Strich? Nein, so Parterre bin ich nun auch wieder nicht. Ich habe ein paar gutbetuchte Typen, denen ich zwischendurch mal einen Gefallen erweise.

Gefallen? Na ja, da ist zum Beispiel ein Großbauer: Vor dem muss ich immer nackt auf einem Gaul rumrutschen. Oder ein Geschäftsmann: Der will, dass ich mich ohne Höschen hinsetze und die Füße auf den Tisch lege. Das ist für ihn das Höchste. Bei beiden kassiere ich jedes Mal 500 DM dafür. Natürlich habe ich auch normalere Kunden.

Reicht dieses Geld für deine tägliche Menge Stoff? Nicht ganz. Im Augenblick gibt es kaum Morphium auf der Szene, deshalb nehme ich Heroin. Und davon brauche ich am Tag etwa zwei Gramm. Kostet 600 DM. Das ist unheimlich viel Kohle. Ich muss deshalb zwischendurch ein bisschen mit Stoff dealen und immer wieder mal Nacktfotos machen. Und Hans bringt ja auch was mit nach Hause.

Hans? Das ist mein Freund. Mit dem lebe ich seit 14 Tagen zusammen. Hans klaut in der Gegend rum und verkauft Haschisch. So kommen wir zusammen ganz gut über die Runden.

Wann hast du mit dem Rauschgift angefangen? Mit dreizehn. Da habe ich meinen ersten Trip geworfen. Nach genau dreimal wurde es mir zu langweilig. Immer die gleichen Farben, die gleichen Halluzinationen. Danach lief fast ein Jahr lang nichts mehr.

Und wie bist du zum Morphium gekommen? Das war ganz seltsam. Ich lebte inzwischen wieder bei meiner Mutter, die einen Bank-Filialleiter geheiratet hatte. Eines Abends gab es furchtbaren Krach. Mein Stiefvater wollte meine Alte rauswerfen. Da habe ich ihm voll unten reingetreten. Er ließ zwar meine Mutter los, hat mich dafür aber grün und blau geschlagen. Und was das Enttäuschende war: Die Alte hat zu ihm gehalten. Ich bin noch in derselben Stunde von zu Hause abgehauen und habe die beiden seitdem nie wieder gesehen. Ich bin zu einer Drogenberatungsstelle gerannt, da kannte ich nämlich ein paar Typen. „Ich bin völlig fertig, ich brauche sofort einen Trip", habe ich denen vorgeflennt. Die hatten echt Verständnis, aber keine Trips. Ersatzweise gaben sie mir eine Spritze Morphium. So hat das angefangen. Ich habe die ganze Nacht nur gekotzt, so schlecht wurde mir von dem Morphium. Keine Spur von dem angekündigten „geilen Feeling". Ich habe mich die ganze Zeit gefragt, was die anderen da bloß dran finden. Um das rauszukriegen, habe ich anschließend eine Woche lang weitergefixt. Danach war mir alles klar, aber ich war auch voll drauf auf dem Zeug.

Kannst du es erklären? Du erlebst unter Morphium alles total bewusst. Du kannst lernen, denken, zur Schule gehen. Keiner merkt dir was an. Du siehst auch deine Probleme, aber es betrifft dich alles nicht mehr. Nichts regt dich auf. Dabei ist Morphium noch schneller in der Wirkung als Heroin. Beim Morphium gibt es sofort einen Wahnsinnsknall im Hirn. Das ist unheimlich geil.

Du warst damals 14 Jahre alt und hattest wahrscheinlich kaum Geld für den Stoff? Doch. Ich bin einfach mit Chris zusammengezogen. Der war vier Jahre älter und auch morphiumsüchtig. Wir haben Apothekeneinbrüche gemacht, so zwei-, dreimal pro Woche. Das reichte dicke für uns selbst, und meistens konnten wir auch noch Zeug verkaufen. Anderthalb Jahre ging alles gut, dann wurde Chris eines Nachts geschnappt. Ich habe von da an bis zum Abitur für einen Bekannten mit Morphinbase gedealt. Und nach dem Abitur bin ich sofort nach Indien abgehauen. Ich hatte die kalten, unmenschlichen Typen hier einfach satt. Zu Chris wollte ich auch nicht mehr zurück. Der hatte nach dem Knast einen Entzug gemacht und war jetzt clean. Jedenfalls war in Indien alles sehr einfach: Morphium, Heroin, Opium, Shit – alles kann man da billig kaufen. Das Geld dafür haben mir Typen geschenkt, mit denen ich zwischendurch mal geschlafen habe. Mit Rauschgiftschmuggel hätte ich natürlich viel mehr Kohle machen können, aber es war wahnsinnig schwierig, das Zeug aus dem Land zu bringen ...

***

Beim Lesen dieses Interviews wird jedermann denken, dass die Lebensgeschichte dieser jungen Frau genügend Ursachen für ihre Sucht enthält. Die Erziehung, das Elternhaus hat versagt. Die Drogenberatungsstelle ebenfalls. Der Freund, die sexgierigen Männer und die Handelspraktiken in Indien waren mit schuld. *Wirklich?*

Ja. Und nein. Hat Doris nichts dazu beigetragen? Musste sie sich in den Streit zwischen Mutter und Stiefvater einmischen? Musste sie zur Drogenberatungsstelle laufen und um einen „Trip" flehen? Musste sie nach den üblen Folgen der ersten Morphiumspritze „weiterfixen"? Musste sie nach dem bestandenen Abitur nach Indien fahren? Gewiss, das Schicksal hat mitgespielt. Der Vater ist früh gestorben, die Vergewaltigung war ein Schock, der Wechsel von der Oma zur Mutter und zum Stiefvater war wahrscheinlich für alle Beteiligten schwierig, die Enttäuschung, dass die Mutter ihrem Lebenspartner näherstand als ihr, war bitter.

Aber waren nicht auch positive Angebote da? Die Mutter hat sie zu sich geholt, sobald sie konnte. Die Leute von der Drogenberatungsstelle haben versucht, ihr zu helfen. Doris hatte die Chance, Abitur zu machen und dadurch viele berufliche Weiterbildungsmöglichkeiten zu finden. Schließlich war sogar ihr Freund geheilt worden und hätte ihr Vorbild und Stütze sein können.

War es nicht so, dass zuerst *die Not* dieses Kindes (Vergewaltigung, Stiefvater) nicht verkraftet werden konnte und ein Ausweg in der Flucht zur Droge gesucht wurde, dass aber später, vor und nach dem Abitur, *eine Sinnleere* bestand, ein Nicht-wissen-was-jetzt-Tun, ein Verlust in der Wertorientierung und eine Einengung des Gesichtsfeldes auf das Selbst? „Ich hatte die kalten, unmenschlichen Typen einfach satt", erklärte Doris, aber wie war denn *sie*? Mit 14 Jahren ist sie der Mutter davongelaufen und zum Freund gezogen, den sie nach dem Abitur auch verließ. Inzwischen hat sie mit Morphinbase gehandelt – war das alles sehr warm und menschlich? Aber sie sah nur sich und nichts außerhalb, keine geliebten Menschen, keine Berufsziele, keine festen Standpunkte, keine Ethik, keinen Sinn in ihrem Leben. Der Zynismus, mit dem sie über ihr Leben spricht, zeigt den geringen Wert, den sie dem Leben zubilligt, und etwas Wertloses kann man ja auch gefährden, wenn es Spaß macht! Wo sind die gesunden Trotzkräfte geblieben, die nicht zugelassen hätten, dass sich dieses Menschenkind seinen tragischen Startbedingungen beugt? Wo ist die Sehnsucht nach einer sinnvollen Existenz geblieben, die nach dem Schulschluss einen Lebensweg und ein Lebensziel hätte erkennen lassen? Doris hat viel Literatur zum Suchtthema gelesen; hat sie auch Franklsche Literatur gelesen?

Sucht und Leere

Wer sich nach Licht sehnt, ist nicht lichtlos, denn die Sehnsucht ist schon Licht.

Spruch aus Indien

Fortsetzung Beispiel 30

Als Psychotherapeutin der Franklschen Schule hätte ich zu Doris gesagt:

„Doris, du sollst wissen, dass du allein es in der Hand hast, deinem jungen Leben eine Wende zu geben. Du kannst körperlich und seelisch gesunden, wenn du den festen Willen dazu aufbringst. Keine noch so schlimme Krankheit, kein noch so kaputtes Elternhaus und keine jahrelange negative Erfahrung können dich niederzwingen, wenn du die Kräfte deines Geistes einsetzt, um einen neuen Anfang zu setzen. Die Droge hat zwar deine Kräfte vorübergehend unterhöhlt, weswegen du einen Entzug machen musst, aber danach werden diese Kräfte wieder zum Vorschein kommen und die Führung in deinem Leben übernehmen. In dir ist Großartiges angelegt. Du bist hochintelligent, sonst wärst du nicht der Fahndung nach dir als Jugendliche entkommen, wärst bei Einbrüchen erwischt worden, wärst pleite gegangen usw., vom positiven Abschluss des Gymnasiums unter den gegebenen Umständen gar nicht zu reden. Mehr noch: In dir ist ein absolut heiler, unbeschädigter Personenkern, an dem kein Kratzer daran ist. Du kannst ihn von allem Schutt befreien, der ihn überlagert, und von allem Elend, das gewesen ist. Beweise es, Doris, beweise es allen, die dich aufgegeben haben, und beweise es dir selbst, dass du ein Trauma in einen Triumph verwandeln kannst, dass es dir gelingt, aus den tiefsten Tiefen der Hölle emporzusteigen zu dem, was auch in dir schlummert: zur wahren Liebe, zum Guten, zum Vernünftigen, zu dem, was dich einmalig und einzigartig sein lässt auf dieser Erde. Dein Leben ist wertvoll! Du weißt es bloß nicht, aber eines Tages wirst du vielleicht erkennen, welch ein Geschenk es ist, leben zu dürfen, und wirst wünschen, du hättest mehr Zeit, um deine ureigenen Vorhaben umzusetzen, deren du soeben erst ansichtig geworden bist. Ein ‚geiles Feeling' ist zu wenig für dich, Doris, es ist deiner nicht würdig, es macht dich auch nicht glücklich. Kämpfe mit dir, ringe dich durch, noch hast du eine wundervolle Chance für ein sinndurchwirktes Leben, bis zuletzt hast du eine Chance, und niemand kann sie dir rauben – außer der Tod."

***

Einer aktuelleren Erhebung aus Bayern zufolge leben dort etwa 6000 heroinabhängige Fixer. Die Alkoholiker hat man nicht gezählt, es müssen mehrfach so viele sein. Aber gezählt hat man die Jugendlichen zwischen zwölf und 14 Jahren, die bereits mit Drogen in Kontakt gekommen sind. Es war (statistisch) jeder Achte von ihnen.

Der Süchtige wird völlig abhängig vom Suchtmittel und mit der Zeit zu einem fast willenlosen Geschöpf, was er im vollen Ausmaß kaum überblickt. Er orientiert sich nicht mehr nach Sinn, Werten und Zielen, sondern gehorcht blindlings dem Diktat seines Verlangens; er orientiert sich nach seinen Konsumationswünschen und in Flucht vor den drohenden Abstinenzerscheinungen.

Circa bei der Hälfte der Fälle von Süchtigkeit geht ein entsprechender Anlass oder ein Auslöseereignis voraus (siehe Doris). Bei der anderen Hälfte der Fälle von Süchtigkeit fehlt ein solch gravierender Anlass. Insbesondere junge Menschen, die in einer Atmosphäre von Schonung und Verwöhnung aufgewachsen sind, greifen plötzlich zu Stimulanzen und Halluzinogenen, und es ist weit und breit kein Grund ersichtlich. Allerdings gibt es einen „Grund" anderer Art als Dauerkummer und Schicksalsschläge, nämlich ein abgründiges Sinnlosigkeitsgefühl. Reale Not ist immerhin noch eine Aufforderung an den Menschen, alles zu tun, um sie zu überwinden; im Dunst des Sinnlosigkeitsgefühls, im „existentiellen Vakuum" (Frankl) wird jedoch keine Aufforderung an den eigenen Unternehmungsgeist mehr erlebt. Es existiert scheinbar nichts, wofür es sich lohnt, zu leben bzw. das Leben mit Elan und Anstand zu meistern. Friedrich Nietzsche hat einmal gesagt: „Wer ein Warum zu leben hat, erträgt fast jedes Wie." In Umkehrung könnte man sagen: „Wer kein Warum zu leben hat, erfreut sich an keinem Wie."

Das existentielle Vakuum ist der ideale Nährboden für den Griff nach Alkohol und Drogen. Das ist es vor allem deshalb, weil zum eventuell erwünschten Vergessen-Können (von Unannehmlichkeiten) eine weitere Komponente hinzutritt. Mit der großen Gruppe der Psychomimetica kommt die Gelegenheit hinzu, eine Scheinwelt zu erleben. Wie sehr mag es einen Menschen voller existentieller Zweifel, gesättigt mit dem materiellen Überangebot der modernen Gesellschaft und alleingelassen in der Sprachlosigkeit des Kommunikationsdefizits vieler Kleinfamilien, locken, blitzschnell eintauchen zu können in ein nie empfundenes Flair von gehobenem Selbstwertgefühl und unbegreiflicher Magie? Ein faszinierender Scheinsinn wird für gähnende Langeweile eingetauscht.

Die bedauernswerten Opfer solch kurzfristiger Illusionen sind zu vergleichen mit jenen Ratten im Tierexperiment, die zu Versuchszwecken Elektroden ins Sättigungszentrum ihres Gehirns eingepflanzt bekommen hatten, und die durch Drücken eines Hebels im Käfig geringe Stromstöße über diese Elektroden auslösen konnten. Die Ratten wurden extrem süchtig auf die Stromstöße, die eine Hunger-Befriedigung simulierten, und befriedigten sich daran bis zu 100-mal am Tag. Das echte Futter aber, das ihnen gereicht wurde, ließen sie unberührt, denn – sie waren ja satt, wenn auch nur scheinbar. Ähnliche Phänomene sind bei der Drogenabhängigkeit eruiert worden. Menschen, die sich in ihrem gesunden Sinnbedürfnis frustriert fühlen, greifen zu „Sinnestäuschungen" in der doppelten Bedeutung des Wortes und gehen an den wahren Werten und Aufgaben ihres Lebens interesselos vorüber.

Demnach kann man die beiden seelischen Hauptgrundlagen der Süchtigkeit folgendermaßen zusammenfassen: Entweder wird die Betäubung gesucht, um einem schweren Schicksal nicht ins Auge sehen zu müssen, oder es wird die Illusion gesucht, um eine Leere im Leben zu füllen. Entweder ist Not untragbar geworden, oder es ist ein gleichgültiges „Funktionieren" unerträglich geworden. Beide Extreme, Not und Leid, Überfluss und Überdruss, verführen zur (chemisch unterstützten) Abwendung von der Wirklichkeit. Natürlich gibt es vordergründig zahlreiche andere Einzelursachen zu nennen, wie Neugierde, Verleitung durch andere, Gewalt, Opposition gegen Autoritäten, gruppeninterne Vorbilder oder Naivität und fehlende Aufklärung. Dazu auch Wohnungsenge, gestörte Verhältnisse und Schul- oder Berufsstress, wie es sich in den Fachbüchern häufig darstellt[10]. Aber der tiefste Kern des Problems ist in der Flucht vor einem Seelenschmerz oder vor einem Existenzvakuum oder vor beidem (siehe Doris) zu lokalisieren.

Was bedeutet das für die Suchtprävention? Lernen wir beizeiten, einen klaren Kopf für zukunftsweisende Konzepte zu behalten! *Betäubt schafft man kein Unglück aus der Welt.* Frankl schrieb dazu: „Der Mensch, der sich zu betäuben versucht, löst kein Problem, schafft ein Unglück nicht aus der Welt. Was er aus der Welt schafft, ist vielmehr die bloße Folge des Unglücks, nämlich der Gefühlszustand der Unlust. Aber der Akt des Hinsehens erzeugt nicht den Gegenstand, und der Akt des Wegsehens vernichtet ihn nicht."[11] Welch eine weise Formulierung! Wenn ein Kind gestorben ist und seine Mutter daraufhin vermehrt zu Schlafmitteln greift, ändert dies nichts am Tod ihres Kindes. Die Mutter entflieht zwar schlafend für Stunden dieser Katastrophe, aber die Katastrophe bleibt bestehen und holt sie immer wieder ein. Da ist es besser, den Tod des Kindes mit allen Tränen zu beweinen, die man hat, denn in der Trauer spiegelt sich die Liebe, und auch sie bleibt bestehen und holt einen wieder ins Leben zurück. Ähnliches gilt für die vermeintliche Sinnleere. Wer sie wachen Geistes durchsteht und ihr so wenig wie möglich nachgibt, der strampelt sich wieder aus ihr heraus. Zu bunt und zu vielfältig ist das Leben, als dass es nicht für jeden etwas Überraschendes bereithielte, ein Wegzeichen, das ihn aufrüttelt und berührt, oder eine Anregung in Form guter Tipps seitens der Mitmenschen. Es gibt einfach Durststrecken, die man aushalten muss, doch dürfen wir vertrauen: Irgendwann wird auch unser sehnlichster Durst gestillt werden.

Kann man wollen wollen?

Schließen wir noch ein paar Hinweise zur Suchttherapie an. Doris könnte sich retten, wenn sie den festen Willen dazu aufbrächte ... kann sie aber wollen, was sie will? Definitiv nein. Sie kann tun, was sie will, aber nicht wollen, was sie will. Zünftig philosophisch gesprochen ist das Wollen „ein intentionales Phänomen, das sich selber und seinerseits nicht intendieren lässt". Man kann auch nicht glauben wollen (ein weiteres intentionales Phänomen): Entweder man glaubt etwas oder man glaubt es nicht. Ähnlich ist es mit dem Willen: Man will etwas oder man will es nicht. Was hat es dann mit dem Willen auf sich? „Er entzündet sich am Gewollten", hat Frankl erklärt. Intentionale Phänomene haben ein *Gegenüber*, das sie auflodern lässt. *Glaubwürdiges* lässt den Glauben sprießen. *Liebenswertes* lässt die Liebe erglühen, *Begehrenswertes* lässt den Willen wachsen. Also stellt sich im Kontext mit solchen Phänomenen stets die Frage: Was ist wahr genug, geglaubt zu werden? Was ist wert genug, gewollt zu werden?

Gewisse seelische Krankheiten trüben allerdings den Blick auf ein *Gegenüber*. Zugleich mit dem Schwinden eines wahrgenommenen *Gegenübers* schwinden auch die Glaubens-, Liebes- und Willenskräfte im Menschen. Deshalb ist in solchen Fällen die medikamentöse Behandlung jeder psychotherapeutischen Intervention vorgängig.

Beispiel 31

Frankl hat in einer seiner Vorlesungen von einer Patientin berichtet, die an periodisch auftretenden endogenen Depressionen gelitten hat. Angesichts dieser körperlichen Komponente ihres Leidens war der Einsatz von Antidepressiva indiziert. Doch die Patientin erwies sich auch als psychisch verstimmt, und zwar insofern, als sie über ihren ständig lamentablen Zustand in Verzweiflung geriet. Deshalb bedurfte sie einer psychotherapeutischen Begleitung. Frankl führte mit ihr hilfreiche Gespräche des Inhalts, dass sie das Grübeln über ihre Depression beenden solle, weil es begreiflicherweise zu nichts führe, und dass sie stattdessen die Depression an sich vorüberziehen lassen solle wie eine Wolke, die an der vom Himmel strahlenden Sonne vorüberzieht und den Blick auf die Sonne für kurze Zeit verdeckt. Er tröstete sie damit, dass nach dem Abklingen des endogenen Depressionsschubs ihr Blick für die Schönheiten und Freuden des Lebens wieder geöffnet sein werde.

Nun aber, als sich die Depression der Patientin tatsächlich lichtete und ihre geistige Blockierung durch die psychische Verstimmung nachließ, kam die ganze geistige Problematik der Frau zum Vorschein. Es war der Aufschrei eines Menschen, der in Abständen von quälenden Depressionsschüben heimgesucht wird und sich bange fragt, ob denn sein Leben mit einem solchen Handicap überhaupt lebenswert ist. Daraufhin änderte Frankl seine Taktik und startete seine typisch logotherapeutische Argumentationskunst. Er begab sich mit der Patientin so lange auf Sinnsuche, bis sie nicht nur *trotz* ihrer gelegentlichen Verstimmungszustände ein Leben voll persönlichster Aufgaben vor sich zu sehen vermochte, sondern sogar noch *in* ihren depressiven Zuständen eine Aufgabe *mehr* erblicken konnte, nämlich die Aufgabe, mit ihnen fertigzuwerden und sich innerlich über sie zu stellen. Ihre „Trotzmacht des Geistes" wurde aktiviert, um trotz der wiederkehrenden Depressionsphasen einen Lebensstil zu entwickeln, der für sie zufriedenstellend und sinnstiftend war.

Man beachte: Es waren die (körperlich und psychisch) *gesunden Zwischenzeiten* zwischen ihren Depressionsschüben, die Zeiten voller geistiger Freiheit, in denen sich massive Zweifel am Wert der eigenen Existenz bei ihr meldeten! Während der akuten Verstimmungsphasen war ihr geistiger Horizont viel zu eingeschnürt dafür. Folglich war es von größter vorsorglicher Bedeutung, dass Frankl sich in diesen *gesunden Zeiten* intensiv seiner Patientin annahm.

***

Analog hat das Vorgehen bei Suchtkranken zu verlaufen. Solange sie sich in den Klauen ihrer Suchtabhängigkeit befinden, ist ihr geistiger Horizont zugedröhnt. Alle Überredungskunst ist darauf zu verwenden, sie zur Entgiftung und Entwöhnung in eine geeignete Klinik zu bringen. Auf körperlicher Ebene muss getan werden, was möglich ist, um sie organisch und hirnphysiologisch wieder flottzubekommen. Logotherapie wäre hier verfrüht. Die mit der Unterbindung der Suchtmittelzufuhr gekoppelte psychische Verstimmung ist ihnen nicht zu ersparen, kann aber mittels Entspannungstechniken gelindert werden. Egal, ob man autogenes Training, Progressive Relaxation (nach Jacobson) oder Yoga einsetzt, das Beherrschen von Entspannungstechniken ist ein wirksames Mittel gegen die Erregungsattacken, von denen solche Patienten noch lange Zeit regelmäßig befallen werden. Immer wieder packt sie plötzlich der Heißhunger auf die Droge oder eine kaum einzubremsende Gier nach einem Quäntchen Alkohol etc. und macht sie „verrückt". Es zieht ihr Aktivationsniveau (= Erregungsniveau des Gehirns) hoch und bedroht sie, ihre besten Vorsätze abrupt zu vergessen. Können sie sich jedoch in diesem seelischen Zwiespalt kurzfristig entspannen und auf ein ruhiges Aktivationsniveau zurückbeordern, sind sie sogleich wieder Herr oder Frau ihrer Lage.

Auf einer ersten Stufe der Einflechtung logotherapeutischen Gedankengutes in die Nachbetreuung suchtkranker Personen habe ich das Anlernen von solchen Entspannungstechniken dazu

Schema der Entspannung

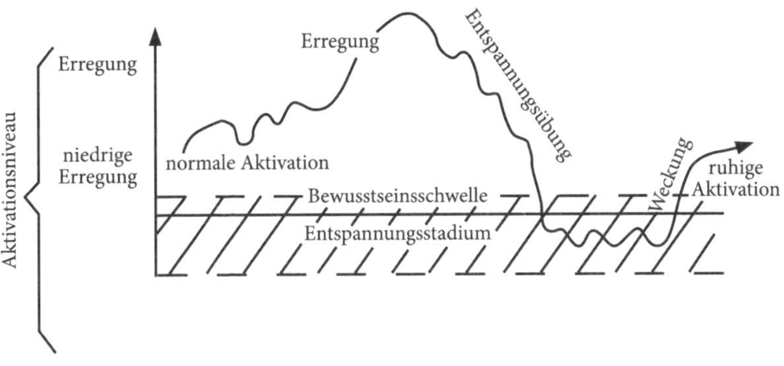

benutzt, Suggestivformeln mit einzuschleusen. Ich habe dies ein „suggestives Willenstraining" genannt, obzwar wissend, dass sich „der Wille am Gewollten entzündet". Doch sollte sich in den Patienten das Vertrauen auf ihre eigene Entscheidungsmacht und auf ihre hervorquellende Willenskraft festigen, sobald ein neues und wertvolles Gewolltes (jenseits des Suchtmittels) die Bühne ihres Lebens betreten würde.

Bei der Anwendung professioneller Entspannungstechniken kommt es an der Talsohle zu einer so niedrigen Erregung, dass die Bewusstseinsschwelle kurz unterschritten wird, bevor die sogenannte „Weckung" den Betreffenden wieder munter macht (vgl. obige Skizze). Während dieser exzessiven Entspannung knapp an der Grenze zum Schlaf ist der Mensch besonders suggestibel. Er nimmt akustische Einflüsterungen nur schwach bis überhaupt nicht wahr, dennoch prägen sie sich ihm tief ein (worauf unter anderem das Prinzip der Hypnose beruht). In Kenntnis dieses Effektes habe ich meinen Schützlingen oft nicht nur Formeln des autogenen Trainings auf Kassetten aufgesprochen, die sie sich zu Hause im Falle von „Panikaufkommen" anhören konnten, sondern zwischendurch auch Formeln eingebaut wie: „Immer mehr Willenskraft, immer mehr Willenskraft ..." oder „Meine Gedanken sind gesammelt und klar, meine Gedanken sind gesammelt und klar ..." oder „Ich bin es, die entscheidet, ich bin es, die entscheidet ...". Dabei achtete ich stets darauf, nur positive Formulierungen zu verwenden, also nicht etwa zu suggerieren: „Keine Lust auf Alkohol" oder Ähnliches. Wichtig ist es im gesamten Erziehungsgeschehen und daher auch im Selbsterziehungsgeschehen, im Bewusstsein zu haben, *was* man soll, und nicht, was man *nicht* soll. Meine Patienten mochten diese Kassetten sehr und gebrauchten sie wie „Beruhigungspillen", so dass ich sie manchmal ermahnen musste, nicht wiederum in den Sog einer „Abhängigkeit (von den Kassetten)" zu rutschen. Aber immerhin war es die am geringsten gefährliche „Abhängigkeit", wenn sie sich gewohnheitsmäßig entspannten.

↑

III **Geistige Sinnfindungsgespräche**
(zweite Stufe der logotherapeutischen Nachbetreuung)

Übergang: suggestives Willenstraining

II ***Psychologisch* wirkende Entspannungsübungen**
(erste Stufe der logotherapeutischen Nachbetreuung)

I ***Körperlicher* Entzug**
(vor-logotherapeutische Stufe in der Klinik)

War die körperlich-seelische Genesung meiner Schützlinge fortgeschritten, leitete ich mit klassisch-logotherapeutischer Methodik zur zweiten Nachbetreuungsstufe über und startete (genau wie Frankl bei der endogen depressiven Frau) Sinnfindungsgespräche mit ihnen. Solche setzen allemal eine gewisse unversehrte Geistigkeit voraus, nicht bloß in intellektueller Hinsicht, sondern in Bezug auf die Fähigkeit, Werte zu erspüren, Gewissen zu vernehmen, Verantwortung zu tragen und mit dem Selbst nicht unlösbar verwickelt zu sein.

Sinnfindungsgespräche sind faszinierend. Es ist, als würde man mit den genesenden Patienten wie die Seefahrer und Abenteurer von einst in eine unbekannte Welt ausziehen, um ihre Schätze zu erforschen. Es wäre mir beispielsweise ein Herzensanliegen gewesen, mit einem gescheiten Mädel wie Doris am Ende ihrer Suchttherapie um bildschöne Perspektiven für ihr Leben zu ringen. Könnte sie ihre Mutter ausfindig machen, sich mit ihr in einem Kaffeehaus verabreden und – sich mit ihr aussprechen? Nachträglich zu einem gegenseitigen Verständnis gelangen? Oder könnte sie als „clean Gewordene" ihre frühere Drogenberatungsstelle besuchen und dort stolz ihren Sieg verkünden? Vielleicht erzählen, dass die Morphiumspritze seinerzeit keine gute Idee gewesen ist, dass sie aber jetzt wisse, was wirklich hilfreich sei, und dass sie als „erfahrene Ex-Userin" gerne Tipps an Jugendliche weitergebe, die in der Beratungsstelle auftauchen würden? Könnte sie gar Hans motivieren, sein Leben auf eine gesunde Basis zu stellen? Wenn ehemals Süchtige für einen Entzug und eine Kehrtwende im Suchtverhalten plädieren, verfügen sie über eine Glaubwürdigkeit, die kein Suchthelfer in vergleichbarem Ausmaß besitzt. Denn ihnen nimmt man ab, dass „es zu stemmen ist", dass man sich aus einer Abhängigkeit herauswinden kann, und wenn es noch so aussichtslos erscheint; ihnen glaubt man die „frohe Botschaft", dass ein heiler Kern im Menschen wohnt, den die Droge nicht zu zerstören vermochte. Oder könnte sich Doris erhobenen Hauptes von ihren „geilen Kunden" verabschieden und ihnen mitteilen, dass sie zu ihrer Würde als Frau zurückgefunden hat? Dass sie – jawohl! – „Parterre gewesen ist" aufgrund schrecklicher Vergewaltigungserlebnisse in ihrer Kindheit, aber jetzt vorhabe, ein anderes und edleres Gesicht der Liebe kennenzulernen? Und dass sie auch ihren „Kunden" empfiehlt, keine jungen Frauen mehr für egoistische Zwecke zu missbrauchen? Hätte sie am Ende den Löwenmut, dem einen oder anderen Apotheker ehrlich zu gestehen, dass sie während ihrer Krankheitsphase bei ihm eingebrochen hat, und sich dafür zu entschuldigen?

Wir könnten unsere Entdeckungsreise auch in die Gymnasialzeit von Doris verlagern und dort nach ihren Lieblingsfächern suchen. Wofür hat sie sich jemals interessiert? Welcher Lernstoff ist ihr mit Leichtigkeit „zugeflogen"? Das Erwerben von Fremdsprachen vielleicht, denn irgendwie muss sie sich doch in Indien verständigt haben. Oder hat sie ein Faible für Chemie gehabt? Wäre die Erforschung von giftigen und ungiftigen Substanzen ein Thema für sie, dem sie sich mit Leidenschaft widmen könnte? Oder gefiele ihr der soziale Aspekt, die gesellschaftliche Entwicklung, das Trendwesen ... Könnte sie sich eine verspätete Einschreibung an einer (Fach-)Hochschule vorstellen? Und wenn ja, welche finanzielle Unterstützung käme dafür in Frage? Man sieht, Sinnfindungsgespräche sind Abenteuer ersten Ranges: mit ungewissem Ausgang, aber mit dem Inspirationsfunken, den „Willen zum Sinn" zu „zünden".

Flucht in den Schlaf

> Wer sein Schicksal für besiegelt hält, ist außerstande, es zu besiegen.
>
> *Viktor E. Frankl*

Beispiel 32

Eine junge Frau, Mutter von fünf Kleinkindern, hatte nach der Inhaftierung ihres Mannes begonnen, zunehmend Valium und Schlafmittel zu konsumieren. Als die Nachbarn einmal die Kinder den ganzen Nachmittag lang weinen und schreien hörten, verständigten sie die Polizei, die in die Wohnung eindrang und die Frau betäubt im Bett liegend vorfand, während die Kinder in jämmerlicher Verfassung waren. Die Kinder wurden provisorisch bei den Nachbarn untergebracht, und die Frau kam in eine Klinik. Nach ihrer Entlassung erhielt sie die Auflage, sich einer psychologischen Behandlung zu unterziehen, und landete bei mir.

In meinen ersten Informationsgesprächen stellte sich heraus, dass die Frau immer dann zu Valium und Schlafmitteln zu greifen pflegte, wenn sie von Ängsten um die Zukunft ihrer Familie umgetrieben wurde oder wenn sie sich seitens der Kinder überfordert fühlte. Beides war nachvollziehbar und keineswegs irrational. Mit einem Ehemann im Gefängnis sieht die Zukunft einer Familie nicht rosig aus; und fünf Kleinkinder, die alle gleichzeitig die Aufmerksamkeit des Erziehers beanspruchen, können eine Einzelperson schon nervös machen. In solchen Fällen regte sich die Mutter auf, verkrampfte sich, fand keine Ruhe mehr und – verkroch sich in künstlich herbeigezwungenem Schlaf.

Ich nahm die Patientin sofort ins autogene Training und fertigte zwei verschiedene Variationen von Kassetten für sie an: die Vormittags- und die Abendkassetten. Die Vormittagskassetten waren für das kleine Zeitfenster zwischen ihren Essensvorbereitungen und dem Abholen der Kleinen vom Kindergarten (bzw. dem Heimkommen ihrer beiden Schulkinder) vorgesehen. Nach den anstrengenden Haushaltspflichten am Morgen sollte sie sich mit einer ausgiebigen Erholungspause für den nicht minder anstrengenden Nachmittag rüsten. Diese Entspannungsübungen am Vormittag mixte ich mit einem „suggestiven Willenstraining", indem ich der Patienten am Tiefpunkt ihrer Entspannung (und kurz vor der Weckung) die Formel „Ich bin voller Zuversicht, ich bin voller Zuversicht ..." dazwischenschob. Im Unterschied dazu enthielt die Abendkassette keine Suggestion und keine Weckung, dafür aber den „posthypnotischen Auftrag", am Tiefpunkt der Entspannung den Rekorder abzuschalten und ruhig und friedlich bis zum morgendlichen Weckergeläut weiterzuschlafen, um bei diesem Signal frisch und fröhlich zu erwachen, sich zu strecken und zu dehnen und mit einem Lachen aus dem Bett zu hüpfen: einem Lachen darüber, dass ihr ein neuer Tag winkt, dass sie aufstehen kann und dass sie fünf gedeihende Kinder hat, was alles Riesengeschenke sind.

Die Frau beherrschte diese Übungen sehr rasch und blieb konsequent beim Schlafmittelverzicht. Parallel dazu besprachen wir Alltagsszenen, die ihr Probleme machten, und erarbeiteten Lösungen. Wenn sich zum Beispiel eines ihrer Kinder weigerte, seinen Brei zu essen, und in der Küche damit herumspritzte, war dies keine Aufregung mehr wert. Sie lernte, gelassen den Brei wegzutun, das Kind zu säubern und in eine Spielecke zu setzen, ihm aber bis zur nächsten Mahlzeit nichts mehr zu verabreichen. Hunger war schon immer „der beste Koch". Wenn einer ihrer Buben auf der Straße meuterte, mit den Füßen stampfte und nicht heimgehen wollte, war dies auch kein Anlass mehr zur Dramatisierung.

Sie nickte ihm lächelnd zu und sagte: „Okay, du kannst hier auf uns warten. Wir anderen gehen nach Hause und trinken eine heiße Schokolade, dann holen wir dich ab." Alsbald trabte der Trotzkopf hinter ihnen her. Peu à peu übertrug sie den Kindern kleine Aufgaben in der Familie und lobte sie für jeden winzigen Eigenbeitrag. Das alles trug zu ihrer allgemeinen Entlastung bei.

Wochen später instruierte ich die Frau, die Kassetten leiser zu drehen und die Entspannungsformeln selbständig innerlich abzurufen. Bald kam der Tag, an dem sie sie nicht mehr brauchte. „Ich fühle mich jetzt gestärkt und bin ausgeglichener geworden", erklärte sie mir. „Auch die Kinder werden, wie mir scheint, vernünftiger und reifer." Ich freute mich über ihren Erfolg. Dann vertraute sie mir an, dass eine Baufirma in ihrer Nähe stundenweise Anlernkräfte fürs Büro suche. Sie erwog, sich für die Vormittage zu bewerben, um das Familienbudget aufzubessern. Was ich davon hielte? Wir diskutierten Pro und Kontra und einigten uns, es auf eine Probe ankommen zu lassen. Insgeheim fürchtete ich, dass die Mutter wieder in Stress geraten könnte und ihre Kinder darunter leiden würden, doch zu meiner Überraschung bewährte sie sich glänzend. Sie zog sich geschmackvoller an, frisierte sich hübsch und leistete sich für das verdiente Geld eine moderne Waschmaschine und eine Mikrowelle. Die Nachmittage gehörten nach wie vor ihren Kindern. Reinigungsarbeiten und Essensvorbereitungen verlagerte sie auf die Wochenenden. Ich investierte noch einige Beratungsstunden, um sicherzustellen, dass ihr neues Zeitmanagement funktionierte, dann trennten wir uns.

Der Zufall wollte es, dass ich die Frau nach circa einem Jahr auf der Straße wiedertraf. Sie kam mit zwei Kindern an der Hand und einem großen Einkaufskorb aus einem Geschäft. Beschwingt eilte sie auf mich zu und berichtete mir, dass ihr Chef auf ihre Bitte hin einverstanden gewesen war, ihrem Mann nach der Entlassung aus dem Gefängnis eine Chance zu geben, und dass auch dieser jetzt bei der Baufirma beschäftigt war. „Wir haben beide nicht vor, noch einmal rückfällig zu werden", betonte sie. „Er nicht mit einem Griff in die Ladenkasse und ich nicht mit einem Griff zum Valium. Die Kinder merken es auch, dass es uns jetzt zu Hause gut geht. Und stellen Sie sich vor, wir sparen sogar auf einen Gebrauchtwagen. Das wird herrlich, wenn wir sonntags ins Grüne fahren können, um dort ein Picknick zu veranstalten ... Ihre Kassetten habe ich noch ... für den Notfall. Aber ich glaube, ich habe jetzt wirklich viel mehr Zuversicht. So leicht wirft mich nichts mehr um!" Ich gratulierte ihr und wünschte ihr alles Glück für die Zukunft.

***

Die Geschichte dieser Patientin beweist, dass existentielle Frustrationen nicht zwingend mit Langeweile und Leerlaufzeiten zusammenhängen müssen. Es gibt eben auch *Sinneinengung trotz Überbelastung*. Häufig sind es *einseitige* Überbelastungen, die das Leben schal machen und das Sehnen nach Abwechslung anstacheln. Es ist erhoben worden, dass eine *vielseitige* Überbelastung noch besser zu verkraften ist als eine *einseitige*, allerdings nur insofern, als die Vielseitigkeit in einem Nacheinander und nicht in einer Gleichzeitigkeit besteht. Multitasking ist immer schlecht, weil es zur Anhäufung von Fehlern führt.

Die Krux der einseitigen Überbelastung ist die Monotonie. Hat man zwar schrecklich viel zu tun, aber ständig dasselbe, wie es bei zahllosen Routinearbeiten der Fall ist, sackt die Lust am Tun in den Keller ab. Und lustlos durch seine Tage zu hecheln, ist ein Graus. Es gehört deshalb zur praktizierten Psychohygiene dazu, erstens notwendige Routinearbeiten mit Pfiffigkeit, Mini-Variationen oder selbst gesteckten Anreizen aufzulockern, und zweitens gelegentliche Highlights wie Ausstellungsbesuche, Freundestreffen oder Sportevents einzustreuen.

Die oben genannte Patientin spürte dies instinktiv. Als Hausfrau und Mutter war sie übergenug beschäftigt und trotzdem hatte eine diffuse Sehnsucht an ihr genagt. Rückblickend wage ich zu diagnostizieren, dass dieses unausgesprochene Sehnen sozusagen im „Dreierpack" mit den Zukunftsängsten und den Aufregungen bei Erziehungsproblemen ihre Flucht ins künstliche Wegdriften begünstigt hat. Als sie lernte, ihren Zukunftsängsten mit gewachsener Zuversicht zu begegnen und die Kinder mit Geschick und Gelassenheit zu versorgen, war schon viel an Stabilität gewonnen. Mit dem Start ihrer vormittäglichen Aushilfstätigkeit wurde zudem ihre Sehnsucht abgestillt. Gewiss war ihre Arbeit in der Baufirma auch nicht „lustig", aber der Kontrast zum häuslichen Einerlei reichte aus, um die einseitige Überbelastung der Frau in eine vielseitige zu verwandeln, was ihre Stimmungslage hob. Dass sich damit auch für ihren Mann ein Tor öffnete, war ein unverhoffter Segen, wie er in manch begnadeten Momenten uns Menschen zuteilwird. Jedoch kann ich anhand ähnlicher Vorkommnisse, die ich bestaunen durfte, versichern, dass ein Vorschuss an Zuversicht und Vertrauen seltsamerweise einen solchen Segen „irgendwie anzieht".

Freilich sind selbst vielseitige Überbelastungen kein empfehlenswerter Dauerzustand. Im Falle dieser Familie war jedoch die Prognose gut, solange sich das Ehepaar verstehen und die gemeinsamen Pflichten kooperativ untereinander aufteilen würde. Da kein Hilferuf mehr zu mir drang, gehe ich davon aus, dass „der Segen weiterhin gewaltet hat".

Interna

> Was glänzt, ist für den Augenblick geboren, das Echte bleibt der Nachwelt unverloren.
>
> *Johann Wolfgang von Goethe*

Die Psychotherapie ist eine Berufssparte, die mehr als eine exzellente Berufsausbildung verlangt. Was sollte ein Psychotherapeut nicht alles besitzen! In erster Linie ein großes Herz für seine Mitmenschen, und das ist auch mit eintrainierter Empathie nicht zu ersetzen. In zweiter Linie ein Charisma, das es ihm erlaubt, als „nicht autoritäre Autorität" aufzutreten, dessen Worte man ernst nimmt. Ebenso braucht ein Psychotherapeut eine robuste Standfestigkeit, die es ihm ermöglicht, sich von keiner Patientengeschichte plattwalzen zu lassen. Welche horriblen Vorgeschichten ihm auch auf den Tisch gelegt werden, immer gilt das Prinzip, sich vom „Weil" zum „Obwohl" und vom „Deswegen" zum „Trotzdem" durchzuwühlen. Patienten behaupten ständig, X nicht zu können, *weil* Y gewesen ist. Sie klagen über Y, und dass sie *deswegen* krank geworden sind. Kein Zweifel, Y kann erschütternd sein. Dennoch ist es die Aufgabe des Psychotherapeuten, seine Patienten vom Bann des Ys loszueisen, und daher darf er sich nicht selber von Y bannen lassen. Nichts ist schädlicher für seine Klientel als Selbstmitleid. Nichts ist ominöser als der Hader mit dem Schicksal und die völlig nutzlose Frage: „Warum gerade ich?" Vorwürfe gegen Elternhaus und Mitwelt ändern rückwirkend kein bisschen, und werden sie als Entschuldigungsgrund für eigene

Schwächen verwendet, zementieren sie diese Schwächen lediglich. Jeglicher Groll gegen etwas oder jemanden nährt nur die Resignation und Unzufriedenheit. Der Psychotherapeut darf niemals müde werden in seiner „Umdeutung", dass schmerzliche Kindheitserlebnisse, Versagen im Beruf, gesundheitliche Einschränkungen etc. Gelegenheiten sind, hohe menschliche Leistungen zu vollbringen, auf die man zu Recht stolz sein kann.

Wenn alles im Leben glattgeht, wenn man einen idealen Start im Elternhaus bekommen hat, Nestwärme erfahren hat, auf Verständnis und Förderung gestoßen ist, dann ist es ja kein Kunststück, mit wehenden Fahnen durchs Leben zu kurven. Wenn eine reich begabte Psyche in einem intakten Körper steckt, ist es federleicht, Erfolge einzuheimsen. Doch je schwieriger eine Ausgangslage ist, desto beachtlicher ist jeder kleinste Teilerfolg aus eigener Schöpfung. Patienten müssen zu der Einsicht geleitet werden, dass *gerade* bei ihrer düsteren Vergangenheit jeder positive Schritt, den sie aus eigenen Kräften setzen, löblich ist und sie von ihrer Vergangenheit sukzessive entfernt. Der Weg, der hinter ihnen liegt, braucht nicht Taktgeber und Wegbereiter für ihre Zukunft zu sein! Ausscheren ist erlaubt, umkehren auch! Je miserabler ihre Bedingungen waren, desto zufriedener dürfen sie mit sich selbst sein und desto feierlicher dürfen sie sich auf die eigene Schulter klopfen, wenn sie diesen ihren Bedingungen zum Trotz einen noblen und konstruktiven Weg einschlagen, den ihnen niemand vorgebahnt hat! Der größte Sieg, den es überhaupt gibt, ist der über sich selbst. *Das* zu vermitteln sollte jeder Psychotherapeut imstande sein.

Ich bin im Zuge meiner Dozententätigkeit einmal gefragt worden, was einen guten Logotherapeuten darüber hinaus kennzeichnet. Beim Suchen nach einer Antwort fiel mir auf, dass sich Widersprüchlichkeiten ergaben. Vier davon seien erwähnt.

Der Logotherapeut sollte Optimist und Pessimist sein.
Nach allem, was die Leserinnen und Leser bisher über Logotherapie erfahren haben, werden sie ihr eine optimistische Weltan-

schauung zuordnen. Johann Wolfgang von Goethes Zitat: „Wenn wir die Menschen nur nehmen, wie sie sind, so machen wir sie schlechter; wenn wir sie behandeln, als wären sie, wie sie sein sollten, so bringen wir sie dahin, wohin sie zu bringen sind" war auch Frankls Motto. An das Gute und Hehre im Menschen zu glauben, ist ein Therapeutikum vom Feinsten. Frankls Konzeption von einer geistigen Dimension, der zufolge der Mensch (und nur dieser) widerlichen Umständen die Stirn zu bieten und sich vor einem unabänderlichen Schicksal sogar noch einwilligend zu beugen vermag, ist ebenfalls blanker Optimismus. Dennoch darf der Logotherapeut nicht tagträumerisch den Boden der Wirklichkeit unter seinen Füßen verlieren. Er ist verpflichtet, sämtliche Fakten zu erheben, die an einem Störungsbild beteiligt sein könnten, und zwar *in allen Ebenen des Menschseins* und nicht bloß die geistige Ebene betreffend. Dabei ist äußerste Behutsamkeit bei der Interpretation von Sachlagen angesagt, denn Fehldiagnosen sind in der Psychotherapie leider sehr verbreitet. Irrtümer sind stets mit einzukalkulieren und durch sorgfältige Überprüfung schnellstens auszumerzen. In dieser Hinsicht ist „Pessimismus" durchaus angebracht.

Beispiel 33

Ein Kollege von mir musste ins Krankenhaus und bat mich, ein paar Wochen lang für ihn einzuspringen. Da er Kinderpsychologe war, bestand seine Klientel hauptsächlich aus Kindern und Jugendlichen. Beim Durchlesen seiner aktuellen Krankenakten fiel mir die Notiz über ein Mädchen auf, aus der hervorging, dass eine Lehrerin aus der Schule es zur psychologischen Behandlung angemeldet hatte. Die Begründung der Lehrerin war, dass das Kind während der Schulstunden „onanierte". Mein Kollege hatte einen frühkindlichen Sexualkomplex diagnostiziert und das Mädchen in analytische Spieltherapie aufgenommen. Aus den Unterlagen ging ferner hervor, dass es zu keiner Zusammenarbeit mit den Eltern des Mädchens gekommen war, und das Kind nur sporadisch zur Therapiestunde geschickt wurde. Es erschien meistens in einem eher vernachlässigten Pflegezustand.

Die Sache gefiel mir nicht. Ich nahm Telefonkontakt mit den Eltern des Kindes auf und bestand darauf, dass das Mädchen gynäkologisch untersucht wurde. Was aber stellte sich dabei heraus? Das Mädchen litt an einer Scheidenentzündung mit Pilzbefall in fortgeschrittenem Stadium! Das war der Grund gewesen, warum es in der Schule am Stuhl hin- und hergewetzt war und sich zwischen den Beinen gekratzt hatte. Und fast ein halbes Jahr lang war es mit (völlig überflüssiger) Spieltherapie behandelt worden! Ich lud die Mutter vor, zog die Ärztin unserer Beratungsstelle bei und löste das Problem mit einer dreistündigen Belehrung über Hygienemaßnahmen und die Anwendung entsprechender Salben und Sitzbäder. Eine Kontrolle nach eineinhalb Monaten zeigte erhebliche Genesungsfortschritte. Als der zuständige Kollege in seine Praxis zurückkehrte, konnte ihm dieser „Fall" als normalisiert und abgeschlossen übergeben werden.

***

Optimismus in der Psychotherapie bedeutet nicht das Übersehen von Ursachen, Fehlern und Krankheitsabhängigkeiten, sondern das therapeutische „Wissen", dass immer noch in Freiheit gewählt werden kann und dass sich unter den vorliegenden Wahlmöglichkeiten zumindest *eine* befindet und finden lässt, die der Gesamtkonstellation eine heilsame Wende zu geben vermag.

Der Logotherapeut sollte Ursachen erforschen und Ursachen ignorieren.

Auf das Ursachen-Erforschen ist jeder Psychotherapeut getrimmt. Es wird ihm zur zweiten Natur. Wenn ich am Meeresstrand sitze und einer Urlauberin neben mir zuhöre, die auf ihrem Badetuch liegt und über ihre Verfolgungsängste faselt, schwant mir, dass sie an Paranoia leiden könnte. Auch „außer Dienst" empfehle ich ihr, einen Nervenarzt zu konsultieren, weil „einem die Nerven manchen Streich spielen können" ... Wenn sie mich dann fragt, ob ich sie für übergeschnappt halte, erkläre ich ihr, dass schon winzige Hormonschwankungen Falscheinschätzungen auslösen können, was absolut keine Schande ist, aber medikamentöser Korrektur bedarf, die es glücklicherweise heutzutage gibt. Ich achte darauf, ihr eine Hilfe zu weisen, ohne sie zu beunruhigen.

Demgegenüber gibt es Begegnungen mit Personen, bei denen es zweckdienlich ist, Ursachen zu ignorieren, speziell, wenn diese fraglich oder nicht zu ändern sind, und ihre Kenntnis mehr verderben als nützen würde. Es kann einen Menschen seelisch verkrüppeln, wenn er ständig hört, dass er eben ein Heimkind oder ein Waisenkind ist oder aus einer Alkoholikerfamilie stammt etc. und daher sein „Päckchen" mit sich herumschleppt. Es gibt hypothetische Konnexionen, die besser nicht ans Licht des Bewusstseins gezerrt werden, weil sie ansonsten unbefangenes Leben hemmen. Zumal die Sache mit den „Ursachen" in der Psychotherapie sowieso das reine Vabanquespiel ist. Da kommen etwa Eltern und erklären: „Unser Töchterchen fürchtet sich im Dunkeln. Das ist aufgefallen, seit unsere Großmutter gestorben ist. Unsere Tochter war leider dabei, wie die Oma tot im Bett aufgefunden wurde, und seither hat sie Angst im Dunkeln." Ursache – Folge ... alles glasklar, oder nicht? Wenn man konkret nachhakt, kann sich jedoch herausstellen, dass das Töchterchen schon *vor* dem Tod der Großmutter nur bei Licht hat schlafen wollen, oder dass es die Oma gar nicht besonders hat leiden können und es „ganz gut" fand, dass diese „jetzt im Himmel ist". Ist es dann opportun, Großmutters Tod zum Angstverursacher zu erkören? Ich würde die Verkettung lieber lösen und die Angst des Kindes vor der Dunkelheit mit geeigneten Methoden gesondert bearbeiten[12]. Unabhängig davon kann ein besänftigendes Gespräch über den Verlust der Großmutter mit einfließen, wenn es sinnvoll ist.

Beispiel 34

Pflegeeltern waren alarmiert, weil ihr vierjähriges Pflegesöhnchen begonnen hatte, mit Frauenkleidern aus Mutters Schrank Verkleidungsszenen zu spielen. Sie wussten, dass ihr Kind aus einem umstrittenen Milieu stammte und vermuteten sofort, dass eine Anlage zur Homosexualität oder zum Transvestismus beim Kind bestünde. Aus übergroßer Sorge waren sie dazu übergegangen, das Kind ängstlich zu beobachten. Harmlose Formulierungen wie „Papi ist guter als Mami" schockierten sie, weil sich ihre Sorge darin zu bestätigen schien.

Wäre es ihr eigenes Kind gewesen, hätten die Pflegeeltern wahrscheinlich unbekümmerter auf die Spielereien des Buben reagiert. Aber die Möglichkeit eines geschädigten Erbguts bedrückte sie und erzeugte Verwirrung, die wiederum auf das Kind zurückstrahlte. Der Bub bemerkte nämlich die Beachtung seiner Eltern, wenn er sich vor dem Spiegel in Muttis Rock einhüllte, und fühlte sich dann „interessant", was ihn in seinem Tun bestärkte.

Ich ließ mich auf eine Ursachen-Debatte nicht ein und riet den Eltern (nach dereflektorischem Rezept), ihr Verhalten „umzudrehen". Alles, was mit Frauenkleidern zu tun hatte, solle künftig gleichgültig und keiner Beachtung mehr wert sein. Der Kleine dürfe damit herumalbern, so viel er wollte. Andererseits sollten sie ihm altersgemäßes Spielzeug anbieten, das seine Denkfähigkeit stimulierte, wie Puzzles, Legosteine oder Memory-Spiele. Auch wurde eine tägliche Vorlesezeit etabliert, in der von kühnen Rittern, wilden Tieren, listigen Waldzwergen und Ähnlichem die Rede war. Dazu kam die Einschreibung des Buben in einen Turnkurs für die Jüngsten. „Behandeln Sie Ihren Sohn exakt, als wäre er Ihr eigener", riet ich den Eltern. „Denn wäre er genetisch Ihr eigener, wüssten Sie auch nicht, welche Ahnen und Urahnen sich in seinem Blut mischen; und ob all diese Ahnen einen makellosen Lebenswandel geführt haben, wüssten Sie schon gar nicht!" Sie lachten und meinten, das sei doch sehr zu bezweifeln ...

Nach einiger Zeit hörten die Verkleidungsszenen des Buben auf. Was die Neigung zu Frauenkleidern bei ihm geweckt hatte, ließ sich nicht rekonstruieren, aber die „abnormalen Erbanlagen" hätten allerhand Unfug anrichten können, hätten sie längerfristig in den Köpfen der Pflegeeltern „herumgespukt".

Der Logotherapeut sollte Menschen verstehen können, die kaum eine Chance zu einer gesunden Entwicklung gehabt haben, aber er muss auch Menschen zu verstehen versuchen, die die beste Chancen gehabt – und verworfen haben.
Klingt das befremdend? In meiner jahrelangen Tätigkeit im öffentlichen Dienst habe ich die krassesten Gegensätze erlebt. Personen aus asozialen Verhältnissen, missbraucht, verstoßen, gekränkt, nie gefördert, ins Kriminelle abgerutscht, moralisch verkommen ... und ihnen gegenüber beleibte Neurotiker, Direktoren mit Ehekrisen, alternde Künstler mit Depressionen, selbstmordgefährdete Arztfrauen, ausgeflippte Gymnasiasten und existentiell frustrierte Studenten. So schwierig die Arbeit mit „Unterschichtbevölkerung" ist, hat sie doch *einen* Vorteil: Man weiß um die ungünstigen Lebensumstände der Betreffenden und versteht ihre Brutalreaktionen als Ausdruck ihres seelischen Leides. Man kennt sozusagen den Schicksalsgegner, dem man die „Beute" entreißen will, und freut sich über jeden winzigen Entwicklungsschritt. Es ist wie bei der Reparatur einer zerbrochenen Vase. Minutiös wird Stückchen für Stückchen aufgegriffen und aneinandergekittet, um eine menschenwürdige Form daraus entstehen zu lassen. Arbeitssuche, Wohnungsbeschaffung, Versorgung der Kinder, Bildungsanhebung, rechtliche Beratung und die Vermittlung einfachster Lebenspraktiken gehören dazu. Der Psychotherapeut erwartet ein Minimum vonseiten seiner Klienten und ein Maximum von sich selbst.

Anders ist es beim Umgang mit der „höheren Mittel- und Oberschicht". Da packt einen manchmal das Unverständnis in allen Poren. Viele Ratsuchende leben in paradiesischen Verhältnissen, verglichen mit ein paar Millionen Einwohnern in Entwicklungsländern. Sie haben ein regelmäßiges Einkommen, Kranken- und Rentenversicherungen, ein schützendes Dach über dem Kopf, warme Räumlichkeiten im Winter und können sich eine Menge Wünsche erfüllen. Dennoch sind sie voller Neid, Hass, Missgunst, Eifersucht und Raffgier, züchten ihre Konflikte und Quengeleien und beschweren sich über Lächerlichkeiten. Der Psychotherapeut kennt den „Gegner", gegen den er ankämpfen soll, nicht genau. Manchmal hat er das Gefühl, als werde ihm eine wunderschön bemalte Vase mit Absicht vor die Füße geknallt. Aber er braucht erst gar nicht zu versuchen, sie zu kitten. Repariertes ist zu minderwertig für diese Klientel!

Ich gebe zu, dass ich stets Mühe hatte, diesen Personenkreis zu akzeptieren. Durch Frankls Lehre habe ich aber verstanden, dass es sich dabei um die Ärmsten der Armen handelt, um die Freudlosesten auf unserer verqueren Welt, in der nichts gerecht verteilt ist, und dass auch sie unser aufrichtiges Mitgefühl verdienen. Was natürlich nicht heißt, ihre Fehlhaltungen zu unterstützen, sondern nur heißt, nie in der Anstrengung zu erlahmen, sie auf ein sinnorientiertes Gleis zu hieven.

Beispiel 35

Eine teuer gekleidete Frau mittleren Alters reiste aus einer entfernten Stadt zu mir an, um mich zu konsultieren. Sie hatte von mir gehört und war neugierig auf mich. Bis zu ihrer Abreise hatten wir nur wenige Gesprächsstunden zur Verfügung. Diese verwendete die Frau, um ununterbrochen über sich selbst zu reden. Alles würde sie aus der Fassung bringen, niemand würde auf sie Rücksicht nehmen, ihre Kollegen behandelten sie wie Luft, ihre beiden Ehemänner seien Trottel gewesen, ihre bisherigen Therapeuten hätten versagt, und so ging es fort. Nicht ein Hauch von Selbsttranszendenz zeichnete sich in ihrem Redefluss ab. Ich musste sie schließlich gewaltsam unterbrechen, denn sie steigerte sich in ihre Litanei immer mehr hinein. Es bestand die reale Gefahr, dass sie unsere wenigen Gesprächsstunden total okkupieren würde, um am Ende zu erklären, dass auch ich ihr nicht habe helfen können.

„Sie stehen auf den Blumen Ihres Lebens und gießen das Unkraut“, sagte ich zu ihr. „Warum tun Sie das?“ „Deswegen komme ich ja zu Ihnen“, erwiderte sie unwirsch. „In meinem Leben blüht nichts!“ Das wollte ich nicht gelten lassen, aber sie beharrte auf ihrem Standpunkt. „Sie können sich eine Reise zu mir leisten“, begann ich mit der kleinsten Offensichtlichkeit, „das ist doch prima. Sie besitzen ein Auto, Sie können fahren, wohin Sie wollen, vielleicht auch auf Urlaub ...“ „Was soll der Blödsinn?“, unterbrach sie mich. „Wollen Sie mir einen Urlaub verordnen?“ Ich blieb auf Linie. „Gibt es denn eine Gegend, die Ihnen einmal gefallen hat? Die Sie gerne wiedersehen würden?“ „Die Touristenbranche ist doch bloß Abzocke. Da wird man wie eine goldene Gans ausgenommen. Aber nicht mit mir!“ „Gibt es vielleicht eine andere Unternehmung, die Sie einmal erheitert hat? An die Sie sich gerne erinnern?“ „Lesen Sie keine Zeitungen? Hier eine Messerstecherei, dort ein Betrug, was ist daran erheiternd? Die Leute sind korrupt und gemein, von den Höchstoberen bis zum Kleingesindel. Jeder liebt seinen eigenen Bauch und Geldbeutel ...“ „Und wie ist das mit Ihnen? Gibt es irgendetwas oder jemanden, um das oder den Sie sich jemals liebevoll gekümmert haben?“ „Nein!“, schrie sie mir ins Gesicht. „Niemand kümmert sich um mich, und wenn Sie das nicht kapieren, sind Sie ja noch viel unfähiger als Ihr Vorgänger ...“

Nichts fruchtete, und beklommen trennte ich mich von ihr. So wird Unkraut demonstrativ gepflegt. So werden Blumen des Lebens zertreten, in dem absurden Wunsch, dass andere Personen Blumen mitbringen und überreichen müssten. Ein Wunsch, der in der bittersten Enttäuschung versickert, denn was man sät, das erntet man.

Der Logotherapeut sollte ein eigenes weit gestrecktes Wertsystem haben, aber jedes fremde Wertsystem anerkennen. Fremde Wertsysteme zu respektieren, sofern sie nicht evident „unwerthaft" sind, gehört zum therapeutischen Rüstzeug. Toleranz bedeutet ja nicht, dass man die religiösen, politischen, ökologischen oder ökonomischen Anschauungen seines Gegenübers teilen muss, sondern dass man ihm grundsätzlich gestattet, eigene Anschauungen zu hegen. Aber das impliziert noch nicht, dass man selbst ein reichhaltiges Wertsystem sein Eigen nennen kann. Es bedeutet nur, dass die fremden Werte nicht geringgeschätzt werden.

Oft handhaben Psychotherapeuten das Problem differenter Meinungen, indem sie ihre Patienten zu deren Anschauungen befragen, damit diese ihre Bekenntnisse näher erläutern. In der Logotherapie gehen wir noch einen Schritt weiter und legen die von den Patienten verfochtenen Anschauungen auf die Waage der philosophischen Gründlichkeit. Wie viel wiegt der Anteil der Menschlichkeit darin? Wie hoch kann der Wahrheitsgehalt darin sein? Was ist daran ethisch vertretbar? Was sagt die Vernunft dazu? Für ein solches Procedere ist es notwendig, auf das Reservoir eines eigenen breit gefächerten Wertevolumens zurückgreifen zu können, um sich aus den verschiedensten Richtungen an den Kern von Patientendogmen heranzutasten.

Zum Beispiel ist die Frage nach Gott im therapeutischen Zwiegespräch nicht zu vermeiden. Sie taucht früher oder später auf, manchmal mit Vehemenz. „Wie kann Gott das zulassen ...?" „Das ist eine Strafe Gottes!" Auch politische Fanatismen allen Couleurs, vermengt mit grotesken Schuldzuweisungen, gelangen zur Sprache. Dem auszuweichen ist feige. Frankl hat uns ermahnt, unseren Patienten keinesfalls eigene Wertvorstellungen aufzuoktroyieren, sie aber stattdessen „bis zum radikalen Bewusstsein ihres Verantwortlichseins"[13] zu geleiten. Deshalb ist es unumgänglich, sich auch an Debatten über brisante Inhalte heranzuwagen, auf dass die „gefälligen" Anteile auf der Waage eine Spur schwerer wiegen mögen als die „abfälligen".

Beispiel 36

Anlässlich des sogenannten „Exorzistenprozesses" in Deutschland vor einigen Jahren kam ein Mann einfachen Gemüts zu mir, der mir empört einen Brief seines zuständigen Pfarrers vorlegte. Der Mann hatte dem Pfarrer zuvor geschrieben, dass er das Verhalten jener Richter verurteile, die die Eltern des toten Mädchens wegen Duldung der Teufelsaustreibung bei ihrer kranken Tochter angeklagt hatten. Es sei doch völlig richtig, den Teufel austreiben zu müssen, wenn er von einem Menschen Besitz ergriffen habe ... Der Pfarrer hatte ihn heftig gescholten, hatte gewettert, dass Leute wie er die Kirche in Verruf brächten und der Mann sich nicht äußern solle über Dinge, die er nicht verstünde. Daraufhin sei für ihn, der immer ein frommer Christ gewesen sei, „die Welt zusammengestürzt".

Ich sympathisierte mit dem Pfarrer, denn auch ich halte absolut nichts von Teufelsaustreibungen, noch dazu, wenn sie mit unterlassener ärztlicher Hilfeleistung gekoppelt sind. Aber nun saß dieses naive Männchen mit seiner „zusammengestürzten Welt" bei mir und brauchte Beistand. Deshalb suchte ich nach einem Treffpunkt unserer divergierenden Ansichten: „Sagen Sie, der Teufel kann doch in verschiedene Gewänder schlüpfen, nicht wahr? Er kann die Gestalt von Krankheit, Schmerz, Zorn, Not annehmen ..." Mein Patient nickte. „Und je nachdem, in welcher Gestalt er uns begegnet, müssen wir ihn abwehren. Jede Krankheit benötigt ihre Medizin, jeder Zorn benötigt seine Entschärfung, jede Not benötigt eine andere Lösung. Die Macht des Bösen ist so groß, dass nicht eine einzige Art von Gegenwehr ausreicht, sondern viele verschiedene Heilkräfte mobilisiert werden müssen, um das jeweils Bedrohliche zu überwinden. Stimmen Sie mir da zu?" „Ja", antwortete der Mann gesenkten Hauptes, „die Macht des Bösen ist groß." „Gewiss", entgegnete ich, aber die Himmelsmacht des Guten ist noch stärker, oder glauben Sie nicht?" Zögernd bejahte der Mann auch dies. So weit war ein Konsens hergestellt, also fuhr ich fort: „Nun sehen Sie, auch das Gute bedient sich verschiedener Gewänder und Methoden, um sein Liebeswerk zu vollbringen. Wenn wir Menschen sein Handlanger sein wollen, müssen wir aufpassen, dass wir die *richtigen* Gewänder wählen, dass wir *geeignete* Methoden entdecken, um dem Guten zum Durchbruch zu verhelfen. Was meinen Sie zu folgendem Fall: Sie finden jemanden, der am Verhungern ist, und spenden ihm ein paar poetische Worte. Ist das das *richtige* Gewand für das Wirken des Guten?" Der Mann runzelte die Stirn. Ich ließ meine Frage auf der „Waage" liegen und wartete, bis der Patient mit dem Denken nachkam. „Ich würde dem Verhungernden Brot und Obst geben", erklärte er, diesmal erhobenen Hauptes. „Bravo", lobte ich ihn. „Aber sind Brot und Obst *immer* die richtige gute Tat? Vielleicht begegnen Sie eines Tages einem reichen Landwirt, der sich abends nach der schweren manuellen Arbeit an schöner Literatur erbauen möchte. Dann wäre ein Poesieangebot gar nicht übel! Oder nehmen Sie sich selbst. Wäre Ihnen hier bei mir mit Brot, Obst oder Gedichten gedient?"

Allmählich begriff mein Patient, dass es geeignete und ungeeignete „Austreibungen" gibt, und dass die Versagung ärztlicher Hilfe „des Teufels Werk" sogar unterstützt, auch wenn diese Versagung von innigen Gebeten begleitet wird. Nichts anderes besagte ja der Richterspruch gegen die Eltern des verstorbenen Mädchens. In diesem Licht konnte der Mann das Schreiben seines Pfarrers nachvollziehen. Ich wies auf die Passage darin hin, dass „er sich nicht äußern solle über Dinge, die er nicht verstünde", und verkündete, dass *es jetzt Dinge seien, die er verstehe.* Erleichtert und zufrieden mit seiner „wiedererstandenen Welt" ging der Patient nach Hause. Zur Sicherheit rief ich seinen Pfarrer an und bat ihn, gelegentlich mit diesem seiner Schäfchen ein verständnisvolles religiöses Gespräch zu führen, in dem er dessen Glauben aus dem Gespinst der Angst befreie und einem hoffnungsvollen Gottvertrauen zuführe.

***

Viktor E. Frankl war von Gottvertrauen beseelt. Die verschiedenen Konfessionen waren für ihn wie die verschiedenen Sprachen der Nationen. Man kann dasselbe auf Japanisch, Türkisch, Portugiesisch ... ausdrücken. Manche Sprachen sind komplizierter, andere schlichter, genau wie die Religionen. Man kann auch Allegorien für das „Böse" und das „Gute" verwenden, nur sollte man niemals beides (nach Yin-Yang-Muster) *nebeneinander* lokalisieren. Allemal ist das „Gute" *höherrangig*, ist das „Eigentliche", das „Echte", das „Eine". Was davon abweicht, ist bloß dessen Schatten, ist der Raum, in dem es am Abglanz des „Guten" vorübergehend mangelt.

Für mich gibt es den Teufel nicht, nicht einmal in Menschengestalt. Alle Menschen tragen den geistigen Odem in sich, alle sehnen sich bewusst oder unbewusst nach dem „Einen" und „Höchsten", das sie nicht begreifen und nicht benennen können, weil es keinen adäquaten Namen dafür gibt. Nichts spricht dagegen, es in aller Demut des Nicht-Begreifens „Gott" zu nennen.

Psychotherapie ist eine seriöse Wissenschaft, aber da sie das Innerste im Menschen berührt, kommt sie auch mit des Menschen Ursehnsucht in Kontakt. Dabei muss sie sich einerseits vor Grenzüberschreitungen zur priesterlichen Seelsorge hüten, darf aber andererseits mit ihren Thesen keine Selbsterlösungsideologie propagieren, die diese Ursehnsucht verwischen und verwaschen könnte. Den besten und kürzesten Leitfaden zum Mittelweg dazwischen hat meines Erachtens der Schweizer Pädagoge Johann Heinrich Pestalozzi anskizziert, als er schrieb:

Ihr müsst die Menschen lieben, wenn ihr sie ändern wollt!

Abschiedsgespräche

> Wenn ein berühmter Mensch stirbt, dann steht es in allen Zeitungen. Aber keiner schreibt auch nur ein Wort, wenn ein berühmter Mensch geboren wird …
>
> *Aus der Witzecke*

Ich habe Herrn Professor Frankl 1968 in einer Vorlesung an der Wiener Universität kennen- und schätzen gelernt und daraufhin meine Dissertation[14] zum Abschluss meines Psychologiestudiums über seine Lehre geschrieben. Auch nach meiner Promotion 1972 blieb er mein Supervisor und Mentor. Im Laufe der Jahre entwickelte sich eine treue Freundschaft zwischen seiner und meiner Familie, obwohl er für mich bis zu seinem Tod 1997 nie aufhörte, mein verehrter Lehrer zu sein.

Da ich von 1986 an ein Wissenschafts- und Ausbildungsinstitut mit psychotherapeutischer Ambulanz in Fürstenfeldbruck bei München leitete, während Viktor E. Frankl in Wien wohnte, sahen wir uns in jener Zeit nur dann, wenn entweder er nach München reiste oder ich meine Heimatstadt Wien besuchte. 1986 war Frankl bereits über 80 Jahre alt und herzkrank. So kam es, dass unsere seltenen Treffen für mich stets im Schatten der Möglichkeit standen, es könnte mein letztes Zusammentreffen mit ihm sein. Klug, wie er war, sah er es genauso. Weder er noch ich sprachen über diese Möglichkeit, aber sie färbte auf eine wundersame Weise unsere Kontakte mit ein. Die Stunden unseres Beisammenseins wurden kaum mehr mit oberflächlichem Geplauder und höflichen Floskeln umrandet. Unsere Gedankenaustausche gewannen an Dichte und Gehalt, wurden noch um eine Nuance offener und ehrlicher, als sie sowieso immer schon waren. Es verging kein Kontakt mit meinem einstigen Lehrer, bei dem ich nicht an irgendeiner Stelle meinen aufrichtigen Dank für seine überreiche fachliche Mitgift ausgedrückt hätte, von der ich meine ganze berufliche Laufbahn lang profitiert habe. Und es verging kein Kontakt, an dem er mir nicht, irgendwie kaschiert, seinen Segen gab.

Als Frankl im Alter von 92 Jahren starb, waren wir längst bestens voneinander verabschiedet. Der Zufall wollte es, dass ich wenige Wochen vor seinem Tod in Wien weilte und gemeinsam mit ihm eine Vorlesung an derselben Wiener Universität gestaltete, an der ich ihn kennengelernt hatte. Er war fast blind und ziemlich schwach, aber geistig ungemein rüstig. Nach seinen Ausführungen spendeten ihm die Studenten einen nicht enden wollenden Applaus. Frankl stand auf, verneigte sich, zeigte auf mich und sagte: „Frau Doktor, setzen Sie bitte fort ..."

Es waren seine letzten Worte an mich, und auch sie hatten eine unmissverständlich tiefe, über die Aktualität hinausgehende Bedeutung. Bis heute bemühe ich mich, sein Werk *fortzusetzen*.

***

Niemandem bleibt das Los erspart, Abschiede von Angehörigen, Freunden und Bekannten leisten zu müssen. Abschiede sind im Allgemeinen mit Trauer und Tränen verbunden. Deshalb seien hier zwei fruchtbare Gedanken zur „Trauerarbeit" formuliert.

Hilfe im Akutstadium

Der Psychologe Reinhard Tausch hat in einer breit gestreuten Befragung eruiert, dass es fünf feste „Haltegriffe" gibt, die Menschen in Schock-, Katastrophen- und Trauerfällen helfen. Diese „Haltegriffe" sind allesamt mit einem „wenn" verknüpft, also mit einer

Vorbedingung, auf dass sie ihre Bewältigungshilfe entfalten können. Sie lauten in Stichworten:

- Familie, Freunde, Mitmenschen – *wenn* das Beziehungsklima zu ihnen gut ist.
- Religiöser Glaube – *wenn* er hoffnungsvoll und nicht beängstigend ist.
- Erinnerungen – *wenn* man versöhnt und dankbar zurückschauen kann.
- Natur, Tiere, Kunst, Kultur – *wenn* man dafür aufgeschlossen ist.
- Arbeit, Beruf, Pflichten – *wenn* sie nicht mit Dauerstress verbunden sind.

Daraus ist der Schluss zu ziehen, dass bereits *vor* dem Eintritt einer Katastrophe bzw. einer Abschiedssituation ein Lebensstil etabliert sein sollte, der *nach* Eintritt der Katastrophe bzw. der Abschiedssituation überleben hilft.

Aufgrund der Ergebnisse von Tausch empfiehlt sich demnach, noch *bevor* ein Anlass zur Trauer vorliegt, Folgendes aufzustocken:

- solide Beziehungen zu uns nahestehenden Personen,
- eine gute Beziehung zu Gott, wie wir ihn auch verstehen mögen,
- einen dankbaren Frieden mit unserer Vergangenheit,
- unsere Aufgeschlossenheit für Natur und Kultur,
- unser schöpferisches Wirken in der Welt (bezahlt oder unbezahlt).

Ist dergleichen vorhanden, wird kein Trauerfall noch so schrecklichen Ausmaßes einen Menschen völlig aus der Bahn werfen. Seine „Haltegriffe“ werden ihn sozusagen mitten in seiner persönlichen Katastrophe stützen. Fachlich formuliert: Er wird nicht in eine reaktive Depression abrutschen.

Hauptaspekt der Trauerarbeit

Das Wort „Arbeit“ suggeriert etwas Falsches. Trauer kann niemals so „bearbeitet“ werden, dass sie eines Tages komplett „erledigt“ wäre. Die Trauer um einen Toten zum Beispiel bleibt in Form eines sanften, liebevollen Gedenkens ein Leben lang bestehen und schützt die wertvolle Begegnung und zeitbegrenzte Zweisamkeit, die man mit dem Betreffenden hatte, vor dem Vergessenwerden. Sinn einer „Trauerarbeit“ ist auch nicht, bloß eine unterschwellige Gefühlsmischung von Wut, Verzweiflung, Angst und Unverständnis zum Ausdruck zu bringen. Vielmehr schafft sie bei Gelingen eine Sensibilität für Essentielles und schmiedet den Menschen zu einem höheren Sein um. Wie das?

Es ist erwiesen, dass Menschen im glühenden Schmerz an einer Weggabelung stehen. Sie bleiben nicht einfach unverändert. Entweder denken sie: „Wenn ich leide, sollen andere auch leiden! Warum soll es ihnen besser gehen als mir?“ und Ähnliches. Diese Variante macht sie verbittert, ungenießbar, abweisend. Manchmal teilen sie sogar unnötig Schmerzen aus. – Oder sie denken: „Weil ich leide, weiß ich, wie weh das tut, und verstehe andere in ihrem Leiden besser. Wenn ich dazu beitragen kann, ihre Pein zu lindern, will ich es tun“ und dergleichen. Das enorme Plus der zweiten Variante ist, dass die Trauernden eine Solidargemeinschaft trauriger Menschen wahrnehmen, der sie sich zugehörig fühlen. Sie erkennen glasklar: Andere leiden auch! *Und keiner hat so scharfe Augen, das zu sehen, wie der, der selbst gelitten hat!* Es zu sehen und mitzufühlen, ist perfekte Trauerarbeit, die Leben, fremdes wie eigenes, zurückschenkt.

Insgesamt ist festzuhalten: Eine Konfrontation mit dem Tod verändert Menschen. Manche tauchen aus diesem Schock (erstarrt, verhärtet) nicht mehr auf. Manche tauchen zu ihrem Nachteil verändert (gleichgültig, herzlos, grausam) auf. Manche aber tauchen auch zu ihrem Vorteil verändert auf. *Sie* sind es, die den Tod mit den Waffen der Liebe besiegen. Wer zu ihnen zählen möchte, tut gut daran, sich schon *vor* dem Eintreten eines Trauerfalles darauf vorzubereiten. Mein Tipp: die fünf von Reinhard Tausch genannten „Haltegriffe" beizeiten aufpolieren! Und dazu noch ein Tipp der Extraklasse:

Führen Sie mit den Personen, die Ihnen besonders lieb und teuer sind, gelegentlich ein Gespräch, als wäre es das letzte, das Sie mit ihnen führen können. Was würden Sie Ihrer Tochter, Ihrem Mann, Ihrem Bruder ... sagen, wenn Sie wüssten, Sie sehen sie oder ihn nie wieder? Würden Sie danken, anerkennen, vergeben, an schöne gemeinsame Erlebnisse erinnern? Was sonst noch? Sie werden staunen! Aus der Perspektive eines möglichen Abschieds spricht es sich anders: inniger, ehrlicher, niveauvoller ... Es kann der Tag kommen, an dem Sie froh sind, nicht versäumt zu haben, dasjenige Wichtige zur Sprache zu bringen, das Sie mit dieser Person verbindet. Es kann der Tag kommen, an dem es plötzlich zu spät dafür wäre.

Anmerkungen und Quellennachweise

1 Viktor E. Frankl, „Das Leiden am sinnlosen Leben. Psychotherapie für heute", Kreuz Verlag, Freiburg/Br., 2015, S. 31.

2 Tatjana Schnell, „Psychologie des Lebenssinns", Springer, Heidelberg, 2016.

3 Ausführlichere Daten dazu finden sich in meinem Kapitel „Zur Validierung der Logotherapie" im Buch „Der Wille zum Sinn", Verlag Hans Huber, Bern, 3. Auflage 1982, von Viktor E. Frankl.

4 Viktor E. Frankl hat seine Logotherapie im Kontrast zur Tiefenpsychologie auch als eine „Höhenpsychologie" bezeichnet, da sie sich in die „Höhen" der menschlichen Geistigkeit hinaufbegibt.

5 Viktor E. Frankl, „... trotzdem Ja zum Leben sagen. Ein Psychologe erlebt das Konzentrationslager", Penguin Verlag, 2018, S. 112.

6 Das heißt: über geschickte Erläuterungen, die den Betreffenden selbst die Fragwürdigkeit ihrer Ansichten entdecken helfen.

7 Am berühmtesten geworden ist diesbezüglich die Methode der „Paradoxen Intention" von Viktor E. Frankl, die in vielen Büchern von ihm und Elisabeth Lukas beschrieben und kasuistisch exemplifiziert ist.

8 Viktor E. Frankl, „Der leidende Mensch", Hans Huber, Bern, [3]2005, S. 115.

9 Viktor E. Frankl, „Der unbewusste Gott", dtv, München, [14]2017, S. 40.

10 Vgl. dazu Horst Eberhard Richter, „Die Gruppe", Kapitel über Suchtursachen in der Gesellschaft.

11 Viktor E. Frankl, „Ärztliche Seelsorge", dtv, München, [7]2017, S. 160 f.

12 Wofür sich die logotherapeutische Methode der „Paradoxen Intention" eignet, die in mehreren Fachbüchern von Viktor E. Frankl und Elisabeth Lukas ausführlich beschrieben ist.

13 Viktor E. Frankl, „Ärztliche Seelsorge", dtv, München, [7]2017, S. 119.

14 Vgl. das Kapitel „Eine Rolle spielen" in diesem Buch.

Über die Autorin

Elisabeth Lukas, geboren 1942 in Wien, ist Schülerin von Viktor E. Frankl. Sie spezialisierte sich auf die praktische Anwendung der von ihm begründeten Logotherapie, die sie methodisch weiterentwickelte. Ihre mehr als 30-jährige Erfahrung als Klinische Psychologin und approbierte Psychotherapeutin kam ihr bei ihrer Lehrtätigkeit auf Einladung von mehr als 50 Universitäten zugute. Sie hat nicht nur Hunderten Patientinnen und Patienten Beistand und „Lebenshilfe" geleistet, sondern auch als Dozentin eine ganze Generation an logotherapeutischen Fachkräften ausgebildet. Ihre zahlreichen Vorträge sowie Publikationen in 19 Sprachen machten sie international bekannt. Ihr Werk ist mit der Ehrenmedaille der Santa Clara Universität in Kalifornien, mit dem Großen Preis des Viktor-Frankl-Fonds der Stadt Wien und mit einer Ehrenprofessur an der Universität Moskau ausgezeichnet worden.

Von Elisabeth Lukas sind seit den 1980er-Jahren – inklusive der fremdsprachigen Übersetzungen – 157 Bücher erschienen. In der nachstehenden Liste sind ihre **derzeit im Buchhandel oder online erhältlichen deutschsprachigen Bücher** zusammengestellt (Stand 2020):

Alles fügt sich und erfüllt sich. Logotherapie in der späten Lebensphase (Profil, München, erw. Neuauflage 2009, Großdruckausgabe 2017)

Auf den Stufen des Lebens. Bewegende Geschichten der Sinnfindung (topos plus, Kevelaer, 2018)

Aus Krisen gestärkt hervorgehen (topos plus, Kevelaer, 2013)

Binde deinen Karren an einen Stern. Was uns im Leben weiterbringt (Neue Stadt, München, 3. Auflage 2016, auch als E-Book)

Burnout adé! Engagiert und couragiert leben ohne Stress (Profil, München, 2012)

Das Schicksal waltet – der Mensch gestaltet. Philosophie für den Alltag (Plattform, Perchtoldsdorf bei Wien, erw. 3. Auflage 2015, auch als E-Book)

Das Viktor Frankl Museum in Wien. Ein Kulturerbe mit Zukunftswert (Plattform, Perchtoldsdorf bei Wien, 2016)

Dein Leben ist deine Chance. Anregungen zu einer sinnvollen Lebensgestaltung (Neue Stadt, München, erw. Neuausgabe 2018, auch als E-Book)

Den ersten Schritt tun. Konflikte lösen – Frieden schaffen (topos plus, Kevelaer, 2019)

Der Freude auf der Spur. Sieben Schritte, um die Seele fit zu halten (Neue Stadt, München, Neuausgabe 2020, auch als E-Book)

Der Seele Heimat ist der Sinn. Logotherapie in Gleichnissen von Viktor E. Frankl, mit Texten von Viktor E. Frankl (Kösel, München, 7. Auflage 2016)

Die Kunst der Wertschätzung. Kinder ins Leben begleiten (Neue Stadt, München, erw. Neuausgabe 2018, auch als E-Book)

Einmal rund um die Sonne. Begleitende Gedanken für das ganze Jahr (Neue Stadt, München, 2016, auch als E-Book)

Familienglück. Verstehen, annehmen, lieben (topos plus, Kevelaer, 2. Auflage 2015)

Frankl und Gott. Erkenntnisse und Bekenntnisse eines Psychiaters (Neue Stadt, München, 2. Auflage 2020, auch als E-Book)

Freiheit und Geborgenheit. Süchten entrinnen, Urvertrauen gewinnen (Profil, München, erw. 3. Auflage 2012)

Für dich. Heilende Geschichten der Liebe (Butzon & Bercker, Kevelaer, 2020)

Heute ist der erste Tag vom Rest deines Lebens. Schritte zu einer erfüllten Existenz (Butzon & Bercker, Kevelaer, Neuausgabe 2019)

In der Trauer lebt die Liebe weiter (Butzon & Bercker, Kevelaer, 2. Auflage 2019)

Inspirationen für die Seele. Das geistige Erbe Viktor E. Frankls (Profil, München, erw. 2. Auflage 2015)

Lebensstil und Wohlbefinden. Seelisch gesund bleiben – Anregungen aus der Logotherapie (Profil, München, erw. 3. Auflage 2010)

Lehrbuch der Logotherapie. Menschenbild und Methoden (Profil, München, erw. 4. Auflage 2014)

Logotherapie und Existenzanalyse heute. Eine Standortbestimmung. Gemeinsam mit Koautor Alexander Batthyány (Tyrolia, Innsbruck, 2020)

Pandemie und Psyche. Wege zur Stärkung der seelischen Immunität. Gemeinsam mit Koautor Reinhardt Wurzel (Neue Stadt, München, 2020)

Persönliches und Besinnliches. Kleines logotherapeutisches Lesebuch (Profil, München, 2017)

Psychotherapie in Würde. Logotherapie konkret. Gemeinsam mit Koautorin Heidi Schönfeld (Elisabeth-Lukas-Archiv, Bamberg, 2020)

Quellen sinnvollen Lebens. Woraus wir Kraft schöpfen können (Neue Stadt, München, 2014, auch als E-Book)

Rendezvous mit dem Leben. Ermutigungen für die Zukunft (topos plus, Kevelaer, 2. Auflage 2016)

Sehnsucht nach Sinn. Logotherapeutische Antworten auf existentielle Fragen (Profil, München, erw. 4. Auflage 2018)

Sinnzentrierte Psychotherapie. Die Logotherapie von Viktor E. Frankl in Theorie und Praxis. Gemeinsam mit Koautorin Heidi Schönfeld (Profil, München, 2016)

Souveränität und Resilienz. Tragödien in einen Triumph verwandeln (Profil, München, 2020)

Spannendes Leben. In der Spannung zwischen Sein und Sollen – ein Logotherapiebuch (Profil, München, erw. 4. Auflage 2014)

Verlust und Gewinn. Logotherapie bei Beziehungskrisen und Abschiedsschmerz (Profil, München, erw. 2. Auflage 2007)

Vom Sinn des Augenblicks. Hinführung zu einem erfüllten Leben (topos plus, Kevelaer, 2014)

Vom Sinn getragen. Ein Leben für die Logotherapie (Kösel, München, 2012, E-Book, als Buch vergriffen, aber noch über www.elisabeth-lukas-archiv.de erhältlich)

Von der Angst zum Seelenfrieden. Gemeinsam mit Koautor Reinhardt Wurzel (Neue Stadt, München, 2. Auflage 2019, auch als E-Book)

Was das Leben wertvoll macht. Impulse einer spirituellen Psychologie (topos plus, Kevelaer, 2. Auflage 2020)

Was du mir bedeutest. Für einen lieben Menschen (Butzon & Bercker, Kevelaer, 2016)

Was wirklich zählt. Worte als Wegbegleiter (Neue Stadt, München, 2020)

Weisheit als Medizin. Logotherapie bei Tinnitus, chronischen und unheilbaren Krankheiten (Profil, München, erw. 4. Auflage 2020)

Wertfülle und Lebensfreude. Logotherapie bei Depressionen und Sinnkrisen (Profil, München, erw. 4. Auflage 2011)

Wie Leben gelingen kann. Sinn und Freude Tag für Tag. Gemeinsam mit Koautor Michael Ragg (Butzon & Bercker, Kevelaer, 3. Auflage 2020)

In Vorbereitung:

Trotzdem Ja zum Altsein sagen. Die Lebensfreude bewahren. Gemeinsam mit Koautorin Elisabeth Gur (Plattform, Perchtoldsdorf bei Wien, 2021)

Distanz zur Angst. Das Leben mutig bestehen (Butzon & Bercker, Kevelaer, 2021)

Der Schlüssel zu einem sinnvollen Leben. Die Höhenpsychologie von Viktor E. Frankl (Butzon & Bercker, Kevelaer, 2022)

26 CDs/DVDs mit Vorträgen von Elisabeth Lukas sowie die MP3-CD „Vom Sinn im Leben. Perlen der Logotherapie" sind beim „Auditorium Netzwerk", Verlag für audio-visuelle Medien (Hebelstraße 47, D-79379 Müllheim/Baden) erhältlich.

Die CDs „Ermutigungen für die Zukunft“ und „Seelisch gesund bleiben in hektischen Zeiten“ sind über www.elisabeth-lukas-archiv.de erhältlich.

Mehrere CDs/DVDs mit Live-Rundfunksendungen aus der „Reihe Lebenshilfe“ sind bei Glässing-media (Oststraße 12 A, D-87527 Sonthofen) oder beim Hörer-Service von Radio Horeb (Dorf 6, D-87538 Balderschwang) erhältlich.

DVD/CD mit Live-Interview „Viktor E. Frankls Botschaften für heute, Heidemarie Zürner im Sinn-Gespräch mit Elisabeth Lukas“, Kongressdokumentationen Josef Hager, Mondseebergstraße 15, A-5310 Mondsee

Weitere Informationen über die Autorin und ihr Werk auf www.elisabeth-lukas-archiv.de

Elisabeth Lukas / Michael Ragg

Wie Leben gelingen kann

Sinn und Freude Tag für Tag

Butzon & Bercker

228 Seiten

ISBN 978-3-7666-2599-1

www.bube.de

Elisabeth Lukas

Heute ist der erste Tag vom Rest deines Lebens

Schritte zu einer erfüllten Existenz

Butzon & Bercker

208 Seiten

ISBN 978-3-7666-2524-3

www.bube.de

topos taschenbücher

Elisabeth Lukas

Auf den Stufen des Lebens

Bewegende Geschichten der Sinnfindung

topos premium

216 Seiten

ISBN 978-3-8367-0035-1

www.bube.de

topos taschenbücher

Elisabeth Lukas

Den ersten Schritt tun

Konflikte lösen, Frieden schaffen

topos premium

224 Seiten

ISBN 978-3-8367-0056-6

www.bube.de